COLLECTION « BEST-SELLERS »

DU MÊME AUTEUR

chez le même éditeur

LA FONTAINE ROUGE :
1. Simon
2. Francisca
3. Olivier

LA TRAVERSÉE DE FIORA VALENCOURT

LA REINERIE

LA ROSE AMÈRE

COMME UNE SOIE BYZANTINE

LA DENTELLIÈRE D'ALENÇON

JUDITH-ROSE

COULEURS DE PARADIS

DANS UN GRAND VENT DE FLEURS

UN GOÛT DE BONHEUR ET DE MIEL SAUVAGE

LA JEUNE AMANTE

BAL AU PALAIS DARELLI

LA JEUNE FILLE ET LA CITADELLE

En collaboration avec Ghislaine Schoeller

FABULEUSES DENTELLES

JANINE MONTUPET

QUATRE SAISONS PARMI LES FLEURS

roman

ROBERT LAFFONT

ISBN : 2-221-09109-4

À Dan et à Martine

Nice, dont la population s'augmente, chaque hiver, d'une foule d'étrangers venus de tous les points du globe, est le chef-lieu du départemant des Alpes-Maritimes. Situé au bord de la splendide baie des Anges, au pied d'un magnifique amphithéâtre de montagnes, elle est bordée à l'est par le promontoire rocheux du Mont Boron, à l'ouest par la pointe de Carras. Le Paillon, torrent au lit pierreux, sépare la vieille ville appuyée sur les flancs du rocher que couronnait jadis un château fort de la ville moderne qui occupe toute la rive droite du torrent, le bord de la Méditerranée, et va sans cesse grandissant, couvrant la plaine et envahissant les collines qui l'enserrent.

Nice a trouvé, sous son climat merveilleux, une source de revenus toute naturelle : les fleurs.

Dans ses prairies, les fleurs poussent comme les plantes fourragères dans le Nord, et l'on y cueille un bouquet comme ailleurs une botte de foin. Aussi l'industrie des fleurs a-t-elle pris des proportions considérables. Ouvriers et ouvrières fleuristes ont acquis un talent tout particulier pour l'assortiment des nuances et la composition d'un bouquet, et s'ils n'arrivent pas à la légèreté, à l'élégance des bouquets parisiens, ils trouvent dans la diversité des coloris, dans une sorte de régularité mathématique qui leur est propre, une conception originale qui donne à leurs bouquets un cachet tout particulier.

[...] Ce serait une grave erreur de croire que, parce qu'on se rend dans le Midi, le pays du soleil, toute précaution à prendre contre le

froid est inutile. À Nice comme sur toute la côte méditerranéenne, les changements de température sont généralement brusques ; si le soleil, brillant à travers une atmosphère presque toujours sans nuages, nous réchauffe de ses rayons, en revanche, dès qu'il est couché ou voilé, l'air devient froid, surtout quand souffle le vent du Nord refroidi par son passage sur les glaciers des Alpes.

[...] Aux touristes, nous recommanderons les vêtements de laine, un manteau léger, souple, un pardessus d'été, aux hommes, le feutre mou ; à tous l'ombrelle blanche doublée de vert.

Une bonne montre, un podomètre, un couteau avec tire-bouchon, une longue-vue, fil, aiguilles, pantoufles et boîte d'allumettes doivent faire partie intégrante de votre attirail de voyage.

Dans vos excursions, à moins que vous teniez à jeter l'argent sur votre route, ne montez jamais en voiture sans être convenus du prix du voyage aller et retour avec cochers ou conducteurs. Munissez-vous de petite monnaie.

Guide touriste de Nice, *année 1920*

... nous connaîtrions bien peu de signes, bien peu d'expressions de bonheur si nous ne connaissions pas la fleur. Pour bien juger de sa puissance d'allégresse et de beauté, il faut habiter un pays où elle règne sans partage, comme le coin de Provence, entre la Siagne et le Loup, où j'écris ces lignes. Ici, vraiment, elle est l'unique souveraine des vallées et des collines. Les paysans y ont perdu l'habitude de cultiver le blé, comme s'ils n'avaient plus qu'à pourvoir aux besoins d'une humanité plus subtile qui se nourrirait d'odeurs suaves et d'ambroisie. Les champs ne forment qu'un bouquet qui se renouvelle sans cesse, et les parfums qui se succèdent semblent danser la ronde tout autour de l'année azurée. Les Anémones, les Giroflées, les Mimosas, les Violettes, les Œillets, les Narcisses, les Jacinthes, les Jonquilles, les Résédas, les Jasmins, les Tubéreuses envahissent les jours et les nuits, les mois d'hiver, d'été, de printemps et d'automne. Mais l'heure magnifique appartient aux Roses de Mai. Alors à perte de vue, du penchant des coteaux au creux des plaines, entre des digues de vignes et d'oliviers, elles coulent de toutes parts comme un fleuve de pétales d'où émergent les maisons et les arbres, un fleuve de la couleur que nous donnons à la jeunesse, à la santé et à la joie. L'arôme à la fois chaud et frais, mais surtout spacieux qui entr'ouvre le ciel, émane, croirait-on, directement des sources de la béatitude. Les routes, les sentiers sont taillés dans la pulpe de la fleur, dans la substance même du Paradis. Il semble que, pour la première fois de sa vie, on ait une vision satisfaisante du bonheur.

Maurice Maeterlinck
L'Intelligence des fleurs

Première partie

DÉLAÏDE

Lorsque l'événement s'est produit, le 20 juin 1923, j'étais sous le hangar, à trier des bulbes de narcisses. Chaque fois que je le peux, je prête la main au travail des fleurs, par complaisance, sans qu'on me le demande.

Je n'avais pas pu apercevoir la voiture et j'ai dû me contenter du récit de Felippa. Comme toujours, elle avait tout vu et tout entendu. Et ce qui manquerait à l'histoire, elle ne serait pas en peine pour l'imaginer. Mais elle ne parlerait que lorsqu'elle le voudrait bien. C'est sa façon à elle de nous rappeler : « Je fais ce qui me chante. Personne ne peut me déclouer le bec si je ne veux pas. »

Enfin, elle raconta, rouge d'émotion et – pardi ! – se mourant d'envie de dire la chose :

– Quand j'ai su qu'une automobile arrivait, je me suis pensé que ça ne pouvait pas être le boulanger, attendu qu'il n'était pas plus de dix heures au soleil. Ni le boucher, qui était passé la veille. Bon, alors qui nous venait là ? Peut-être le vannier qui se serait fait cueillir en chemin et amener chez nous par obligeance, vu qu'il commence, pauvre de lui, à peiner des jambes... Ou encore une de ces dames hivernantes de Nice ou de Cannes, de celles qui nous étourdissent de paroles pour obtenir deux francs de fleurs en nous faisant perdre deux heures. Parce que je le dis toujours, il faut mettre un écriteau sur la porte avec *Vente en gros* écrit dessus. Mais qui m'écoute, ici ? Bon, c'était rien de tout ça, Dieu garde ! Et alors c'était quoi ?

« Je vous dirai pas ce qui m'est passé par l'esprit, jusqu'à ce que j'aie vu l'ambulance. Une ambulance, chez nous ! Et pour qui ? Je les aime pas ces voitures blanches, elles rappellent la guerre avec leur croix rouge tracée de sang, et je l'ai suivie des yeux le cœur en souci. Elle n'est pas allée du côté des champs de fleurs où je me disais que, peut-être, un ouvrier avait eu un accident. Elle s'est arrêtée à la maison, juste devant notre porte !

« C'est à ce moment-là que le Maître est arrivé. Il devait guetter. Parce que, lui, *il savait*, mais, à l'habitude, il nous avait pas prévenus.

« Devant lui et moi, deux hommes sont descendus de la voiture et ils ont ouvert les portières arrière. Et qui est-ce qui est descendu aussi ? Une religieuse de l'ordre de Saint-Vincent-de-Paul. Dans la soixantaine, habillée comme vous savez, en bleu et avec la belle coiffe blanche. On aurait dit un gros oiseau couleur du ciel. Elle était si ronde de partout que la toile de son corsage était près de péter sur ses avantages. Dans sa jupe, on en aurait taillé pour nous au moins une demi-douzaine. Et je vous parle pas du conséquent de la voilure qu'elle avait sur la tête, vu qu'on fait peut-être, à ces braves, leurs grandes ailes amidonnées en rapport avec le reste de leur personne.

« Donc, elle est descendue, suante, soufflante, mais en silence. Elle devait offrir à Dieu le déplaisir que lui donnait notre chaleur du Midi et du plein de juin, quand j'ai vu les deux hommes sortir un brancard de la voiture. Doux Jésus ! J'en avais les frissons. Qu'est-ce qu'il y avait là, enveloppé dans une couverture grise ? On devinait un corps, pas bien épais, et on voyait le haut d'une tête maillotée de linges blancs. Là où on aurait dû découvrir la figure de qui arrivait, il y avait, pour nous la cacher, un éventail de papier tenu par une petite main. Et cette main, on ne savait même pas si c'en était une de femme ou d'enfant. Parce que tout ce qu'on apercevait, c'était cinq doigts pâles comme de la bougie.

« Vous ne pourrez pas croire que le plus terrible, c'était le silence ! Même nos cigales, elles n'osaient plus chanter. Et, tout à coup, c'est le Maître qui l'a cassé, ce silence de mort. Il m'a donné l'ordre de montrer le chemin à la sœur, aux hommes en blanc, et de les conduire, avec leur brancard, jusqu'à *la chambre de l'amandier.*

« Alors, c'est là que le Bon Dieu a décidé – qui sait, peut-être pour nous faire reprendre courage ? – de nous laisser pleurer d'un œil et rire de l'autre. C'est le grand rosier grimpant, si fier de frapper toujours à la porte de la maison, qui s'est entremis : au moment où la religieuse a voulu entrer, précédant le brancard, crac ! une aile de la coiffe a été prise dans ses épines. La grosse n'a pas pu s'empêcher de pousser un cri. Moi, j'ai essayé d'aider. Elle aussi. Doux Jésus ! Le rosier tenait si ferme que nous voilà avec les deux ailes accrochées ! De vous à moi, je lui ai toujours trouvé, à celui-là, un air de nous dire : "Je fais ce que je veux, je grimpe et je m'attache à ce qui me plaît." Enfin, il a cédé ! Mais pas sans avoir eu le dernier mot. Parce que, au moment où le brancard est passé près de lui, il a jeté deux ou trois de ses fleurs rouges sur la couverture grise, comme pour dire : "Et gardez ça en souvenir de moi."

« Ensuite, devinez un peu ce qui est arrivé ? Eh bien la petite main, si blanche, a bougé et attrapé une rose et hop ! l'a fait disparaître sous l'éventail. C'était pas joli ?

Feli soupira et conclut :

– N'empêche que tout ça, c'est bien du malheur.

J'ai demandé :

– Elle est blessée ?... Malade ?

– Eh ! vous allez trop vite. À ce moment-là, je ne savais rien. C'est seulement quand les hommes sont redescendus et que je leur ai offert l'anisette que j'ai appris l'accident : la pitchoune et sa mère ont été renversées par une voiture, à Paris. La maman est morte et la petite est blessée gravement.

Ils disent à la colonne vertébrale et à la tête... à ce qu'on croit.

– Mais qui est-ce ?

– Ça, c'est au Maître de vous l'apprendre. Moi, je ne le sais pas.

– La religieuse n'a rien dit ?

– Elle a dit son nom à elle : sœur Marie-Josèphe. Et qu'il fallait lui monter de l'eau froide et de l'eau chaude. Et qu'elle ne voulait personne dans la chambre, sauf elle, la petite, et du silence... plus tout ce qu'elle est en train d'allonger sur une liste à me remettre plus tard ! Si vous voulez mon avis, c'en est une, celle-là, tout à Dieu qu'elle soit, à me faire grimper à l'étage treize fois à la douzaine et à l'heure.

J'ai demandé encore :

– Mais pourquoi l'éventail ? Pourquoi se cacher ?

– Comment pourquoi ? Vous croyez, vous, mademoiselle Délaïde, qu'elle se sentait pas assez pitoyable, la pauvre pitchoune de dessous la couverture ? Vous croyez qu'elle avait envie, en plus, de lire de la pitié dans nos yeux ?

Quel événement !

Et, bien entendu, comme d'habitude, le Conseiller ne m'avait pas prévenue, ce qui me posait toujours en situation délicate. Enfin, c'était moi qui dirigeais cette maison ou Felippa ? Laquelle était sous les ordres de l'autre ?

Quant au Conseiller, il dirait qui était l'inconnue lorsqu'il le voudrait. Il n'aimait ni les interruptions dans le travail ni les questions quand ce n'était pas lui qui les posait. Pauvres de nous !

À notre souper, ce soir-là, on se serait crus dans le salon du dentiste, à attendre en silence.

Le Conseiller avait pris sa place à un bout de la table, moi à l'autre. Aurèle et Auréline de chaque côté de leur père. Ce qui fait qu'il y avait deux chaises libres, l'une à ma droite et l'autre à ma gauche. On pouvait en penser ce qu'on voulait. Moi, j'avais toujours su que c'était manière de me montrer que je n'étais pas de la famille. J'avais mis ça dans ma poche et mon porte-monnaie par-dessus, puisqu'on me payait pour être là, à m'occuper des enfants… Plus bien d'autres petits services.

Je n'avais pas besoin de lever les yeux vers le Conseiller pour le voir. D'abord, parce que je n'aimais pas tellement le regarder, ensuite parce que c'était guère une peine à me donner, vu qu'il était toujours pareil. Qu'il ait son costume de toile blanche, l'été, ou celui de drap noir, l'hiver, il était droit et raide, avec sa tête rivée sur ses épaules comme les bustes de marbre qu'on voit à la mairie, attendu qu'il ne la tournait jamais vers nous. On aurait pu croire qu'il regardait dans ma direction, puisqu'on était face à face, mais non, c'était au-delà de moi qu'il envoyait la glace noire de ses prunelles. Il y avait sûrement des pensées dans sa tête, mais elles ne se montraient jamais sur sa figure. Des fois, vous auriez pu dire qu'il passait une semble-gaieté dans ses moustaches plus poivre que sel, mais ça ne venait pas du dedans de lui. Ça venait de l'air malicieux envoyé de la mer et qui entrait par les fenêtres ouvertes. Pour ce qui était de ses cheveux, aucune brise, même un mistral, ne les dérangeait jamais tant ils étaient d'un sérieux assorti à tout le reste de sa personne avec un air de vous dire que le désordre, l'ébouriffé, ils n'avaient jamais su ce que c'était. À croire qu'ils étaient – plus poivre que sel eux aussi – calamistrés de naissance. C'était tout juste, quand le Conseiller revenait de la mer – pêche ou promenade en barque avec ses enfants – qu'il y avait, par exception, comme un remous en eux. Une espèce de tentative de se mettre en boucles, pour voir ce qu'il en dirait, lui. Il n'en disait rien. Il montait à sa chambre et rétablissait l'ordre. On pouvait croire qu'on avait rêvé qu'il avait des cheveux qui osaient faire des fantaisies comme ceux de tout le monde.

La suspension laissait tomber sa lumière droit sur les enfants, comme si elle disait : « J'éclaire les plus beaux. »

Autre histoire, les cheveux de ceux-là ! Le frère et la sœur avaient eu le typhus, tous les deux ensemble, il y avait peu.

On avait dû les tondre à ras. Auréline avait perdu sa longue crinière et Aurèle ses copeaux d'acajou. Et, maintenant, il leur repoussait des petites crêtes couleur de châtaigne qu'on n'arrivait pas encore à rendre sages et qui les faisaient tellement pareils qu'on s'y perdait. Ils n'avaient qu'une faible différence d'âge – Aurèle dix-neuf ans et Auréline dix-sept et demi – et ils étaient presque de la même taille.

Ils se ressemblaient déjà beaucoup avant la maladie, mais après, c'était du point sur point, comme disait Mlle Bertillon – la couturière qui venait coudre le jeudi à domicile – quand elle faisait, à l'identique absolu, six chemises au Conseiller. Eux, d'être copie conforme jusqu'à ce que les tresses d'Auréline lui redonnent sa personnalité, ça les amusait. Ils en faisaient des malices à Feli. Si elle appelait Auréline, qu'elle croyait apercevoir occupée dans les œillets, celle-là lui répondait, en grossissant sa voix : « Elle est aux narcisses ! » Si elle pensait voir Aurèle arroser les cyclamens, celui-ci se prenait une voix de fille et disait : « Il est là-bas, à donner de l'air aux freesias. » Et ils riaient dans les fleurs, d'un champ à l'autre, en entendant Feli leur promettre qu'ils allaient avoir affaire à elle, brigands qu'ils étaient.

Ils ne se ressemblaient pas seulement tous deux, ils ressemblaient aussi à leur père. C'étaient les mêmes traits réguliers sur les trois visages. Mais, chez eux, ils vivaient d'une chair joyeuse éclairée par les yeux de leur mère, d'un vert de mousse brillant de rosée. C'était tout ce qu'elle leur avait donné dans l'apparence. Par grande bénédiction, dans leur façon d'être, ils n'étaient, que d'elle, tout déployés dans leur vie comme des ailes d'oiseau dans le ciel. Il n'y avait qu'à table, bien sages deux fois par jour – à midi et à sept heures –, qu'ils arrêtaient leur farandole de fantaisies pour le temps de la collation ou du souper. Mais il en restait… comment dire ça ?… des traces de soleil dans la grisaille de l'air des repas. Des petits riens que je savourais avec autant de plaisir que le vin rosé de la vigne du Conseiller. Un regard qu'ils se lançaient et qui devait leur rappeler ce qu'ils avaient fait ou allaient faire la dernière bouchée avalée. Un geste de la main, chez l'un ou l'autre, et qui avait de la signification pour eux seuls. Ou un début de rire vite étouffé. Ou encore – le plus beau ! – un clin d'œil dans ma direction. Il était, celui-là, aussi doux à mon cœur que les beignets d'acacias de Feli à ma bouche. Ils m'aimaient bien, ces enfants.

Tout à coup, comme s'il en avait assez d'attendre que le dentiste ouvre la porte, et les appelle, Aurèle a demandé :

– Père, qui nous est arrivé ce matin, dans l'ambulance ?

– Votre cousine. Ma nièce. La fille de ma sœur Catherine.

Qui avait entendu parler de cette Catherine ? Elle tombait là, parmi nous, et restait suspendue dans notre surprise, inconnue de nous trois et de tout ce qui nous entourait. Dans cette grande salle ouverte sur le jardin, les cultures, et là-bas, au loin, sur la mer, personne n'avait une seule fois prononcé ce nom qui sonnait si étranger. Ici, quand il y avait de la conversation – et ce n'était pas toujours – on discutait de ce qu'on mangeait, ou des fleurs, des ouvriers, des clients, de M. le curé, de M. le maire, du docteur Garlande. Guère plus. Même de leur mère, les enfants n'entendaient jamais parler.

– Ma sœur est morte il y a un mois. Sa fille, Anicia, est grièvement blessée et je l'ai recueillie. Elle n'a plus que nous comme famille.

Bon ! Cette Catherine, elle disparaissait déja, à peine apparue ici. Mais elle nous laissait une petite Anicia qui souffrait et devait pleurer à l'étage, au-dessus de nos têtes. Pauvre d'elle !

Auréline demanda :

– Elle a quel âge ?

– Vingt-quatre ans. Et elle est déjà professeur de grec et de latin.

Je les connaissais toutes, les intonations du Conseiller, et je pouvais jurer qu'il y avait de la fierté dans ce qu'il venait de dire. Et ça, c'était de la profonde injustice, profonde d'au moins cent mètres. Parce qu'il n'avait pas voulu que ses enfants aillent plus loin que le brevet élémentaire et les avait mis aux fleurs. S'il dédaignait les études, pourquoi il était orgueilleux que sa nièce soit dans l'enseignement ? Et qu'il n'aille pas nous dire que c'était manque de capacités chez Aurèle et Auréline. Tous, ici, les savaient intelligents et travailleurs, levés avant le soleil et capables de nous expliquer les équinoxes et les paradoxes sans dictionnaire.

Bien sûr, j'avais mon idée là-dessus : *il* les voulait sous sa coupe, à longueur de jour, et courbés vers la terre. C'est vrai que c'est joli de faire des fleurs, mais ça ne l'est pas qu'on ne leur ait guère demandé leur avis, à ces petits.

– On pourra la voir demain ? a dit Auréline.

– Non. Elle est trop faible. Vous la verrez quand le docteur Garlande, qui va la soigner, le permettra.

– La sœur va habiter ici aussi ?

– Un ou deux jours. Après, on verra.

Là, j'ai eu – tout de même ! – droit à un regard du Conseiller. Il me demanderait, peut-être, mon avis pour organiser le séjour de sa nièce ici.

– Elle va rester longtemps ? a risqué Aurèle.

– Le temps qu'il faudra. Je vous conseille de ne pas faire de bruit, elle a besoin d'un grand repos.

À ce moment-là, Feli a apporté le dessert. Elle a dit, en me regardant bien dans les yeux :

– Les premières figues-fleurs, mademoiselle Délaïde.

Ça claironnait de joie dans sa voix. Ah ! elle avait préparé son coup.

Depuis toujours, ici, les premières figues-fleurs présentées à table viennent de mon arbre, Aldébaran, comme l'appelaient, il y a très longtemps, les anciennes propriétaires du domaine. Un nom qui lui est resté parce qu'il le mérite. Aldébaran, c'est une étoile de première grandeur dans le ciel, et mon figuier est le plus beau de la Côte. Il est si célèbre que des hivernants, à qui on en a parlé, viennent demander à le voir. Et, *toujours*, il nous offre ses figues-fleurs avant tous les autres figuiers. Sauf cette année, l'année de l'événement, de l'arrivée d'Anicia, qui, sûr, n'était pas une année comme les autres. À preuve, Aldébaran avait failli. Et elle en avait profité, la Feli, pour se procurer les premières figues-fleurs, Dieu sait où, et me les jeter sous le nez.

Eh bien, je n'en mangerai pas ! J'attendrai celles de *mon* arbre qui arriveront d'ici deux ou trois jours et qu'elle aurait dû attendre elle aussi... si elle avait, au moins, le respect de la tradition.

Comme elle demandait, cette sournoise, si elle devait monter son dîner à la religieuse, j'ai pris sur moi de dire que tout le tintouin d'allées et venues, de bruits de plateau, d'assiettes et de couverts, pourrait indisposer la blessée. On servirait la sœur de Saint-Vincent-de-Paul ici, quand nous aurions fini. Le Conseiller ne m'a pas contredite. Et un bon point pour moi que Feli devra digérer en faisant un deuxième service !

Ce serait un tort de croire qu'on ne s'entend pas, Feli et moi. Nous avons à peine, par moments, comme des démangeaisons de nous titiller un peu. Mais ça ne va pas plus loin. Un ouvrier arabe qui a travaillé une année ici, nous regardait parfois en riant et nous disait : « Deux scorpions dans le même trou s'accommodent mieux que deux sœurs dans la même maison », un proverbe de chez lui.

Et c'est vrai que nous sommes comme des sœurs qui auraient des enfants en commun et qui se disputeraient leurs sourires. Parce que tout vient de là, nous les aimons tant, ces petits. On peut dire, l'une comme l'autre, qu'ils sont au plus profond de nous. Comme coulés dans notre chair, depuis la disparition de leur mère. Il faut nous voir quand des maladies les surprennent et nous mettent l'angoisse au cœur et au ventre. Combien de fois – on ne les compte plus ! – leur prendre la température et voir monter le thermomètre comme un fou nous a mis du charivari dans le corps ? Et combien de fois, à entendre, plus tard, le docteur Garlande nous dire : « C'est gagné ! Maintenant ils n'ont plus qu'à récupérer », nous avons pleuré de joie de compagnie, Feli et moi, en buvant un petit verre à leur santé revenue ?… Mais de temps en temps, comme sous un coup de soleil, nous nous échauffons en jalousie. Eh ! qui est parfait, qu'il le dise.

Il faut dire aussi que ça n'a pas arrangé les choses quand le Conseiller m'a donné jouissance de la *maiouneta*, à l'ombre de l'Aldébaran. Cette petite maison, au fond du jardin, où je me retrouve chaque soir chez moi. Alors que Feli et son Théodore habitent les greniers de l'*oustau* et n'ont pas un vrai chez-eux. Mais, moi, j'étais l'amie de Marie-Estelle et le Conseiller ne pouvait pas l'oublier. Feli non plus.

Quand je suis rentrée chez moi pour la nuit, Mirabelle m'attendait sur la plus basse branche d'Aldébaran où il y a un bon petit creux fait tout exprès pour elle. Et là, miracle, la première figue-fleur, bien mûre, nous est tombée dessus, juste entre ma chatte et moi. Manière de nous dire qu'il n'avait pas failli, le roi des figuiers de la Côte. Des choses comme ça nous rappellent que le Bon Dieu veille. Alors, je lui ai demandé à Notre-Seigneur, là, sous mon arbre et sous la lune, de ne pas oublier cette pauvre pitchoune d'Anicia. Même qu'elle sache le grec et le latin, elle devait souffrir tout autant que d'autres.

Pourquoi ma chatte s'appelle Mirabelle ? Parce qu'elle est dorée comme nos petites prunes « gouttes d'or » et aussi douce qu'elles. Sauf quand elle a, elle aussi, ses humeurs. Alors le vert de ses yeux – celui de l'herbe des prés sous le soleil après la pluie –, elle vous le lance en flèche d'avertissement : « Je pars, et je ne sais pas quand je reviendrai. » C'est manière de dire, parce que Aldébaran la voit toujours arriver sur sa basse branche, un matin ou un soir, fatiguée, mais revenue. Et elle est trop belle pour qu'il l'accuse d'être une roulure à ses heures. Entre seigneurs, on se respecte.

Ce qui s'est passé dans les jours qui ont suivi, c'est beaucoup de choses.

Et en premier, tôt le lendemain matin de l'événement, la visite du docteur Garlande.

Il est arrivé pendant que je desservais la table du petit déjeuner avec Feli. Elle me disait que les figues-fleurs du dessert d'hier ne valaient pas celles de mon arbre. Manière de faire son acte de contrition, comme ça, en passant, mais de bon cœur. Je l'acceptais de bon cœur aussi, quand nous avons entendu la voix du docteur. Une belle voix grave, où il sonne toujours du joyeux, du « je suis là pour vous aider et vous enlever du souci ». Ça, c'est ma façon de traduire ; lui, il dit : « Eh bien ! expliquez-moi ce qui ne va pas », avec plus l'accent de Paris où il a exercé un temps, que de Montpellier où il a fait ses études de médecine. C'est un bel homme, comme tous les Garlande, ceux de Grasse qui sont dans les parfums, et dont il est cousin.

On était dimanche, Auréline était là. Pas Aurèle qui part aux aurores avec sa boîte de peinture et son album faire ses aquarelles de fleurs des champs. Il aime dessiner et peindre. Il veut exercer, plus tard, ce joli métier de reproduire la nature sur le papier ou la toile. Il ne s'encolère jamais contre son père qui l'oblige à tenir les livres de comptabilité du domaine. Il dit qu'il a le temps, qu'il sait qu'il sera un artiste, un de ces jours.

Auréline, elle, était là à attendre la visite du docteur Garlande, un tiers en curiosité, un tiers en pitié, un tiers en inquiétude. Ce n'était pas rien l'arrivée d'une autre jeune fille dans sa maison, ça devait mélanger en elle l'envie de savoir ce qu'il en était et – qui sait ? – peut-être une pointe d'excitation. Malgré tout, malgré l'état de cette pauvre blessée, c'était de la nouveauté qui était entrée chez nous.

Ce qui m'a attiré le regard, c'est la robe qu'avait mise Auréline. Pas sa plus belle, une de toile toute simple, mais verte. Elle sait que cette couleur lui va bien. Et elle avait dû brosser ses cheveux, si courts encore, pendant longtemps. Ils faisaient comme de la mousse de bogue de châtaigne autour de sa tête.

– Tu grandis, toi, lui a dit le docteur Garlande.

Elle a rougi. Tiens ! Depuis quand la voilà qui s'écarlate lorsque le docteur lui parle ?

Feli était là aussi. Sauf Aurèle, nous étions tous à entourer le médecin quand le Conseiller a dit : « Montons. » Et il a ajouté, en se tournant vers moi : « Vous aussi, Délaïde. » Les autres ont compris qu'ils devaient rester.

Le Conseiller s'est engagé le premier dans l'escalier, le docteur suivait, puis moi.

Il était tout en grosse toile écrue, M. Garlande, avec un beau pli au pantalon et une veste qui tombait bien. De l'élégance sans chichi. Je dirais plutôt de la bonne tenue, bien nette, qui donnait autant confiance que lui. Son panama – un vrai ! – il l'avait accroché au porte-manteau de bambou, celui qui a l'air d'avoir poussé depuis si longtemps dans l'entrée qu'il en est tout sec et tout craquelé et qui se trouve embelli de fierté quand la belle coiffure le fleurit. Dans les grandes villas où il va soigner des riches hivernants, le docteur doit tendre son chapeau à un valet de chambre qui, pour sûr, s'en saisit avec respect.

Sœur Marie-Josèphe nous a ouvert la porte avec un air de

nous dire que nous étions trop nombreux. Elle a fait passer le docteur d'abord et elle a avancé sa grosse personne comme pour boucher la porte. Mais le Conseiller ne s'est pas laissé faire et je me suis glissée derrière lui.

C'est une grande chambre que celle de l'amandier. Il est là, *lui*, derrière la fenêtre à regarder ce qui se passe à l'intérieur. Il a été planté en même temps que l'on construisait la maison ce qui lui fait un bel âge. Feli dit qu'il exagérerait, si on ne le rappelait pas à l'ordre – en le rognant ici et là – et qu'il tenterait de coucher une ou deux de ses branches dans la chambre. C'est un amandier de variété Sultane. Et Feli dit encore « qu'il se croit ». Mais elle est la première à reconnaître que ses amandes sont amies du temps qui passe et ne savent pas ce que c'est que de rancir. Alors elle lui pardonne ses grands airs.

Tout ça, tout ce que je me disais là, c'était pour ne pas trop sentir combien mon cœur se faisait d'inquiétude. Cette pauvre petite...

Elle était couchée sur le lit blanc, et si blanc aussi était ce qu'on voyait d'elle ! Oh ! pas beaucoup de sa maigre figure, juste le bas, le reste était sous les pansements, y compris les yeux. Et c'est là que, d'un coup, j'ai eu peur : « Si elle était aveugle ! »

La malheureuse ! Elle l'était.

À l'écart, en chuchoterie, la religieuse le disait au docteur qui lisait les papiers qu'elle lui tendait et où tout devait être expliqué par les médecins de Paris. Ils parlaient, elle et lui, du nerf optique qui aurait été atteint, mais guérirait, peut-être, plus tard... « Si Dieu le voulait », ajoutait sœur Marie-Josèphe.

Le Conseiller était sorti, après avoir jeté un coup d'œil sur sa nièce, pour la laisser examiner par le docteur Garlande qui m'a dit de rester alors que j'allais partir moi aussi. Je me suis approchée du lit un peu plus, pendant qu'il discutait encore avec la sœur.

Anicia ne disait rien. C'était comme si on n'avait pas été là.

Elle avait posé, à plat sur la courtepointe de coton blanc, ses deux petites mains. Pendant que j'arrangeais le revers du drap, un peu froissé, l'une d'elles a saisi la mienne, comme elle l'avait fait des fleurs rouges du rosier, au passage.

De surprise, j'ai failli pousser un cri. C'était si imprévu que de ce corps si immobile, s'avancent ces doigts qui s'accrochaient aux miens.

Ils étaient chauds et doux. Ils me parlaient, ils me disaient : « Ne t'en va pas, reste, reste. »

D'où m'est venu, à cet instant, un souvenir ? De si loin !... J'étais enfant et malade. Je souffrais. Ma mère était à côté de moi. Elle me tenait la main et me disait : « Dors, dors, je vais te prendre ta douleur, je vais la faire passer en moi et tu ne l'auras plus. » Alors, j'ai dit à Anicia, en appuyant ma bouche contre l'endroit où il devait y avoir son oreille : « Ne crains rien, je vais rester là, nous nous partagerons ton mal. »

Et la petite main a serré, encore plus fort, la mienne.

Je m'étais mise à genoux au bord du lit et, toujours main dans la main, nous étions dans un grand champ fleuri de tendresse, cette jeune fille, inconnue hier encore, et moi. C'était beau la confiance qu'elle me faisait.

La fenêtre était ouverte sur l'amandier tout feuillu avec ses fruits déjà formés. Je regardais l'arbre comme pour lui demander si, dans deux mois, la petite pourrait croquer ses amandes. Il me regardait lui aussi. Il ne savait pas non plus ce que cette pauvre vie qui nous arrivait là, toute perdue, allait devenir... Le ciel était pourtant dans son plus beau bleu. Un ciel de bonheur de vivre. Et la mer nous envoyait une brise douce, embaumée d'avoir caressé une culture d'œillets au passage... C'était là notre chant de tous les jours, mais nous lui étions, ce matin-là, tout désaccordés.

Eux, la religieuse et le docteur, parlaient encore. Eux devaient savoir.

J'ai dû céder la place, pour qu'ils s'occupent d'Anicia. Elle a laissé partir ma main à regret. Elle avait essayé de me retenir.

Je me suis assise dans le fond de la chambre.

Plus tard, quand M. Garlande en a eu fini avec elle, elle a parlé, pour la première fois. Une pauvre petite voix, et on a à peine entendu : « Je veux qu'elle reste, *elle.* »

Elle, c'était moi.

Sœur Marie-Josèphe en a profité pour descendre prendre son repas. Le Conseiller avait invité le médecin à déjeuner. Et nous nous sommes retrouvées seules, Anicia et moi.

Sœur Marie-Josèphe avait avoué que la blessée était restée muette depuis qu'on la lui avait confiée à l'hôpital, à Paris, pour l'amener ici. Avec le docteur Garlande, elle s'était contentée de faire des petits mouvements de tête pour dire « oui » ou « non ». Et il n'aimait pas ça. Il avait quitté la chambre en me disant :

– Répétez-lui tout ce que vous m'avez entendu lui dire, elle l'écoutera peut-être plus venant de vous.

J'ai commencé par me présenter à Anicia :

– Je suis Délaïde Rousselet, l'amie de Marie-Estelle, femme de votre oncle et mère d'Aurèle et d'Auréline, vos cousins. Quand Marie-Estelle a disparu, je me suis occupée d'eux. C'était il y a quatorze ans. Le garçon en avait cinq, la fille trois et demi. Je ne me suis pas mariée. Cela s'est bien trouvé qu'aucun homme ne m'ait jamais demandée, ça m'a permis de rester ici, comme je le devais, après l'avoir promis à Marie-Estelle.

Puis, j'ai répété, lentement, en faisant bien attention à ce que je disais, les paroles du docteur Garlande. J'ai dit à Anicia que, par miracle, elle n'était pas blessée à la colonne vertébrale comme on aurait pu le craindre. Elle avait ce qu'ils appellent, les médecins, des contusions multiples et une jambe cassée. Quant à son nerf optique, qui était atteint, il lui faudrait un peu de temps pour se remettre. Ce temps-là, elle devrait le passer dans le noir. Mais nous serions là, nous l'aiderions, nous verrions pour elle.

J'en ai dit plus encore. D'où ça me venait ? Je ne sais trop. Plus de mon cœur que de ma tête, c'était sûr.

Elle écoutait, silencieuse. J'attendais dans l'inquiétude le moment où elle me crierait : « Vous dites que je suis aveugle pour quelque temps, mais combien de temps ? » Elle sangloterait. J'étais prête, je la prendrais dans mes bras, je la bercerais sur mon cœur, je trouverais les mots à dire.

Elle n'a pas pleuré, pas gémi. Elle m'a juste murmuré :

– Délaïde ! C'est un beau nom. C'était celui de la mère de Mistral.

Elle est restée un moment sans plus parler avant de me chuchoter – peut-être comme si elle craignait qu'il y ait Aurèle et Auréline derrière la porte :

– Je sais que ma tante Marie-Estelle n'est pas morte, comme l'a dit mon oncle à ses enfants. Elle venait voir ma mère, à Paris. Elle lui a raconté qu'un jour elle s'est enfuie d'ici.

Et voilà ! C'est bien vrai que ce que l'on attend n'arrive pas et qu'à la place il nous tombe dessus ce qu'on n'attendait guère.

Je n'ai pas eu le temps de me remettre, qu'on frappait à la porte. C'était Feli, la bouche en cœur et la voix en miel me coulant doucement :

– Je sais que Mlle Anicia n'aime pas le lait et que le docteur veut lui en faire boire quand même. Alors je lui en apporte du travesti. Aujourd'hui à la framboise, demain à autre chose.

Elle tenait en main un grand verre d'un liquide mousseux et rose, tout embué de fraîcheur.

– Elle verra que c'est pas blanc.

– Non. Elle ne verra pas.

– Seigneur Jésus ! Elle est...

– Peut-être pas pour toujours. Mais pour le moment, oui.

Chuchotant encore, bien qu'elle soit restée sur le palier, Feli reprenait courage et affirmait :

– Mais elle le sentira, le parfum de mes framboises, vous allez voir.

– Essayons. Donnez-le-moi.

– Non. Je lui donne, moi.

Et elle entra. C'était ce qu'elle voulait. Être, elle aussi, dans la chambre de l'amandier.

Et son triomphe quand la petite a bu plus de la moitié du lait !

J'ai dit : « Bravo ! et merci, ma fille. » Feli déteste que je l'appelle comme ça. Mais elle n'a pas relevé. Elle avait quelque chose à me dire qu'elle roulait dans sa bouche comme une dragée. Et elle l'a dit :

– Mademoiselle Délaïde, nous voilà, *vous et moi*, avec un troisième enfant.

Innocente que j'étais. Je me voyais déjà en Pamparigouste ! Elle avait dit quelques mots, elle avait bu, la petite, nous étions sauvés !

Pauvre de moi !

Oh ! elle a encore parlé, mais pour me dire :

– Vous seulement. Les autres, à part le docteur, je ne veux pas les voir.

Là, elle a eu comme un semble-rire, peut-être d'avoir parlé de *voir*.

J'ai demandé :

– Mais pourquoi ?

Elle ne m'a pas répondu.

Feli, à qui j'ai dit la chose, avec ménagement, a cru devoir ajouter :

– Ces choses-là, ça se discute pas.

Et, plus tard, comme si je ne pouvais pas comprendre toute seule :

– Je vous l'ai déjà dit qu'elle veut pas de la pitié des autres. Si elle la voit pas, elle la sent. C'est de l'orgueil. J'ai su tout de suite qu'elle en avait.

Pour Feli, il n'y a rien de plus beau que l'orgueil. Un jour, elle m'a même dit que « si le Bon Dieu n'était pas orgueilleux, il se montrerait à nous. Mais il a trop d'orgueil pour ça ».

Orgueil ou pas, comment j'allais, moi, faire comprendre à Aurèle et à Auréline, sans leur amener du chagrin, que leur cousine ne voulait pas qu'ils entrent dans la chambre de l'amandier ?

C'est là que Felippa Rosetti, cette redoutable, a eu une parole qui m'a traversé le cœur comme un couteau. Elle a dit en soupirant, à l'hypocrite :

– Mademoiselle Délaïde, c'est bien vrai que le malheur de l'une fait le bonheur de l'autre. Regardez cette pauvre petite, c'est le Ciel qui *vous* l'envoie. Pourquoi ? Parce que aussitôt que la sœur montrera le dos de sa voilure, c'est vous qui allez prendre sa place d'infirmière, vu qu'Aurèle et Auréline, à l'âge qu'ils ont à ce jour, n'ont plus beaucoup besoin de vous. Vu aussi qu'un de ces quatre matins le Maître vous l'aurait fait comprendre et que vous auriez dû partir d'ici.

Je ne dis pas que je n'y pensais pas, parfois, à ce malheur-là, mais en me cachant la tête sous l'aile. La Feli devait pousser des cocoricos de victoire. Et sous des airs d'innocence à tromper tous les anges du paradis, elle a jeté sa dernière pierre :

– Nous voilà, *vous et moi*, à nous partager le souci de *notre* troisième enfant. Eh ! *nous* ferons au mieux, pas vrai ?

Le coup d'œil qu'elle a jeté à l'amandier, c'était un coup d'œil de triomphe. Il n'y avait pas que lui qui verrait ce qui se passerait dans cette chambre.

Sœur Marie-Josèphe était remontée – repue, essoufflée – et nous disait à Feli et moi que le docteur Garlande voulait nous parler. Il nous attendait dans la salle à manger.

Aurèle était revenu. Nous nous sommes installés autour de la table. Le docteur a demandé que Théodore vienne aussi. Il a dit : « Il faut que vous m'écoutiez, tous. »

Il rentrait de la pêche, Théo. Il avait le béret à la main et il n'osait pas s'asseoir. Sa femme lui a tiré sur la veste pour qu'il prenne la chaise à côté d'elle en lui disant : « Fais ce qu'on t'a dit et tais-toi. »

– Je vous conseille de bien écouter, a dit le Conseiller, avant de passer la parole au docteur.

Ah ! comme il a bien su, M. Garlande, nous expliquer tout ce qu'il fallait pour nous faire comprendre la situation. C'est à ce moment-là que je me suis confirmé pourquoi tant de dames de Nice, de Cannes et d'ailleurs, veulent être soignées par lui. Sa belle prestance – celle de tous les Garlande –, c'est déjà de la séduction. Mais il n'y a pas que ça. Des beaux messieurs, sur notre Côte d'Azur, l'hiver nous en envoie de partout dans le monde. Sur la Promenade des Anglais, ici ou sur la Croisette, à Cannes, il y a des rois et des princes en veux-tu en voilà. Ce n'est pas de ça que je veux parler, mais de ce qui me paraissait appartenir en propriété particulière à ces MM. Garlande. Quelque chose qui leur venait de l'intérieur, comme une beauté qui aurait fleuri de leurs qualités. J'aimerais pouvoir mieux expliquer ce que je ressentais quand je les voyais. Je les connais tous. Je n'irai pas jusqu'à dire que c'est leur bonté ou leur gentillesse qui leur font un beau visage. Non. Ce ne sont pas des saints, loin de là ! Mais ils ont un air qui vous caresse le cœur. Est-ce que ce serait leur sourire ? Pas seulement, parce que en ce moment le docteur ne souriait pas, et pourtant, malgré la gravité qui mettait une ombre sur son visage, il avait cette chose que je n'arrivais pas à définir et qui était, sans doute, ce qu'on appelait du charme.

Ce qu'il nous a dit, je serais en peine de le répéter avec ses mots. Mais nous avons compris : le plus grave, dans le cas d'Anicia, c'est qu'elle avait le moral atteint autant que les yeux. Et ça, ça empêcherait, peut-être, sa vue de se rétablir. Et même, toute sa jeune vie de reprendre du souffle.

Alors ?

Alors il nous demandait, le docteur, de la patience et de l'imagination.

De la patience pour voir s'écouler des jours qui souvent seraient tristes et décourageants, la petite aurait des hauts et des bas. Il disait : « Surtout des bas. » Et de l'imagination parce qu'il nous fallait, *tous*, chercher et trouver comment distraire la blessée et, peu à peu, lui donner l'envie et la force de guérir.

Théo s'est levé et a dit, toujours le béret à la main :

– Moi, monsieur le docteur, je l'emmènerais bien à la pêche, quand elle pourra se lever. Mais le plus beau, elle ne l'aura pas : elle ne verra ni le bleu de la mer, ni celui du ciel, ni les couleurs des girelles qui sont si plaisantes, ce rayé de vert, de rouge, de jaune qui les fait si jolies... sauf si je lui raconte...

– Tu peux pas te taire, toi ?

Et Feli tirait encore son mari par la veste, pour le faire rasseoir.

Mais le docteur souriait en disant :

– Théo a compris. Il faut *raconter* à Anicia. Lui dire ce que vous faites, ce qui est beau autour de vous, ce que vous aimez, pour qu'elle ait envie de connaître tout ça. Vous irez près d'elle, et vous lui parlerez…

C'est là que je suis intervenue :

– Mais, docteur, c'est qu'elle ne veut personne d'autre que moi dans sa chambre… pour le moment.

Alors on a réfléchi, discuté. Et on a trouvé !

La lettre qu'Auréline a écrite et qui a été publiée dans les journaux a donné une idée au docteur. Il a demandé, tout à coup :

– Dis-moi, toi, tu as bien gagné le premier prix au concours organisé par la municipalité ?

– Oui, docteur.

– Si je me souviens bien, c'était joliment troussé. Redis-moi un peu ce que tu y racontais, dans cette lettre.

Là, j'en ai eu le souffle coupé d'entendre ma petite, émue pourtant qu'elle était – ça se voyait aux roses qui fleurissaient sur ses joues –, parler et parler toute gloriette :

– Ce qu'on nous avait demandé, c'était d'écrire à une amie pour lui donner l'envie de venir ici, chez nous, pas seulement l'hiver mais l'été aussi. Comme je ne connaissais que ce que je faisais, je lui ai raconté ma journée. Depuis le moment où je me dépêchais d'aller ramasser, à la petite aurore, les coquillages que la mer nous avait apportés la nuit en cadeau, avant que d'autres ne viennent les cueillir, jusqu'à l'arrivée des étoiles à qui je parlais de mon lit. Entre-temps, bien sûr, je disais des choses comme le chaud de midi, et l'eau de mer fraîche à la peau, et les fleurs… et les figues, et les olives… Tout, quoi !… Et même la soupe de poissons de Feli et ses tapenades, et ses beignets de sardines.

Feli s'agitait :

– Pauvres de nous ! Elle a si bien dit ça que déjà on les voit accourir, ceux de l'été !… On était si tranquilles, dès que mai arrivait enfin et que les trains se les emportaient dans le Nord, les hivernants. Bientôt, c'est moi qui vous le dis, on verra des « estivants », comme on les appelle déjà, grouiller ici autant qu'un banc d'anchois.

Il nous regardait, les uns et les autres, le docteur. Il souriait encore. Ça travaillait dans sa tête, ça se voyait. Il en revint à Auréline :

– Tant qu'elle ne veut voir personne, toi, tu pourrais écrire des petits billets que Mlle Délaïde lui lirait.

– Je ne sais pas si...

– Mais, oui, tu trouveras toujours à dire une ou deux jolies choses, comme dans ta lettre. Tu sais que *L'Illustration* l'a publiée à Paris, et que des milliers de Parisiens l'ont lue ?

J'ai regardé le Conseiller. Pourquoi il était fier du grec et du latin de sa nièce et pas du français de sa fille ? Qu'est-ce que ça voulait dire cette injustice ? Il ne nous avait rien dit de Paris et des Parisiens, ce qui était pourtant bien de la gloire. Sans avoir l'air de remarquer la chose, il s'est contenté de déclarer au docteur :

– Elle écrira ce que vous voudrez. Elle sait que c'est son devoir.

Tout paraissait avoir été réglé quand Aurèle a risqué :

– Vous ne croyez pas que de la musique lui ferait du bien à notre cousine ? Je pourrais lui jouer de l'harmonica.

Le Conseiller a haussé les épaules. Parce qu'il est un grand amateur de ce qu'on appelle la grande musique. Il va en écouter à Nice ou à Cannes, et toujours avec ses cahiers où il vérifie chaque note pendant le concert ou l'opéra. Et ici, ça fait tout drôle de le voir, assis, et silencieux, à lire et à entendre – qu'il dit ! – comme s'il était dans son fauteuil d'orchestre du Grand Théâtre de l'Opéra.

Les réactions du Conseiller, le docteur Garlande n'a pas eu l'air de les remarquer trop. Il a dit :

– Parfait, Aurèle, tu joueras de l'harmonica à ta cousine.

N'empêche qu'on ne savait pas comment se passerait ce programme. C'étaient des paroles tout ça – sérieuses – mais des paroles. Et de la petite qui était couchée là-haut, au-dessus de nos têtes, nous n'en ferions pas de sitôt ce que nous voudrions.

Sœur Marie-Josèphe était repartie. Théo l'avait mise au train. Elle lui avait dit en s'épongeant le front et en tombant sur la banquette, de toute sa masse bleue couronnée d'ailes blanches :

– Je ne sais pas comment vous faites pour vivre dans cette fournaise !

Théo racontait aussi que le panier de figues-fleurs, qu'il lui avait remis pour la route, lui avait redonné le sourire au point qu'elle avait ajouté :

– Évidemment, si Notre-Seigneur ne faisait pas tant chauffer le soleil ici, les figues seraient moins sucrées. Elle aurait même dit aussi – affirmait encore Théo – que Feli était la meilleure cuisinière qu'elle connaisse. Et, pourtant, leur communauté avait un fameux cordon-bleu, mais qui aurait pu venir se perfectionner ici.

Feli disait que tout ça, c'étaient des inventions de Théodore. La malheureuse religieuse, essoufflée qu'elle était toujours, n'avait pu qu'ouvrir la bouche, comme un poisson hors de l'eau, sans qu'il en sorte rien.

Parce que Théodore est le plus grand menteur de toutes les Alpes-Maritimes. Il ment pour le plaisir de mentir, pour faire l'intéressant. Feli s'étonne souvent que lorsqu'il met le pied dans sa barque pour aller pêcher, elle ne coule pas aussitôt à pic sous le poids de ses fariboles. Elle ajoute :

– Si seulement j'avais découvert plus tôt les paniers pleins de galéjades qu'il m'apportait comme trousseau au mariage, sûr que je les aurais laissés, lui et ses bagages, dans sa cabane de pêcheur.

Et il lui répond :

– Alors, qui t'aurait dit que tu es jolie ?

– Personne, pardi, puisque je le suis pas.

– Tu vois bien qu'il fallait que je te marie, conclut toujours Théo.

Tout ça, je l'avais raconté à la petite. On pouvait mieux lui parler maintenant. Le docteur lui avait enlevé son gros pansement de la tête qu'il disait devenu inutile et lui avait juste laissé un bandeau sur les yeux, pour que la lumière ne les fatigue pas. Il lui avait aussi donné un sédatif, ce qui paraissait l'avoir un peu endormie. Et je ne savais pas si elle avait entendu ou pas mes histoires sur Théodore. Elle était calme. J'espérais qu'elle se reposait.

Mais voilà que le vent se lève. Un mistral qu'on n'attendait pas. S'il nous faisait son 3-6-9, comme à l'habitude, nous serions bien, avec la petite qui serait énervée pendant trois, six ou neuf jours !

Il tournoyait dans l'amandier qui, en pleine pétulance, se mettait à fouetter les vitres. Je voyais les mains d'Anicia s'agiter aussi. Et j'ai entendu :

– Vous êtes là ? Parlez-moi, j'ai peur dans ce bruit que je ne comprends pas.

– C'est seulement le *maestrau*, comme on dit ici, qui tracasse l'amandier. Il a l'habitude, l'arbre, de supporter cette petite guerre, il ne faut pas s'en faire pour lui, il n'y perdra même pas une amande. Seulement, leurs escarmouches, ça fait du bruit, et le Conseiller aurait voulu abattre ce vieux compagnon de la maison. Mais les enfants ont fait une telle vie, à hurler et à trépigner, que le Conseiller y a renoncé.

– Il est Conseiller de quoi, mon oncle ?

– Des conseils qu'il nous donne à tous, sans en être jamais fatigué. Et je te conseille par-ci, et je vous conseille par-là.

C'est moi qui l'ai baptisé comme ça. Combien de fois il me dit : « Mademoiselle Délaïde, je vous conseillerais de boire un peu plus d'eau et moins de vin » – alors que, peuchère, il ne m'en verse jamais qu'un verre ! – ou bien il me répète : « Mademoiselle Délaïde, je vous conseille de revoir votre orthographe, dans le livre de comptes, vous écrivez tomates avec deux m. » Ou encore, j'entends : « Mademoiselle Délaïde, je vous ai déjà conseillé, plus de cent fois, de n'arroser le géranium de la jardinière qu'une semaine sur deux. » Alors, je me donne le plaisir de répondre – à la muette, bien sûr : – « Je suivrai vos conseils, môssieur le Conseiller ! » Ça me soulage. Mais il n'y a que moi qui l'appelle comme ça.

– Il le sait ?

– Ça, je me le demande souvent. Vu qu'il a une oreille qui traîne toujours là où il ne faudrait pas.

– Vous aimeriez qu'il le sache ?

– *Boudiou !* je ne sais pas trop. Il serait capable de me dire d'aller voir ailleurs s'il y est.

L'amandier frappait tant qu'il pouvait à la vitre. Une petite main est venue prendre la mienne en tâtonnant, et c'est comme ça, tout près d'Anicia et en serrant ses doigts, que je lui ai raconté comment ça s'était fait la rencontre du Conseiller et de Marie-Estelle. Parce qu'elle venait de me dire :

– Elle est gaie, joyeuse, ma tante, malgré son chagrin, me disait ma mère, pourquoi l'a-t-elle épousé, lui qui est tout le contraire ?

– Ça, je peux le dire, vu que j'y étais, à leur première rencontre, et je ne suis pas près de l'oublier. Mais il faut d'abord savoir comment nous nous étions connues, Marie-Estelle et moi.

« Voilà. J'étais entrée, un jour, dans la boutique de fleuriste de ses parents, pour me proposer comme caissière. J'avais un peu de bien, mais je le gardais pour les mauvais jours et j'aimais travailler dans les fleurs.

« Tout de suite, Marie-Estelle et moi sommes devenues comme deux sœurs. Elle était si heureuse de vivre qu'elle chantait tout le temps, pis qu'un rossignol. C'était, tous les jours que Dieu faisait, comme une harmonie entre elle et les fleurs qui l'entouraient. Moi, derrière ma caisse, je me régalais à la regarder. Les roses, les œillets, les iris et tant d'autres, elle les groupait par catégories dans des hautes jarres vertes d'Anduze. Et elle allait et venait, au milieu d'elles, pareille à un grand papillon qui aurait mis un tablier blanc garni de dentelle. S'il y a des fleurs au paradis, ça ne peut pas être plus plaisant que ça l'était là. On entrait dans notre magasin autant pour voir et entendre Marie-Estelle que pour acheter des bouquets. Elle en avait, des soupirants ! Mais elle leur riait au nez. Elle disait qu'elle était trop joyeuse chez elle pour s'en aller avec l'un d'eux, loin de ce qu'elle aimait.

« Elle approchait de ses dix-huit ans, j'en avais vingt-cinq et le Grand Théâtre annonçait des soirées de gala avec l'Opéra de Paris. Pour son anniversaire, sa mère lui offrit de l'emmener entendre de la musique de cet Allemand, ce Wagner, le *Tannhäuser* comme ça s'appelait. Mais voilà qu'il décède, en ville, une notabilité, et qu'à la boutique la patronne devrait passer la nuit à faire des couronnes pour l'enterrement. On me demanda d'accompagner Marie-Estelle à la représentation. Moi, je ne rêvais que de ça. Un opéra ! Je n'en avais jamais ni vu ni entendu.

« Et nous voilà avec les belles robes, les gants blancs, les rubans et les fleurs dans les cheveux, parties pour le théâtre.

Nous y allions à pied parce que c'était près de chez nous. Marie-Estelle était si belle qu'on se retournait sur son passage. Sa mère lui avait offert une toilette de soie blanche et elle avait un chignon de gardénias qui lui retombait sur la nuque, – elle ne se coiffait jamais comme tout le monde. Mais le plus beau, chez elle, plus encore que ses grands yeux vert de mousse dorée dans le soleil, c'était son sourire, cette fleur toujours épanouie sur son visage pour dire sans cesse merci à la vie. Moi, vous le verrez quand vos yeux seront guéris, je n'étais pas jolie. J'ai le nez trop rond, la bouche trop grande et le teint couci-couci, n'empêche que, ce soir-là, dans une robe rose de Marie-Estelle, je faisais mon petit effet.

« On m'avait dit : "Tout le monde meurt, dans cet opéra, mais c'est beau quand même."

« Nous avions des troisièmes rangs d'orchestre. Autour de nous, il y avait autant d'élégances que de fauteuils de velours rouge. Des dames hivernantes poudrées, parfumées, fleuries, avec des diadèmes de diamants sur le front et des traînes à leurs robes. Je me disais, à les admirer, qu'il faudrait qu'il ne soit pas qu'un peu beau l'opéra pour être plus beau que ce qu'il y avait dans la salle. Marie-Estelle pensait comme moi. Elle m'a dit : "Ce qu'il y a de superbe dans une soirée au théâtre, c'est que c'est superbe de tous les côtés."

« Ça commençait bien. Nous étions comme deux roses dans un "bouquet de gala" du magasin, celui avec dentelles de papier et rubans où de riches clients nous demandaient parfois de cacher, au milieu des fleurs, l'écrin contenant un bijou. Vous voyez ce que je veux dire ? C'était pour nous deux un moment de la "grande vie" des hivernants que nous vivions. Et nous avions de l'excitation dans tout le corps. Mais nous restions droites et dignes dans nos fauteuils de velours rouge et de bois doré.

« À côté de nous, à la place 36, il y avait un monsieur. Je dirai un monsieur bien. En habit noir, comme tous les hommes qui étaient là. Avec une différence quand même, il avait un livre sur ses genoux. Quand ce qu'on appelle l'ouverture a commencé, il a ouvert le livre et il a eu l'air de suivre, par moments, les notes qui étaient tracées dessus. Marie-Estelle, qui avait vu aussi, m'a donné un petit coup de coude. Et puis, parce que c'était vraiment beau, cette musique, ces chanteurs, ces décors, nous avons oublié le voisin. Mais, à l'entracte, Marie-Estelle, qui n'avait peur de rien, a demandé, en montrant le livre :

« – Monsieur, vous lisez quoi, là-dedans ?

« – La partition, mademoiselle.

« – Ah !

« Alors, il lui a demandé, lui, comment elle trouvait cette musique allemande.

« – Moi, monsieur, je la trouve presque de chez nous.

« Il a fait : “Ah ! bah !” Il était surpris, notre voisin du fauteuil 36, surtout lorsque Marie-Estelle lui a dit :

« – Voyez-vous, monsieur, pour moi cette musique est comme notre mistral. Tantôt il gronde, tantôt il se fait doux et léger. Il hurle ses fureurs sur la mer et sur les montagnes et puis, tout à coup, il passe au-dessus de nos prairies et de nos fleurs et il les caresse. C’est pareil dans ce *Tannhäuser*, vous ne trouvez pas ?

« Le monsieur du fauteuil 36 avait l’air de trouver que c’était manière originale de parler, et même il l’a dit en riant. Il était très sympathique quand il riait.

« Après, on a écouté les malheurs du beau chevalier-poète Tannhäuser. Il était, si je me souviens bien, partagé entre l’amour pur pour son Élisabeth et l’amour impur pour la déesse Vénus, toujours allongée, celle-là, sur des lits de fleurs à rien faire d’autre que de chanter pour détourner les chevaliers du droit chemin. La Vierge Marie faisait ce qu’elle pouvait pour arranger les choses, mais cette Vénus était trop puissante. On chantait qu’“un ange était descendu du ciel”. Ça n’améliorait pas la situation.

« En fin de compte, Élisabeth mourait et Tannhäuser aussi, de chagrin tous les deux. Moi, je pleurais, à en mouiller trois mouchoirs. Marie-Estelle fulminait, sans que je comprenne pourquoi.

« Comme nous nous levions pour gagner la sortie, notre voisin au livre de musique lui a demandé :

« – Vous avez aimé, mademoiselle ?

« Alors Marie-Estelle s’est arrêtée, au milieu de l’allée pleine de monde et elle lui a dit :

« – J’ai aimé la musique, les chants, l’histoire, mais pas le décor. Parce que je suis niçoise, moi, je vis parmi les fleurs, dans la ville la plus célèbre du monde pour leur culture, *ma ville*, qui envoie ses plus beaux produits dans tout l'univers. Et qu'est-ce que je vois, quand je vais écouter un opéra à NICE ? Je vois le bâton de pèlerin du pauvre chevalier-poète Tannhäuser, ce bâton qui doit refleurir miraculeusement pour que le pape lui pardonne sa mauvaise conduite avec Vénus, je le vois refleuri, oui, mais en FAUX, en papier ! Vous acceptez ça vous ?... Et d'abord, est-ce que vous êtes niçois ?

« – Je le suis.

« – Alors, vous devez penser comme moi. Et je ne parle que du bâton fleuri du chevalier, je ne vous parle pas de Vénus, couchée sur un lit de *fausses* roses ! Non, monsieur, je n'ai pas aimé, pas aimé ça du tout.

« Elle avait parlé haut. Des belles dames et des beaux messieurs hivernants riaient, et ont applaudi Marie-Estelle, lui disant qu'elle avait bien raison.

« Elle, elle était devenue rouge comme une rose rouge et notre voisin riait, lui aussi. Il nous a proposé d'aller prendre une crème glacée. Mais nous avons refusé poliment. C'était pour le coup que nous nous serions fait remarquer encore plus. Toute la ville nous connaissait, on aurait clabaudé ferme.

« Quand nous sommes rentrées au magasin, Marie-Estelle était si retournée encore qu'elle n'a pas voulu se coucher et nous avons aidé à finir les couronnes mortuaires.

« Il y a eu une suite, et c'est là que ça devient intéressant. Trois jours plus tard, la même troupe redonnait le même opéra. Et Marie-Estelle a reçu deux billets d'orchestre : “De la part de la direction du Grand Théâtre.” On a cru que c'était un bon client qui lui faisait une courtoisie.

« Elle y est allée, avec sa mère cette fois-ci.

« Au début, ça a failli mal tourner. Parce que, en fait, la patronne avait confondu cet opéra avec un autre, et la première scène, où Vénus est si coquette et si tournante autour des chevaliers, ne lui plaisait pas trop. Ça s'est arrangé quand, peu après, Tannhäuser est au pied de la Croix et qu'il parle à la Vierge Marie. Bref, l'important c'était que le monsieur du fauteuil 36 était là. Il était, comme on dit, un abonné.

« Quand elles sont revenues, Marie-Estelle était toute chose. Elle parlait à peine, j'ai dû lui arracher les mots de la gorge :

« Eh bien, c'était à n'y pas croire ! À cette deuxième représentation, Vénus était couchée sur un lit de fleurs *véritables* et le bâton de pèlerin du chevalier était fleuri *en vrai* !

« Et là, Marie-Estelle qui ne faisait jamais que rire s'est mise à pleurer. Et personne ne comprenait pourquoi. Sa mère m'a dit :

« – Il était très aimable, notre voisin. Il nous a invitées à aller prendre une glace et j'ai accepté. Parce que nous ne le savions pas, mais une bonne partie de ce que nous vendons au magasin vient de chez lui. C'est quand nous avons su le nom de son domaine que j'ai fait le rapprochement.

« Plus tard, j'ai enfin eu tous les détails : Les fleurs, sur la scène, c'était *lui.* Marie-Estelle lui avait posé la question et il avait raconté comment il avait fait.

« Les cueillir et les amener au théâtre n'avait pas présenté de difficulté. Les faire accepter par la troupe de l'Opéra de Paris, ç'avait été une autre histoire. Parce que, par malheur, il avait forcé sur les œillets. Alors les chanteurs, les figurants, le chef d'orchestre et ses musiciens, tous s'étaient mis à hurler. Les œillets, c'était la terreur, c'était la superstition numéro un. Vénus, à qui il avait proposé de se coucher dessus, disait que c'était les couacs à coup sûr. Bon, il avait vite compris et remplacé les "Enfants de Nice" – c'est comme ça qu'on appelle les beaux œillets de chez nous – par des violettes de Parme et des lis. Mais ce n'était pas fini ! Celui qui devait montrer le miracle du bâton de pèlerin de Tannhäuser tout à coup fleuri en rosier, celui-là exigeait des roses sans épines parce que son costume ne comportait pas de gants. Bref, des embarras à n'en plus finir. Mais ça s'était bien terminé quand même. Le voisin avait réussi à convaincre la troupe de l'Opéra d'accepter ce changement jamais vu, en leur disant, à tous : "Je vous le demande, parce que c'est pour prouver à une jeune fille que je l'aime." Et alors là, ils avaient été d'accord… sauf pour les œillets.

« Après, le fauteuil 36 venait souvent au magasin et il emmenait Marie-Estelle – et moi en chaperon – prendre une glace ou manger des gâteaux à la pâtisserie. Lui et elle "se parlaient", comme on dit des amoureux chez nous. Et voilà, c'était commencé.

– À l'époque, il était donc… différent, mon oncle ?

– Ah ! il n'était pas encore le Conseiller. Ça lui est venu après, le goût des conseils. Après le départ de Marie-Estelle. Mais, moi, j'aurais dû, déjà, le voir montrer le bout de son oreille certains jours. J'aurais dû comprendre que ce qu'il voulait, c'était l'enfermer, la garder pour lui… On n'imagine pas combien elles étaient grandes les ailes de Marie-Estelle, on ne pouvait pas les replier dans une cage.

– Elle a été très malheureuse avec lui ?

– Peut-être qu'elle s'était raconté trop d'histoires. L'abonné du fauteuil 36 avait réussi à lui faire le décor de *Tannhäuser* comme elle le voulait, fleuri en vrai ; elle a cru que ce serait toujours aussi miraculeux avec le mari. Elle volait trop haut. Et lui, peut-être trop bas, qui sait ?

Le mistral continuait à malmener l'amandier qui, pas content, continuait à frapper à la fenêtre.

– Et si on lui ouvrait ? m'a dit Anicia.

Alors je l'ai bien couverte, bien maillotée dans ses draps et ses courtepointes, et j'ai laissé entrer le vent. Les branches d'amandier l'ont suivi sans attendre.

J'ai pris dans les miennes les deux petites mains blanches et j'ai dit, en tutoyant Anicia pour la première fois, et comme si je parlais à Auréline :

– Tu vois, on est dans un bateau en pleine tempête, mais tu ne feras pas naufrage, je te le promets.

Plus tard, quand je croyais qu'elle dormait, je m'étais un peu assoupie, et elle m'a soudain demandé :

– Ils ne s'étaient jamais rencontrés dans Nice, avant l'opéra, mon oncle et ma tante ? La ville n'est pas si grande.

– C'est qu'il venait seulement d'y revenir, lui, ses études terminées. Peut-être que tout le malheur est arrivé de ce qu'il croyait que son père le laisserait être musicien. Mais le vieux n'a pas accepté, il ne voulait son fils qu'aux fleurs. Des fois, des vocations contrariées, ça vous change le caractère d'un homme.

– Qui l'empêchait d'avoir un piano à la maison et de jouer quand son travail était fini ?

– Tu n'as pas connu le père Desroches, un pénible celui-là ! Le Conseiller est un aimable, un joyeux, à côté de lui. Tout le monde l'appelait « Desroches Dures », le vieux, mais personne ne pensait à plaindre son fils. C'est pas un vrai métier d'être dans la musique, surtout quand on possède de la terre. Au début, il jouait de l'orgue à l'église. Le père Desroches ne le savait pas. Puis il a cessé. Parce qu'il ne faut pas que tu croies qu'à s'occuper des fleurs on a des loisirs. Elles sont exigeantes, les roses et les violettes, elles te demandent beaucoup. Dans les champs, elles se poussent toutes seules, en fantaisie, mais dès que tu veux du rendement pour la vente, alors les voilà qui deviennent difficiles et capricieuses, comme si elles te disaient : « Vous les voulez vos dix tonnes cette année ? Eh bien essayez un peu de vous dégourdir pour ça ! » Vrai, les fleurs, c'est beau, mais pas commode. À la floraison, quand elles se savent dans leur beauté divine, elles te font des mines au soleil ou dansent dans une petite brise à attendrir les plus coriaces, mais toi, tu as sué pour qu'elles en arrivent là. De ta sueur, elles s'arrosent, c'est leur « produit de beauté », comme on dit maintenant en parfumerie.

C'est après qu'elle eut bu son lait de vache, travesti par Feli en lait d'abricot – du bon *arbico* de Provence, bien parfumé – qu'Anicia m'a demandé la suite des aventures de Marie-Estelle.

Elle avait dormi au moins six heures, j'étais contente, le docteur Garlande le serait aussi. Et puis, raconter, j'aimais ça. J'en avais plein les bras des bouquets de souvenirs, et sur Marie-Estelle, j'en savais beaucoup, vu qu'on n'arrêtait pas de se parler. On s'en venait toutes deux, le dimanche, chez le pâtissier, on s'adoucissait le gosier, selon la saison, de chocolat chaud ou de limonade glacée, on se disait l'essentiel et le détail.

– La vérité, c'est que l'abonné du fauteuil 36 était fou perdu d'amour pour elle, à ne pas pouvoir rester une demi-journée sans la rencontrer, je me demandais même s'il arrivait à dormir. Mais elle... comment dire ?... elle voletait dans les plaisirs entre l'opéra, le théâtre, les soirées en ville et les froufrous de son trousseau. Elle rêvait, si tu veux mon avis. Et puis, voilà qu'il l'emmène lui montrer le Domaine des Demoiselles. C'était leur terre – tu es en ce moment couchée dessus ! Le vrai nom d'autrefois au complet, c'était « Domaine des Demoiselles anglaises », vu que c'était pour ses trois filles, qu'un seigneur anglais l'avait créé. Donc, Martial Desroches, ton oncle, conduit sa promise voir les cultures de fleurs de sa famille. Le père Desroches était à peu près d'accord pour le mariage. Marie-Estelle, fille unique, aurait du bien. Pas seulement le magasin, des immeubles en ville aussi. Avec ça, on pourrait donner sa part à ta mère sans que les terres soient morcelées. Et il y pensait déjà, à cet arrangement. Et puis, la patronne plaisait au vieux. C'était une maîtresse femme à qui on n'en contait pas et il pouvait penser que sa fille lui ressemblerait.

« Et voilà Marie-Estelle parmi les champs de fleurs. Bien sûr, elle savait ce que c'étaient des cultures de roses ou d'œillets, elle en avait déjà vu et vu tant et tant, mais de ceux-là, du Domaine des Demoiselles, elle en a reçu, à l'instant même, une bouffée d'amour. Lorsque tu le verras, toi aussi, en ce beau jour où tes yeux te reviendront, tu la comprendras.

« Je vais essayer de te le décrire.

« Si on part de tout en bas, imagine, d'abord, la mer qui vient faire sa dentelle sur le sable. Le sable d'une belle plage longue, longue et toute dorée. Et puis la bordure des légers tamaris, toujours comme doucement énervés dès qu'il vente, hésitants qu'ils sont à pencher ou vers la mer ou vers la terre, vu qu'ils poussent dans le sable. Après, il y a une espèce d'entre-deux où on laisse prendre racines qui veut et qui risque, par gros temps, de recevoir plus que la dentelle des vagues. Et puis viennent les beaux espaces, le travaillé, là où se pressent les fleurs. Leur domaine à elles, ces autres demoiselles.

Et là, même si on est du métier, même si on a vendu, à toute la ville et à tous les hivernants, les plus beaux bouquets, là, devant ces océans de fleurs, on dit merci au bon Dieu. Et on s'agenouillerait si on était seul... Seul avec les anges, parce que ceux-là, c'est sûr, ils planent sur tout ça. Pour moi, ils ne peuvent pas résister au plaisir de pomper un peu d'air parfumé, en passant au-dessus des roses, des œillets ou des lis.

« Tu le comprends, Marie-Estelle s'est aperçue, ce jour-là,

que vendre des fleurs, ça ne lui suffirait plus jamais. Les mettre dans des jarres d'Anduze, les faire boire et les emballer ensuite dans du papier, ça ne lui emplirait guère le cœur à ras bord désormais. Ce qu'elle avait toujours désiré, sans le savoir, c'était d'être là, parmi les fleurs *vivantes.*

« Elle avait dit ça à son fiancé. Lui, il souriait et l'entraînait vers les narcisses qui allaient être coupés pour partir à Paris et à Londres, et les freesias qu'ils découvraient tous les deux être leur fleur favorite. Il avait voulu qu'elle en cueille une brassée. Elle avait refusé, elle voulait qu'ils dorment là, encore un soir, avant d'être coupés le lendemain dès l'aube. Alors, il en avait pris deux brins, l'un pour le col blanc bordé de dentelle de Marie-Estelle et l'autre pour la boutonnière de son veston. Elle m'a dit qu'il avait les mains qui tremblaient, et que dans le crépuscule mauve qui arrivait, et dans le parfum des fleurs, c'était émouvant, mais elle trouvait qu'il n'aurait pas dû l'embrasser avec tant de force – ou de passion, elle ne savait pas trop dire. Elle aurait préféré continuer à découvrir encore d'autres fleurs, plutôt que d'être embrassée, et embrassée tant de fois.

« Donc, voilà Marie-Estelle qui avait reçu son coup de foudre. Pour moi, dès ce jour-là, elle n'a plus pensé qu'au domaine. Le fiancé, c'était un peu par-dessus, comme un supplément, comme, si tu veux, le ruban qui nouait les bouquets au magasin. Mais personne ne voyait rien, même pas elle. Parce que dans ces moments-là, de préparation de noces, entre une chose et l'autre, on n'a pas beaucoup de temps pour réfléchir. Et puis, c'était un beau mariage, ces Desroches, ils en avaient du bien !

« Tu veux que je te parle de la cérémonie ? Elle a eu lieu à l'automne. Un bel automne doré de partout, avec une mer bien sage, qui continuait ses broderies. Un vent bien élevé, qui restait discret dans son coin et une pleine floraison de tubéreuses qui n'avait pas encore été coupées pour que la brise du soir, au moment du souper, en apporte le parfum jusqu'aux invités. Une jolie idée de ton oncle.

« C'était Marie-Estelle qui avait demandé à se marier au domaine. Le père Desroches avait accepté, presque avec plaisir. Parce qu'il commençait à trouver sa future bru bien plaisante. Elle avait su choisir les mots à lui dire et on pouvait penser qu'à sa façon il en devenait amoureux aussi… enfin, surtout des immeubles qu'on lui avait montrés et qu'il avait découverts plus conséquents qu'il aurait cru.

Anicia m'a demandé si j'y étais à ce mariage. Pardi, si j'y étais !

Mais je ne m'étais pas trop étendue sur la cérémonie et les invités, vu que sa mère, sœur du marié, n'y était pas. Je ne le savais pas alors, j'ai appris, plus tard, que Mlle Desroches avait épousé, contre le désir de son père, un professeur de latin – de grec aussi je crois – qui n'était riche que de son traitement et d'une retraite à venir. Et lui, le vieux Desroches, il voulait pour ses fleurs des bonnes alliances bien dorées.

La petite m'a encore dit :

– Vous êtiez toujours caissière du magasin ?

– Jusqu'à la mort de la patronne. Elle est tombée toute raide et toute rouge, un jour, dans l'arrière-boutique. On n'a rien pu faire, c'était le cœur, ou le cerveau, ou les deux. Cette femme, elle s'était tuée, depuis dix ans qu'elle était veuve, à mener seule ses affaires. De la marche de sa boutique à la surveillance de ses immeubles. Faire le commerce des fleurs et avoir l'œil à l'entretien, aux réparations des appartements, sans compter les ennuis avec les locataires, ça l'avait usée. Marie-Estelle a vendu le magasin quand je lui ai refusé de prendre la suite. C'était trop lourd pour moi. C'est là qu'elle et le Conseiller m'ont donné la jouissance de la petite maison qui était celle du portier du temps des demoiselles anglaises. Je devais aider à élever les enfants, Aurèle avait deux ans et Auréline venait de naître.

– Vous n'avez jamais eu envie de vous marier ?

– Et avec qui ? Personne ne m'a jamais demandée… et puis tiens, je vais te raconter une histoire qui m'a beaucoup fait pleurer, il y a très longtemps, une certaine nuit, mais qui va te faire rire…

« Il me faut te dire que, du côté de ma mère, nous avions de la famille à Saint-Tropez. Des cultivateurs de marrons. Parce que tout le monde ne le sait pas, mais Saint-Tropez faisait les plus beaux. Peut-être plus beaux encore que ceux du Luc, en tout cas aussi célèbres, à l'époque, que ceux de l'Ardèche ou de Naples. Saint-Tropez, c'est, en bas, un petit village de pêcheurs, et en haut, là où il n'y a que des arbres, c'est la culture des marrons. Une cousine de ma mère, qui apportait en dot les plus majestueux châtaigniers, sur les hauteurs de l'église Sainte-Anne, épousait un autre propriétaire de châtaigniers presque aussi majestueux, du côté du Luc. Le père du marié, qui aimait la gaudriole, disait que, si le futur ménage tournait mal, ils auraient chacun de quoi s'envoyer les plus belles "castagnes" à la figure, des deux côtés. Il y en avait qui riaient de cette plaisanterie, pas moi parce que je n'avais que sept ans et que ça me passait au-dessus de la tête. Et voilà que la cousine, qui aimait bien ma mère, invite toute la famille à la noce. C'était un peu loin pour nous, qui étions dans la culture des orangers, vers Grasse, mais il fallait y aller quand même pour ne pas être discourtois. Je devais tenir le voile de la mariée. Elle en avait un, parce que c'était un beau mariage et il n'y avait que moi comme petite fille dans la famille pour faire la demoiselle d'honneur.

« Mais voilà que deux jours avant de partir, mon père et ma mère s'attrapent une mauvaise grippe. Eux, peut-être que la cousine s'en passerait facilement, mais moi, pour le voile ? Alors on décide que j'irais quand même. Le marié viendrait me chercher, ça ne le détournerait pas trop de son chemin parce qu'il avait des affaires à régler dans nos parages. À la pensée que je n'allais pas mettre ma belle robe tout en volants, avec la capeline garnie de cerises, j'avais été désespérée. Aussi, me voilà qui monte dans le tilbury du marié toute fiérote.

« Je te raconterai pas ce mariage-là. Je ne m'en souviens plus. Ce que je n'ai pas oublié, c'est le vieux, le père du marié, celui qui faisait ses plaisanteries sur les deux futurs. Comme personne ne l'écoutait, c'est sur moi qu'il s'était rabattu. Il me disait que, la nuit, les animaux d'alentour venaient se goberger des marrons de la cousine. Il y avait surtout des loups et des chats sauvages, plus féroces les uns que les autres, et il fallait bien fermer les portes des maisons, si on ne voulait pas qu'ils nous croquent comme ils croquaient les marrons.

« Pendant qu'il faisait clair, ces histoires me donnaient à peine une petite semble-peur. Tu vois ce que je veux dire ? On frissonne un peu, dans le plaisir de savoir qu'on ne risque rien. Et voilà la nuit qui tombe là-dessus, et là, ça n'a plus été pareil. J'étais seule, dans un grand lit et une grande chambre, et tant qu'il y avait eu du bruit en bas où on dansait aux sons des mandolines, je me sentais presque bien. Mais quand ceux qui couchaient ici – y compris les mariés – arrêtèrent leurs chants, leurs cris et leurs rires, je me suis mise à trembler. J'étais sûre que j'entendais les loups. Ils poussaient des cris terribles. Je me disais qu'ils devaient hurler en croquant les marrons, que c'était à cause de leur bouche pleine qu'ils avaient des hurlements si bizarres.

« J'ai pris patience un petit moment. Je n'osais pas bouger, un loup aurait pu entrer si les derniers invités avaient mal fermé la porte en s'en allant. Et puis, ça s'est mis à crier si fort, tout près de moi, presque contre mon mur, que je me suis mise à crier aussi. Je n'y tenais plus, j'ai quitté mon lit et je suis allée frapper à la porte de la chambre à côté. Je trépignais en criant toujours... Enfin, on a ouvert. C'était la chambre des nouveaux époux et c'était, lui, le marié qui se tenait là, debout devant moi. Et pas content. Oh ! alors, pas content ! Je tentais de lui parler des loups, il n'écoutait pas. Je le trouvais tout vilain, en chemise de nuit, rouge de figure et les cheveux en bataille. Il m'a dit de ficher le camp et de retourner dans mon lit. Je l'ai fait, un peu rassurée, on n'entendait plus aucun bruit. Les loups étaient peut-être partis. Je n'étais pas depuis dix minutes sous mon édredon, que les voilà qui reviennent...

« Bref, je t'en passe. Et, à quelque chose comme trois heures du matin, j'ameutais toute la maison, je me roulais par terre et la cousine, craignant des convulsions, a dit à son gendre :

« – Arsène, il faut la ramener chez elle ou elle va passer. C'est une trop grosse responsabilité.

« Tu l'aurais vu, le marié, il était assommé. Il a fait répéter sa belle-mère. Et elle a répété :

« – Oui, Arsène, il faut la reconduire chez elle.

« – En pleine nuit ?

« – En pleine nuit, fils, il le faut.

« – Mais c'est ma nuit de noce !

« – Eh oui, mon pauvre !

« Ah ce voyage de retour ne ressemblait pas à celui de l'aller ! Ce que j'ai entendu ! Enfin, ce n'était pas tout à fait à moi qu'il parlait, le marié, mais quand même un peu, quand il disait que, malheur, c'était dans son lit de noce et avec sa femme dans les bras qu'il devrait être au lieu de faire l'imbécile à fouetter son cheval pour une *pelandroun* à moitié folle. Et comme je me remettais à pleurer, c'est miracle s'il a pu se retenir de me battre. Et il appelait tous les saints du Paradis à son secours, et il prenait à témoin toutes les pierres du chemin qu'on n'avait jamais vu des *novi* séparés à peine enfin réunis et qu'il était le plus couillon de la terre de ne pas avoir su résister à sa belle-mère. Là, j'avais eu un peu de répit. C'était à elle qu'il s'en prenait. Mais il revenait vite à moi et, à un moment, *boudiou*, j'ai cru qu'il allait me tuer. Je les avais presque les convulsions en arrivant chez moi.

« Eh bien ! tu ne me croiras peut-être pas, mais d'avoir vu le marié dans cet état, ça m'a poursuivie longtemps de crainte. Parce que, avant le mariage, je l'avais trouvé assez plaisant, ce nouveau cousin, et bien de sa personne, et gentil et tout avec moi. Et le voilà qui était marié et ce n'était plus le même homme ! Si vilain en chemise et si méchant avec une pauvre petite qui avait peur des loups. Longtemps, je me suis dit que, si ce n'était pas vraiment nécessaire, je ne tiendrais pas beaucoup à me marier. Et, en plus, on s'était faché avec la cousine parce que ma mère avait dit qu'il fallait museler les vieux fous qui faisaient peur aux enfants en leur racontant des histoires terribles et que la bienséance interdisait qu'on couche une petite fille dans la chambre contiguë à celle de mariés frais du jour.

Je l'avais fait rire, la petite Anicia. Quel contentement ! Et peu après, ô merveille, elle m'a demandé un morceau du pain que venait de livrer le boulanger. Elle avait reconnu sa corne, et entendu par sa fenêtre ouverte qu'il avait dit : « Madame Feli, si cette fois-ci vous le trouvez pas frais, mon pain, mon *capéu*, je me l'avale ! » Et Feli avait répondu : « Oh ! boulanger, je voudrais le voir, ça, parce que votre capéu, c'est le plus conséquent du pays. »

– Il est comment, le *capéu* ? m'a demandé Anicia.

– En feutre noir, à bord si large, si cache-soleil et cache-tout, que je me demande comment il la voit sa route, le boulanger. Il est vrai que son mulet les connaît les pratiques, et qu'il y va droit tout seul.

Lorsque le docteur Garlande est arrivé pour la visite, je lui ai tout dit d'Anicia. Puis aussi :

– Vous avez remarqué ? Elle m'a fait parler des uns, des autres, mais jamais, jamais, elle n'a parlé d'elle ! Jamais elle ne se plaint. Et pourtant, dans sa nuit, elle doit se trouver bien seule.

– Elle est très courageuse et vous êtes là, vous, mademoiselle Délaïde.

– Oh ! pauvre de moi, je ne peux pas faire grand-chose. Si seulement elle voulait accueillir Aurèle et Auréline.

– Elle ne veut toujours pas ?

– Elle m'a dit que pour ceux qui ont la chance de voir, elle était trop vilaine à regarder avec ses cheveux coupés à cause de la blessure à la tête, cette balafre qu'elle a sur la joue, sa mauvaise mine et sa jambe dans le plâtre.

– Auréline ne lui a pas encore envoyé un billet ?

– D'abord, docteur, je vais vous dire que j'ai vu la corbeille à papiers de la petite pleine à déborder de feuilles de cahier froissées. Oh ! elle a essayé, et ça n'est pas venu, peut-être, comme elle aurait voulu. Et puis, je ne sais pas si vous vous êtes pensé qu'Anicia a fait de grandes études avec son grec et son latin, fille de professeur qu'elle est. Alors, notre petite, ici, elle doit se sentir inférieure et ça doit lui paralyser la plume… Vous savez, docteur, pour les billets que vous dites, il faut peut-être attendre, comme pour les fleurs, que ça germe.

Hé ! tout savant qu'il était celui-là, qu'est-ce qu'il avait à s'impatienter ? Qu'il les écrive, lui, ces petits billets !

Le lait travesti d'aujourd'hui, c'était du lait d'amandes. Qu'elle a aimé ça, notre Anicia ! Elle en a redemandé.

Feli ne se tenait plus. Et surtout que la petite lui parlait :

– Ce sont les amandes de l'amandier qui est là, tout près. Celui qui frappe à la fenêtre ?

– Pardi ! Nous n'avons que celui-là. Il nous suffit, bien généreux qu'il est de ses fruits. Si je vous disais qu'une année…

La Feli allait s'asseoir, et à la nuit elle serait encore là à nous étourdir, tant elle parlait fort à cause de son Théodore qui se fait un peu sourd. Mais je n'ai rien dit, je me suis contenue et, enfin, elle s'est retirée. La porte à peine refermée sur ses espadrilles qui font qu'on ne l'entend jamais ni arriver ni partir, Anicia m'a demandé pourquoi je n'aimais pas Feli ?

– Mais je l'aime bien.

– Non. Je sens le contraire dans votre voix.

– Tu sens peut-être un peu, mais pas tout. Parce que c'est juste un énervement qui me chatouille, de temps à autre, alors il nous arrive d'avoir des mots… Elle, elle se rafraîchit toujours, si nous nous sommes échauffées, avec ses départements. Ah ! ses départements, tu ne vas pas tarder à en entendre parler. C'est même étonnant qu'elle ne te les ait pas encore amenés là, dans ta chambre.

– Quels départements ?

– Eh ! Nos dé-par-te-ments, les français, ceux qui font la carte de France toute colorée de petits morceaux de rose, de vert, de jaune. Ne va pas me dire que tu ne les connais pas, toi, si instruite.

– Je les connais, mais qu'ont-ils à faire avec Feli ?

– Ils ont à faire qu'elle les aime, pardi ! Tu croirais à l'entendre qu'ils sont des connaissances rien qu'à elle. Comme si nous ne les avions pas appris nous aussi. Seulement, elle, imagine-toi qu'elle les sait *tous* par cœur et qu'elle nous les corne aux oreilles. Des fois, quand tu t'y attends le moins, elle te casse le silence où tu écoutais chanter le vent ou un oiseau, ou tes pensées, à te dire : « Pas-de-Calais : préfecture ? sous-préfectures ? chefs-lieux ? » Et comme tu te trouves tout étourdie de la chose, elle te débite alors : Arras. Béthune, Calais, Saint-Omer, Boulogne-sur-mer, Lens, Montreuil et même les chefs-lieux de canton, elle les sait tous et elle te les allonge sans respirer. Tu en as le tournis et elle, elle roucoule. Et tous, tous ceux de France, elle les connaît comme si elle les avait tétés avec le lait de sa mère. Elle te racontera qu'au certificat d'études, à l'oral, elle en a tant débité, de proche en proche, qu'on a dû l'arrêter parce que l'examinateur y serait encore, quarante ans après !... Mais le pire, c'est qu'à chaque coup elle te démontre que toi, tu ne sais rien. Parce que pour elle, si on ne les connaît pas tous les quelque quatre-vingts ou plus, *on ne sait rien.* Tu ne peux pas imaginer, c'est plus énervant que neuf jours de mistral, ça te casse la tête... Tu ris ? Tu verras quand elle va te les amener ici, les quatre-vingts et plus. Tu verras... Note, qu'un jour, j'ai été bien vengée. Écoute-moi ça : Voilà qu'un beau matin la Feli dit à son Théo : « Pour demain il me faut la bouillabaisse, alors débrouille-toi un peu d'aller me la pêcher, et ne me dis pas que ce n'était pas le bon jour pour les rascasses et que les congres avaient rendez-vous ailleurs. Je veux de tout. Tu m'as compris, de tout. »

« Et, le Théo part à la pêche aux petites heures le lendemain matin. D'habitude, on le revoit en fin de matinée, le panier plein. Ce jour-là, onze heures, midi, une heure, deux heures, personne. Sûr qu'il lui était arrivé quelque chose. Et si ce gros espadon, cet "énaurme" qui rôdait dans les parages avec sa scie en avant avait fait du vilain à sa barque ? Elle se souciait, Feli. Et pour sa bouillabaisse et pour son Théo aussi un peu. Enfin, sur le coup de trois heures d'après-midi, le voilà qui arrive, le panier vide et la figure à l'envers. Elle commençait, la pauvre Feli, à croire à la méchanceté de l'espadon, quand le Théo lui dit : "Ah ! malheur ! quelle catastrophe ! De cette nouvelle terrible je ne sais pas si tu vas te remettre : *Il n'y a plus de départements !*"

« Et le voilà qui explique qu'il avait appris la chose au moment de partir à la pêche et qu'il n'avait fait ni une ni deux, il était allé en ville vérifier ce désastre. Et c'était vrai, on le disait de partout : *il n'y avait plus de départements.* Le président de la République avait décidé comme ça, en surprise, qu'on n'en avait plus besoin et qu'on les enlevait de la carte de France.

« Elle était sans voix, la pauvre Feli. Elle ne pensait plus à sa bouillabaisse. Son Théodore la consolait. Il lui disait : La géographie c'est une chose, mais l'histoire c'est important aussi. Et même qu'il n'y ait plus de départements, toi tu les sauras toujours, tu sauras leur histoire. Et tu en parleras comme on parle de Napoléon. Pas moins.

« Mais, le lendemain, voilà qu'à la réflexion Feli s'était dit qu'il lui fallait vérifier cette affaire. Elle est allée droit à la poste, où travaille son amie Margarido qui est comme une sœur pour elle, vu qu'elles se partagent un gros secret : pour entrer aux PTT, il faut avoir la taille réglementaire. En dessous, c'est-à-dire si tu es trop petite, on te refuse. Et on aurait refusé Margarido si le cousin de Feli n'avait pas été secrétaire à la mairie et n'avait pas fait cadeau, sur le certificat, du centimètre qui manquait à la pauvre fille. Et Margarido a dit à Feli : "Plus de départements, en France, ah ! je le saurais, moi, tout de même."

« Quand elle est revenue, Feli est allée droit à son

Théodore et elle lui a balancé la plus belle paire de gifles qu'il ait reçue de sa vie. On l'a entendue claquer jusqu'au premier étage. Il s'y attendait, il a encaissé sans broncher. Elle, elle n'a rien dit non plus. Elle n'aurait pas pu, elle étouffait.

« Tout ça venait de ce que ce brigand de Théo s'était laissé convaincre d'aller faire le concours de pétanque. Il n'avait pas pu résister, malgré la crainte de la fureur de Feli. Il espérait aller au marché plus tard et se l'acheter, la bouillabaisse. Hélas, la partie s'était prolongée. Plus une seule rascasse, aucun congre, ni même du petit poisson aux étalages. Plus rien que ce qui reste quand tout est vendu, l'odeur. Alors, il avait mis au point ce qui détournerait le mieux la colère de Feli, l'annonce d'une nouvelle à l'estourbir, à l'escagasser. À part un accident qui serait arrivé à Aurèle ou à Auréline, rien ne pouvait la consterner plus, que cette diabolique histoire de "ses" départements. Il savait bien qu'il ne pourrait pas tenir longtemps, son gros mensonge, mais il gagnerait déjà une nuit de tranquillité. Après, on verrait.

« Quand ses esprits lui sont revenus, à Feli, je te dis pas ce qu'il a entendu, le Théodore ! Lui, pour tenter de se faire pardonner, il s'en est allé pêcher une bouillabaisse royale. Mais Feli, crois-moi, elle n'a jamais pu l'oublier en entier cette grosse blague. Il faut dire qu'elle enrageait de s'en être laissé conter. Elle disait, les bras levés vers le ciel : "Pourquoi je l'ai écouté, celui-là, ce menteur pire qu'un arracheur de dents ? Ma parole, le diable devait être de mèche avec lui pour que je me laisse encore prendre comme un agneau qui vient de naître au bout de trente ans de mariage… Ah ! si je n'étais pas si respectueuse des lois du Seigneur, il y a longtemps que j'aurais dû le divorcer, ce malfaisant."

Comme Anicia avait un petit rire, tout petit, parce que ses blessures au visage se cicatrisaient et que ça lui faisait mal d'étirer ses joues, j'ai continué :

– Après ça, tu sais, chaque fois qu'elle l'avait sous la main, son brigand de mari, Feli ne se privait pas de le secouer. Quand il a attrapé sa bronchite, par exemple, elle te le malmenait d'importance. Si le docteur Garlande disait : « Deux fois par jour, cataplasmes de farine de lin saupoudrés de farine de moutarde, aussi chauds et aussi moutardés qu'il pourra les supporter », elle y allait à la louche pour la farine de moutarde, et les cataplasmes étaient brûlants, à faire hurler le pêcheur (prends le mot dans les deux sens). Elle lui disait : « Supporte en silence, c'est pour ton bien. Et raconte toi quelques beaux mensonges, ça te fera endurer le chaud et le piquant, menteur de l'enfer que tu es. » Et lui, il criait alors : « Et qui ira te les pêcher, tes bouillabaisses, si je suis brulé vif ? »

À tant entendre parler de bouillabaisses, Anicia m'avait demandé si on en ferait une, un jour.

– Tu en as envie ?

– Oui... je crois.

Cocagne ! j'en aurais pleuré de joie. Elle voulait enfin autre chose que ses laits parfumés et ses petits morceaux de pain. Et, comme Théo allait en ville, en courses d'épicerie, je lui ai confié un mot pour le docteur. Je lui disais que sa malade avait envie de poisson. Il m'a répondu par un autre billet, en faisant attendre Théo le temps de l'écrire. Il me disait : « Bravo ! » et qu'il serait content qu'on le garde à déjeuner le jour où Anicia allait consentir à manger normalement. Il apporterait un gâteau pour le dessert.

À propos de ce gâteau dont je lui parlais, Anicia m'a demandé si le docteur Garlande était un grand ami de son oncle, ou s'il avait l'habitude de traiter tous ses malades avec autant de gentillesse.

Ça m'a demandé réflexion.

Du docteur Garlande, on en parlait en ville. Et même à Cannes et ailleurs. Tous s'accordaient pour dire qu'il était excellent médecin. Puis, on en venait à préciser qu'il ne soignait pas que des Niçois ou des Cannois, mais aussi beaucoup de belles dames étrangères en saison d'hiver. Et on appuyait sur le « belles ». De là à chuchoter qu'il était sensible à leurs charmes, il y avait moins qu'un pas. Moi, ce que je savais, pour l'avoir vu de mes yeux, pendant ma dernière année au magasin, c'est qu'il venait chez nous choisir et faire envoyer des fleurs à des femmes aux noms si compliqués que je devais toujours lui faire épeler. Et je lui avais dit que c'était plutôt elles qui devraient lui offrir des roses pour le remercier de les soigner. Il avait ri et nous avions un peu plaisanté. Le reste, ce qu'on disait de lui et de ces dames, je ne l'avais pas vérifié par moi-même. Et impossible de rien tirer de sa domestique, celle qui ouvrait la porte quand on avait un rendez-vous chez lui. Celle-là, elle se serait fait couper la gorge plutôt que d'en sortir un mot de la vie privée de « son docteur ». De toute façon, il était garçon, M. Garlande, et il pouvait bien faire ce qu'il voulait. Il est vrai que tous les Garlande de Grasse étaient connus pour apprécier les jolies femmes. C'était le secret de polichinelle que Guillaume Garlande – le parfumeur – avait aimé la belle Sorenza Salvoni avant d'épouser la fille d'Orso Bianchini du domaine de San-Vitale[1]. Restaient les informations de Feli, assaisonnées aux mensonges de Théo. De ce côté-là, il était avancé que, l'année passée, le docteur aurait failli se marier avec une riche héritière américaine, mais qu'au dernier moment ça ne se serait pas fait. Et aussi, que depuis quelques mois, on le voyait beaucoup avec une grande chanteuse italienne qui avait la plus belle automobile de la Côte, une Hispano-Suiza jaune tournesol. Bon ! De tout cela qu'est-ce que je pouvais dire à cette petite ? Alors j'ai saisi l'occasion d'aller d'abord lui chercher de l'eau chaude pour sa toilette et de m'informer des dernières nouvelles sur le docteur, auprès de Feli. Celle-là m'a dit, sans me regarder, en ayant l'air de surveiller sa ratatouille qui mijotait :

– Celui qui en sait plus, c'est le Maître, vu qu'il leur arrive de passer des soirées ensemble… et quelquefois jusqu'aux petites heures.

1. Voir du même auteur, *Dans un grand vent de fleurs*, Robert Laffont, 1991.

Alors ça, c'était de la surprise totale ! Je ne m'étais jamais douté que le Conseiller sortait le soir et rentrait si tard. Il s'intéressait, lui aussi, aux Américaines et aux Italiennes ? Et pour que Feli m'en parle, c'est que ça devait la tracasser. Parce que ce que faisait le Maître, c'était sacré pour elle. Mais là, elle était contrariée, je le voyais à son air renfrogné. Sûr qu'elle devait aller plus loin que la chose et penser, peut-être, qu'un jour il arriverait une nouvelle maîtresse ici. J'avais vu juste. Elle m'a dit :

– Si seulement elle n'était pas partie, sa femme ! Si elle ne l'avait pas laissé comme ça, sans prévenir, tout seul un beau matin, il y resterait, chez lui. Il ne s'en irait pas dans ces endroits de la ville où il ne traîne que des moins-que-rien qui se croient parce que ces imbéciles de beaux messieurs leur mettent des perles au cou… Ah ! malheur ! Et tout ça c'est bien de sa faute à elle.

Ça, je ne pouvais pas le laisser passer. Elle le savait, Feli, que ce n'était pas la faute de Marie-Estelle, mais rechignait à le reconnaître. Elle n'avait jamais voulu voir que sa maîtresse était malheureuse, que ça n'allait guère entre eux, qu'il couchait, lui, dans leur chambre, et elle dans celle de l'amandier et qu'il en avait enfoncé la porte une nuit. C'était trois jours après cette nuit terrible que Marie-Estelle était partie. Alors j'ai dit :

– Eh bien, s'il enfonce maintenant les portes des chambres des Américaines ou des Italiennes, bon débarras !

Et elle ne pouvait pas laisser passer ça non plus, la Feli. Parce qu'il faut bien arriver à le dire, le profond des attrapades qui nous tournaient le sang à elle et à moi, c'était qu'elle soit pour le Conseiller, à s'en couper un bras, et moi pour Marie-Estelle à m'en couper un autre. Rien à faire, nous serions comme ça jusqu'à notre mort.

Si je n'avais pas été aussi sûre qu'elle adorait Aurèle et Auréline, j'aurais tremblé qu'elle leur jette, un jour de rage contre Marie-Estelle, que leur mère n'était pas morte. Mais elle les aimait, les enfants. Et, elle avait dû se jurer, du fond du cœur, qu'elle ne leur dirait jamais le mensonge de leur père.

Nous en étions là, ce qui ne m'avançait guère pour répondre à Anicia. Alors, en remontant la voir avec mon seau d'eau chaude, je décidai de lui parler de la famille du docteur. Des Garlande de Grasse, des gens parmi les plus en vue de chez nous et qui pourraient en remontrer à tous ces étrangers et étrangères qui usaient nos boulevards et nos rues à tant s'y promener en se pavanant.

Et j'ai raconté : plus grande entreprise d'essences de parfum, il n'y en avait pas. Les Garlande possédaient les meilleurs et les plus importants alambics du monde, et ils étaient les cousins germains de notre docteur. Dès qu'elle serait guérie, nous irions les visiter et regarder comment tout ça se passait, de la cueillette des fleurs à l'extraction des essences. Et il y avait aussi les réceptions que Mme Guillaume Garlande donnait, où le docteur était toujours invité et où c'était aussi beau, disait-on, que du temps des grands-ducs de Russie, avant la guerre, quand ils ouvraient les portes de leurs salons pleins de lumières, de fleurs et de musique, au gratin de Nice.

Mais ça n'avait pas l'air d'être ça qui intéressait Anicia. Elle me demanda comment était, physiquement, le docteur. Elle m'a dit :

– Je sais qu'il n'est pas vieux, je le sens à sa voix et à ses mains. À l'hôpital, je savais si les infirmières étaient jeunes ou non, à leur toucher plus encore qu'à les écouter me parler. Les anciennes avaient souvent la peau dure et gercée. Lui, le docteur, il a la peau ferme et douce à la fois. Je dirais qu'il a dans les trente ans.

– Trente-trois exactement, et c'est déjà un médecin renommé. Il dit que tu...

– Non ! Ne me dites rien. Je ne veux pas savoir.

– Mais il assure que...

– Je les ai entendus, à Paris. Ils étaient trois ou quatre autour de moi. Il y en a un qui a murmuré que peut-être je ne verrais plus jamais. Les autres l'ont fait taire et j'ai compris qu'on lui reprochait d'avoir parlé. Alors, on s'est cru obligé de me donner des tas d'encouragements. Et je ne veux pas en entendre encore. J'attends. Si, dans quelques mois, je comprends que c'est fini pour mes yeux, je verrai ce que je dois faire.

Là, elle a ri, presque gaiement, en me faisant remarquer qu'on employait beaucoup trop le mot voir dans le langage parlé et que, dans son cas, c'était assez peu approprié. Mais ça m'a tracassée toute la nuit, ce bout de phrase : « Je verrai ce que je dois faire. » Ça voulait dire quoi ? Il faudrait que j'en parle au docteur. Peut-être seulement qu'elle partirait d'ici ? Peut-être pire. On en a vu des infirmes qui se suicidaient. J'avais connu un estropié des jambes qui était allé, avec son fauteuil roulant, jusqu'à la corniche du Trayas, pour se jeter dans la mer du haut d'une roche si rouge qu'on l'aurait crue déjà pleine de son sang.

Auréline m'attendait au bas de l'escalier quand je suis descendue pour déjeuner. Elle revenait de s'occuper, avec Pamphile, des œillets remontants[1]. Il lui apprenait à pincer l'extrémité des rameaux pour rendre la plante plus vigoureuse et retarder la floraison. Elle riait parce que le vieux jardinier n'avait cessé de lui répéter l'une de ses phrases favorites : « Écoute bien ce qu'il te dit l'œillet, petite. Il te dit qu'il aime plus le grand air que le soleil et qu'il se trouve plus heureux de l'abri que du fumier. » Et elle a ajouté : « Il croit toujours que j'ai douze ans et que j'ai oublié ce qu'il me serine depuis cette époque. » Mais ce n'était guère des œillets qu'elle tenait à m'entretenir. Sans en avoir l'air, elle voulait des détails sur Anicia :

– Elle va mieux ?... De quoi parle-t-elle ?

– Aujourd'hui, elle avait envie de savoir comment était le docteur, à quoi il ressemble.

– Et qu'est-ce que vous avez répondu ?

– La vérité, pardi. Qu'il est bel homme, et sympathique, et dévoué à ses malades.

– Il va continuer à venir la voir souvent ?

– Tant qu'il le faudra. Peut-être jusqu'à ce qu'elle se lève, après qu'il lui aura enlevé le plâtre de sa jambe.

---

1. Œillets à floraison continue.

– Et quand elle pourra marcher et voir, elle restera encore chez nous, ou elle partira ?

– C'est à ton père qu'il faut le demander. Savoir ce qu'il pense de tout ça, c'est difficile à dire.

– Aurèle croit qu'il est obligé de la recueillir parce qu'elle a hérité de sa mère la moitié du domaine et qu'elle a le droit d'être ici, tout autant que nous.

Comme le Conseiller arrivait pour passer à table, Auréline n'a plus rien dit. Mais elle est restée silencieuse et même soucieuse pendant tout le repas.

Ce que projetait le vieux père Desroches, donner, en argent, sa part du domaine à sa fille en vendant les immeubles de Marie-Estelle, ça ne s'est jamais fait. On ne m'a pas dit pourquoi. J'ai pensé – et là je fais honneur au Conseiller – que c'est lui qui n'a pas voulu. Sa sœur recevait une rente, en compensation, pour ne pas exiger la vente des terres tant que les cultures de fleurs n'auraient pas retrouvé leur pleine expansion d'avant la guerre. On en est là. Anicia est donc aussi propriétaire du Domaine des Demoiselles que le Conseiller. À mon avis, ils ont tous intérêt à être complaisants avec elle. Elle est majeure et pourrait faire vendre si elle le voulait. Ce qui serait un grand malheur. Mais je ne crois pas que ce soit dans ses idées en ce moment, pauvre d'elle.

En sortant de table, et avant de remonter voir Anicia, j'ai demandé à Auréline d'écrire un petit billet à sa cousine.

– C'est encore le docteur qui le veut ? Il croit que je n'ai que ça à faire ?...

Un peu radoucie quand même, elle m'a demandé comment était Anicia.

– Parce que c'est difficile de s'adresser à quelqu'un que l'on n'a jamais vu.

– Elle devait être toute mignonne quand elle était en bonne santé et heureuse. Elle aurait un joli visage sans les cicatrices. Le docteur dit que ça, ça s'arrangera. Elle a une belle petite bouche, mais si pâle ! Et elle serait blonde, si elle avait plus de cheveux.

– Elle est gentille avec vous ?

– Pourquoi elle le serait pas ? Alors tu vas lui écrire ?

– Je l'ai déjà fait. J'ai une lettre pour elle. Je vous la donnerai ce soir.

Je suis allée parler avec Feli. Quand il s'agit des enfants, elle a tout son bon sens.

– Feli, vous pensez quoi d'Auréline en ce moment ? Vous ne la trouvez pas un peu triste ?

– Je pense qu'elle est jalouse. Ça rend triste la jalousie. Voyez un peu, depuis huit jours que sa cousine est là, vous ne vous êtes occupée que d'elle. C'est à peine si vous avez dit trois mots par jour à nos petits. Alors mettez-vous à leur place, de là à se croire abandonnés, pauvres d'eux...

– Mais ils voient bien que je suis l'infirmière d'Anicia ?

– Ils voient... Ils voient que ça fait une semaine qu'on ne vous a pas entendue répéter cinquante fois par jour : « Auréline, mets-toi le *capéu*, que tu vas être tout en piquetage de tâches de rousseur », ou : « N'oublie pas ta petite laine, quand il se fait humide, dans les champs, dès le soleil parti. »

– Comme si vous ne m'aviez pas dit, vous, cinquante fois aussi, qu'ils en ont assez que je les traite comme des enfants !

– Pardi ! Mais tout ça, tous vos refrains, c'était leur bon air de la maison, et ils ne l'ont plus. Alors, ils sont en peine. J'ai bien fait ce que j'ai pu, j'ai donné deux fois – parce que deux fois, vous avez oublié ! – le baiser du soir à Auréline. Et même, je lui ai porté un lait d'amandes, vu qu'elle aussi, elle l'aime, pauvre pitchoune.

Qu'est-ce que je pouvais dire à ça ? Rien.

Je suis remontée chez Anicia. J'étais toute perdue. Et j'ai entendu :

– Ça ne va pas mademoiselle Délaïde ? Vous êtes muette ?... Pourquoi ?... Et moi qui voulais que vous me parliez encore de ma tante Marie-Estelle et de son départ d'ici.

Voilà ! C'était elle qui me demandait des histoires, je ne

pouvais pas les lui refuser. Le docteur disait que c'était essentiel qu'elle pense à d'autres qu'à elle, qu'elle oublie son malheur. Mais il faudrait, ce soir, aller border ma petite Auréline et lui faire comprendre. Et elle comprendrait, c'était sûr. Alors j'ai dit :

– La fuite de Marie-Estelle, c'est arrivé comme un orage, tout à coup, dans un ciel clair... Et puis non, il n'était pas si clair que ça, le ciel, au-dessus de la vie du Conseiller et de sa femme.

« Pour que tu comprennes, il faut que je remonte au début de leur mariage. Mais là, c'était la seule période où j'avais un peu perdu de vue Marie-Estelle. Elle ne venait en ville qu'avec son mari. Il ne la lâchait pas une minute. La patronne disait qu'il était jaloux et ça lui faisait du souci. Elle m'avait confié un jour que c'était malheureux d'avoir un mari comme ça, ça cassait tout le reste, les belles robes, les beaux chapeaux qu'il lui donnait. Beaucoup trop d'ailleurs, disait-elle, parce qu'une femme d'horticulteur n'a pas besoin d'être habillée comme celles qui venaient à Nice guérir leur bronchite, mais surtout parader. Ce qu'elle aimait, la patronne, en revanche, c'était qu'il ait offert aussi la charrette anglaise et le petit cheval Pompon, ça permettait à sa fille de s'échapper, de temps à autre, pour venir vite l'embrasser, pendant que son mari, en période de presse des fleurs, ne pouvait pas quitter le domaine.

« Si tu l'avais vue alors, la jolie Marie-Estelle, conduire son Pompon. Elle disait qu'ils se ressemblaient elle et lui, amoureux tous les deux de grand air et de liberté. Et pour se ressembler plus encore, les œillets qu'elle lui mettait aux œillères, elle se les mettait aussi au chapeau. Elle avait ses préférés, couleur rose saumonée, une race niçoise, les *Pauline Borriglione*, qu'elle appelait ses “Belles Pauline”. Elle disait que Pompon en aimait le parfum poivré autant qu'elle. Mais il faut le dire, c'était rare qu'elle puisse s'évader, seule, pour une heure ou deux. Et ça la rendait nerveuse. Elle nous arrivait au magasin en anxiété et elle faisait tout à grande allure et en regardant sa montre. Ah ! une belle montre en or piquetée de petits diamants et pendue à une longue chaîne, mais où elle voyait le temps courir, courir. Vite, elle nous embrassait, nous jetait des phrases sans respirer, disait : “Déja quatre heures ! Mon Dieu !” Bref, elle ne profitait pas de son escapade. Le Conseiller n’était pas là à la surveiller, mais c’était, crois-moi, pire que s’il avait été planté dans le magasin, à regarder sa montre lui aussi, pour dire qu’il était l’heure de partir.

« Les escapades, Marie-Estelle les avait tant aimées, avant son mariage ! Si tu l’avais vue, à la boutique ! Ça la prenait en surprise, peut-être d’avoir jeté un coup d’œil au-dehors, ou senti l’odeur de la brioche du voisin boulanger, ou vu le trait noir d’un martinet dans le ciel bleu, ou encore d’avoir bu un petit coup de l’odeur d’iode apportée par le vent. Alors elle me lançait en riant : “Dis à ma mère que j’ai été faire une course.” Et elle s’en allait en courant, des fois sans même penser à enlever son tablier. Elle filait jusqu’à la Promenade des Anglais pour y respirer, comme elle disait, “le mélange d’air de la mer et d’élégance des hivernants”. D’autres fois, c’était pour aller parler à Saturnin. Celui-là, c’était le vieux mendiant de la place Masséna. Il avait navigué autrefois et il lui racontait les bateaux comme il aurait raconté la vie d’amis à lui. Elle apportait dix sous de tabac à chiquer et il lui donnait pour ses dix sous toute une escadre de souvenirs de la mer. Elle était curieuse de ce qu’elle ne connaissait pas. Elle me disait, quand elle revenait de ces escapades : “Je me demande si j’aurais jamais assez d’une seule vie pour approcher tout ce qui vaut la peine.” Ou encore, elle faisait ce qu’elle appelait son chapelet à elle : c’était de courir d’une église à l’autre pour finir à la cathédrale en faisant une prière devant chaque autel. Elle y déposait, selon la saison, des roses, des violettes ou du mimosa. Pour tout te dire, j’avais peur que ce soit un bel oiseau qu’on avait mis en cage en la mariant. Sans trop y consentir, la patronne pensait comme moi, et elle soupirait, quand elle en avait le temps. Et il passait, le temps ; je me disais, pour me rassurer, que Marie-Estelle devait courir aussi dans ses champs de fleurs, ou sur sa plage. Plus tard, j'ai su qu'elle avait remplacé ses escapades, le mendiant Saturnin et ses chapelets, par ce qu'elle avait appelé : "Du nouveau au Domaine des Demoiselles". Ce nouveau, c'était des idées à elle pour le commerce des fleurs. Elle avait, un matin, découvert le talent de Justin, le vannier. Et sa première trouvaille avait été de lui faire tresser des petits paniers ronds à couvercle, pour y mettre les bouquets de violettes de Parme. À la cour d'Autriche-Hongrie et à celle d'Angleterre, ç'avait été le succès tout de suite. On en voulait de partout, et jusqu'en Russie. C'était une vannerie si raffinée qu'on pouvait s'en servir ensuite comme corbeille à couture.

« Après, elle avait fait faire à Justin – qui avait dû prendre deux aides – des bourriches longues et étroites pour les glaïeuls. On disait que les dames les transformaient en boîtes à gants, tant elles étaient jolies.

« Elle était si contente, lorsqu'elle voyait ses fleurs couchées dans leur nid noué de ruban, ses fleurs qu'elle allait, chaque fois qu'elle le pouvait, regarder partir de Nice pour de lointains pays. Les employés de la gare la connaissaient. Et qui n'aurait aimé la voir trottiner le long des quais et devant les wagons entiers de fleurs ? Là, j'aurais dû me méfier ou deviner un peu. Ce n'est pas bon, quand on a tant d'idées de liberté dans la tête, de regarder partir des trains. Même si elle ne s'intéressait qu'au chargement de ses roses et de ses œillets, et pas aux voyageurs, ça devait travailler dans sa tête et – qui sait ? – dans son cœur aussi. De toute façon, Marie-Estelle n'était pas comme nous… Tu ne sais pas ce qu'elle me répétait souvent ? Qu'elle avait lu, un jour, une parole de Mahomet – c'est pas à toi que je vais apprendre qui c'était cet homme – et qui disait : "Que celui qui possède deux pains en vende un et achète des narcisses : car le pain n'est qu'aliment pour le corps, tandis que le narcisse est nourriture de l'âme." Tu le savais ça, toi qui es si instruite ? Non ?

Eh bien moi, je ne l'oublierai jamais parce que Marie-Estelle me l'a écrit sur mon livre de messe et que je le redécouvre chaque dimanche. Et quand elle me le disait et redisait, elle ajoutait : "Nous nourrissons, nous, ici, les âmes du monde entier ! Tu te rends compte, Délaïde ?"

« Je me rendais compte. Mais de beaucoup d'autres choses aussi. Surtout quand la patronne est morte et que je suis arrivée au Domaine. L'impression que j'ai eue, j'ai bien du mal à la situer. C'est vrai que j'étais estourbie par le changement. Et il y avait Feli qui me regardait de travers et le Conseiller qui ne me regardait pas du tout, comme si je n'existais pas, peut-être pas content, qui sait ? Quant à Marie-Estelle, je trouvais qu'elle riait trop. Elle chantait trop aussi. Si tu veux mon avis, elle avait tout d'un joli serin qui se faisait ses ritournelles pour oublier sa cage. Parce que – peut-être je me trompe – mais je me suis toujours dit que s'ils s'égosillent tant, ces petits-là, c'est pour oublier qu'ils ne sont pas libres. Et pour Marie-Estelle, la liberté c'était aussi important que les fleurs. Les trains ne partaient pas seulement livrer du mimosa et des violettes, ils s'en allaient aussi vers ce que peut-être elle croyait être l'évasion, hors de la cage du mariage. Plus tard, quand je l'ai vue vivre au domaine, j'aurais dû me méfier plus. Elle venait me dire, certains matins, excitée, joyeuse : "J'y vais. *Il* est au champ. Je pars là-bas et je reviens vite." Ce là-bas, c'étaient les wagons tout pleins de fleurs, la locomotive qui fumait, les coups de sifflet de ses vieux amis les chefs de gare. Et peut-être, aussi, les élégantes qui avaient des bagages si tapissés d'étiquettes d'hôtels du monde entier qu'on ne voyait plus leur cuir. J'aurais dû me dire qu'à la longue tout ça, ce serait mauvais pour elle. Mais, sur le moment, je ne pensais qu'à son plaisir. Qu'elle y aille et qu'elle se régale… Mais, petite, le plus grave, ce n'est pas ça. Et le plus grave, je dois le confesser, est venu à cause de moi sans que je m'en rende compte. Souvent, je me dis que cette catastrophe du départ de Marie-Estelle, c'est beaucoup de ma faute…

– Mademoiselle Délaïde ! Ne pleurez pas ! Je vous entends pleurer. Pourquoi ?

– Eh ! réfléchis, si je n'étais pas venue au Domaine, si je ne m'étais pas occupée des enfants, si elle n'avait pas été sûre que je deviendrais leur mère, elle ne serait peut-être pas partie. Qu'est-ce que tu crois, toi qui l'as vue à Paris ?

– Je ne l'ai jamais rencontrée. Elle devait venir quand j'étais absente. Ma mère, qui l'aimait beaucoup, disait qu'elle s'était mariée trop jeune, sans savoir, elle, ce qu'était la vie. Et mon oncle, lui, sans savoir ce que c'était qu'une femme. Et de leurs deux ignorances, il était né deux malheureux enfants. C'était surtout à eux que ma mère pensait. Elle blâmait son frère de leur avoir fait croire que leur mère était morte... Marie-Estelle lui avait parlé de vous, elle disait : "La sœur que je me suis choisie et qui aime Aurèle et Auréline autant que s'ils étaient à elle." Mais elle pleurait. Je sais que vous vous écriviez l'une et l'autre. Elle lisait parfois vos lettres à ma mère. Comment est-elle partie ?

– Un matin, au lieu de me dire : «"Je reviens vite", elle m'a murmuré : "Délaïde, je ne reviendrai pas." Et, après avoir embrassé ses petits, elle me les a mis dans les bras comme un gros bouquet de tendresse et d'amour qu'elle me laissait là. Elle s'est enfuie sans que, estourbie que j'étais, je puisse rien dire ni rien faire. Bien plus tard, j'ai vu le chef de gare. Il m'a dit qu'au dernier moment, juste avant son coup de sifflet, elle était montée dans un wagon de fleurs... Le train partait, elle avait envoyé un baiser à son vieil ami, et elle faisait semblant de rire, mais il était sûr qu'elle pleurait. Il m'a raconté aussi que le contrôleur – un qu'elle connaissait – lui avait proposé une place parmi les voyageurs et qu'elle lui avait répondu : « Ce qui est bon pour mes fleurs est bon pour moi. » Et voilà comment elle est partie, assise par terre entourée de tous ses paniers qui lui parfumaient son chagrin, et peut-être aussi une espérance de liberté. Ce qu'elle en a fait, de cette liberté, Dieu seul le sait.

– Elle a travaillé. Elle disait à ma mère qu'elle touchait à peine à son héritage. Il était pour ses enfants. Elle savait qu'à cultiver les fleurs on ne s'enrichit pas trop et elle voulait qu'ils aient ses immeubles intacts, plus tard.

– Oui, c'est aussi ce qu'elle m'écrivait. Elle avait trouvé à s'occuper chez un fleuriste. Je savais qu'elle s'en tirerait. C'était une résolue. Quand elle décidait de quelque chose, elle s'y accrochait comme une arapède à son rocher. Pour te faire juge, je vais te dire en détail notre grande aventure à elle et à moi. Mais j'ai la pépie de tant te parler.

– Buvez un peu de mon lait. Il est aux groseilles aujourd'hui. Après, si vous voulez bien, je crois que j'aimerais goûter aux figues-fleurs d'Aldébaran.

– Ah ! ça lui fera bien de l'honneur… et à moi aussi.

Et j'étais prête à raconter… quand j'ai vu qu'elle s'était endormie ! Pauvre d'elle, dans son sommeil elle rêvait peut-être qu'elle voyait le soleil.

Quand elle s'est réveillée, peut-être sans savoir qu'elle avait oublié son malheur pendant plus de trois heures, elle m'a dit, tout de suite :

– Alors, votre grande aventure ?

– Elle nous était arrivée à propos du terme des immeubles de la patronne. J'étais à peine là depuis un mois derrière ma caisse, à faire attention de noter chaque vente et à rendre la monnaie aux clients, sans me tromper. Surtout quand la boutique était pleine et qu'ils attendaient, dans l'impatience, leurs bouquets. C'était pas croyable, tous ces messieurs qui n'avaient rien à faire qu'à se promener entre leur hôtel, la pâtisserie, le fleuriste, et à donner des coups de chapeau à des dames rencontrées sur leur chemin, en respirant notre bon air, ce qu'ils étaient toujours pressés ! Bref, tout ça n'a rien à voir avec l'histoire qui s'est passée comme je vais te dire. La patronne avait à préparer des masses de petits bouquets, parce qu'on était en plein carnaval et batailles de fleurs. Et les loyers de son immeuble du côté de Sainte-Réparate, il y avait déjà deux jours qu'elle aurait dû aller les toucher chez chacun de ses locataires. Elle ne voulait pas laisser passer encore vingt-quatre heures là-dessus. Ah ! quand elle avait décidé, elle avait décidé. Donc, elle nous envoie là-bas, sa fille et moi, avec sa vieille sacoche de cuir et des recommandations qui coulaient à flots comme les rivières au printemps.

Et attention à ci, à ça et se méfier de celui-là qui était mauvais payeur et de ces autres roublards en diable. Marie-Estelle disait : “Voui, voui, voui”, et moi autant. On se riait en dedans, parce que c'était de la distraction pas prévue qui nous arrivait en cadeau.

« Cet immeuble où elle nous envoyait, la patronne, c'était l'un de ceux qu'elle appelait “de pauvres”, parce qu'elle en avait deux autres qu'elle appelait “de riches”. Et celui de pauvres, où nous allions toucher les termes, n'était habité que par des ouvriers. Des maçons, des peintres en bâtiment, des charretiers. En cette fin de matinée, c'étaient leurs femmes qui étaient là avec leur marmaille accrochée à leur jupe. De tristes jupes, crois-moi, et, plus souvent qu'à leur tour, qui laissaient voir des pieds nus.

« J'ai tout de suite compris que ça retournait Marie-Estelle de voir ça et de venir demander de l'argent, en plus. Déjà moi, habituée que j'étais aux malheureux, parce que j'en avais vu pendant des années traîner leur misère dans les champs d'orangers, ça me plaisait pas trop.

« Imagine-toi qu'il y avait deux sortes de femmes d'ouvriers. Celles qui, le regard et la bouche durs comme de la pierre tous les deux, comptaient sou après sou et nous les tendaient sans un mot. Et les autres, qui ne sortaient pas encore le porte-monnaie de leur poche et nous assourdissaient de lamentations avec les cris et les pleurs des enfants en accompagnement. C'était moi qui finissais par dire que nous étions pressées et que la patronne nous attendait. Des fois, rien que de parler d'elle, ça faisait avancer les choses. Mais pas toujours. J'étais bien jeune, aussi, pourtant je comprenais que certaines se disaient qu'elles allaient nous impressionner et obtenir de ne verser que la moitié du terme. Bon, on avait à peine fait un petit tiers du travail, que nous voilà à frapper à une porte qui s'ouvre sur le malheur du malheur. Deux femmes couchées sur des galetas, une vieille et une jeune. C'était la jeune – de l'âge de Marie-Estelle, seize ans à peine – qui s'était traînée jusque-là pour nous ouvrir. Et elle nous a dit qu'elle n'avait pas un sou, même pas de quoi mettre une soupe au feu, et d'ailleurs pas de feu. Qu'elles étaient malades depuis trois semaines, sans pouvoir travailler, etc. Tu devines la suite : le docteur, les médicaments. Tout le désespoir du monde.

« Marie-Estelle ne disait rien. Puis elle a ouvert la sacoche, en a sorti vingt francs et les a posés sur la table. La fille était si stupéfaite qu'elle en restait muette. La mère gémissait sans savoir ce qui se passait. Et nous sommes parties sans rien dire. J'ai juste vu Marie-Estelle faire un petit sourire d'adieu.

« Dès la porte fermée, et nous dans l'escalier, Marie-Estelle m'a lancé : "Ça suffit comme ça." J'ai dit "Quoi ?" Elle m'a dit : "Tout ça, tout ce malheur. On rentre." Je lui ai parlé de la patronne qui ne serait pas contente. Elle m'a répondu qu'elle n'en saurait rien. "Rien de quoi ?", j'ai demandé. "Rien de tout ça."

« Et elle m'a dit ce qu'elle allait faire. Une drôle de manœuvre qui ne me serait jamais venue à l'esprit. Mais elle, de l'imagination, elle en avait un plein panier. Parce que je ne t'ai encore jamais parlé de ça, des suites qu'elle inventait toujours quand elle lisait un roman, ou voyait un film. Tiens, au *Tannhäuser*, elle avait rajouté que son Élisabeth et lui, le chevalier, arrivaient ensemble au Paradis. Ils y avaient droit, puisque le bâton de pèlerin avait miraculeusement refleuri, tandis que Vénus allait en Enfer. Et, Là-Haut, ils vivaient leur bonheur, en chantant, bien sûr et en cultivant des "enfants de Nice", nos plus beaux œillets.

« Bref, elle me dit, ce jour de l'encaissement des termes, qu'on allait raconter que la sacoche nous avait été volée avec tout l'argent dedans.

« – Et volée par qui ?

« – Il va falloir parler de ça. Nous allons nous asseoir dans l'église et nous mettrons tout au point.

« – Pourquoi dans l'église ?

« – Parce que le jour de ma première communion j'ai juré à la Sainte Vierge que je ne mentirai plus jamais... Et je vais faire à ma mère le plus gros mensonge de ma vie. Alors j'ai besoin qu'Elle me relève de mon vœu. C'est pour une bonne cause. Si Elle, Elle comprend pas, qui comprendra, tu veux me le dire ?

« Nous allons à l'église. Elle fait sa prière. Et, après, nous nous asseyons pour "mettre au point", comme elle disait.

« Et d'abord, il fallait jeter la sacoche à la mer, avec une pierre dedans. Il y restait trente francs, Marie-Estelle regrettait de les avoir pris aux femmes d'ouvriers. On ne pouvait ni aller les rendre, ni les jeter aussi, Marie-Estelle les a mis dans le tronc des pauvres de sainte Réparate. Et nous voilà lançant le sac à la mer. Après, elle m'explique ce qu'elle dirait, pour que lorsque la patronne nous interrogerait, ce soit pareil chez elle et chez moi : c'était donc en revenant, la sacoche pleine, que nous avions été attaquées par un homme barbu avec un chapeau qui lui cachait le visage, un pantalon comme ci, une veste comme ça, et des tas de détails qu'elle me faisait répéter, parce que c'était sûr, sa mère nous traînerait toutes les deux au commissariat pour porter plainte.

« Et ça s'est passé comme ça. Mais quelle affaire !

« La patronne voulait qu'on le trouve et qu'on le guillotine, le voleur. Elle en parlait tous les jours et à tout le quartier. Et Marie-Estelle et moi, on nous a fait venir pour voir des quantités d'hommes et on nous disait de montrer lequel c'était. Et, toujours, nous affirmions : « Non, non, pas celui-là, ni cet autre. » Et ça a duré au moins six mois.

« Cette histoire, je te l'ai racontée pour que tu saches comme elle était résolue, Marie-Estelle. Elle avait décidé qu'elle ferait cadeau de ce terme aux locataires de sa mère et elle l'a fait, sans jamais y revenir. Sans jamais dire : "J'aurais pas dû. Ah ! quel aria tout ça, si j'avais su !" Non, au contraire, elle restait calme, souriante. Elle avait fait ce qu'elle voulait, elle s'y tenait. Souvent, le soir, avant de m'endormir, je me disais que là où elle était, dans ce Paris si grand que j'ai peine à me l'imaginer, elle continuait à se répéter : "J'ai fait ce que je voulais. Je m'y tiens." Tu en penses quoi, toi qui es si instruite ? Comment tu crois qu'elle est en ce moment ?

– Mademoiselle Délaïde, on n'est jamais tout comme ci ou tout comme ça. Elle doit avoir des bons et des mauvais jours, ça ne peut pas être autrement.

Il y a eu un instant de silence et, soudain, Anicia m'a demandé si Marie-Estelle avait eu des amants à Paris.

Ça alors !

Et qu'est-ce que je pouvais répondre à une chose pareille ?

– Mademoiselle Délaïde, elle n'a quand même pas vécu quatorze ans sans homme. Elle ne vous racontait rien à ce sujet ?

J'ai dit : « Non, rien. » Mais je n'en suis pas encore revenue. Et ça me tracasse, cette histoire.

À l'heure du dîner, Auréline m'a remis la lettre pour sa cousine. Elle m'a dit, en riant un peu, qu'elle s'était appliquée pour que son écriture ne me donne pas trop de mal à la déchiffrer.

Quand j'ai voulu commencer à lire, Anicia m'a interrompue :

– Attendez ! Dites moi d'abord comment elle est Auréline, pour que je puisse l'imaginer me parler.

– Elle est toute jolie, avec le sourire de sa mère. Mais elle ne nous le donne pas si souvent qu'elle. Des fois, je me dis qu'il y a moins de fantaisie dans sa tête que dans celle de Marie-Estelle au même âge. Oh ! ce n'est pas qu'elle ne chante pas, elle aussi, ni qu'elle ne galope pas sur la plage en éclaboussant de l'eau partout autour d'elle, ni qu'elle ne rêve pas, allongée dans le bon sable chaud ou sous Aldébaran. Non, mais elle fait tout ça comme plus raisonnablement, tu vois ce que je veux dire ? Tiens, quand elle écrit, par exemple, elle ne jette pas les mots sur le papier comme sa mère, boum ! d'un coup, sans jamais revenir en arrière sur aucun. Elle, elle peut rester la plume en l'air avant de le poser, son mot. Je suis sûre que ce que je vais te lire là, elle l'a bien réfléchi dans sa tête, même si son cœur a parlé d'abord, elle a pesé ce qu'il lui disait… Mais ne va pas non plus croire qu'elle n'est pas naturelle du tout. Ce serait pas vrai.

– Vous croyez que cela vient de mon oncle ? Qu'il la rend craintive ?

– Qui sait ! L'aime-t-elle, son père ? Il faut, avant de lire sa lettre, puisque tu veux mieux la connaître, que je te raconte l'histoire du bouquet de violettes. C'était en novembre de l'année de ses douze ans, un dimanche. Dès qu'elle vit que les violettes ouvraient leurs corolles, dessous les oliviers, elle courut pour cueillir les toutes premières. Elle en mit partout dans la maison. Les plus beaux bouquets étaient pour Feli et moi. Bien pareils, toujours, parce qu'elle avait déjà compris – sans le dire – que nous étions souvent en jalousie. Et voilà qu'elle se trouve avoir en main une petite touffe de violettes dont elle ne savait plus que faire, tant il y en avait partout. Comme elle était juste devant le vieux porte-manteau en bambou du vestibule, elle met les fleurs au chapeau de son père accroché là. Le chapeau qu'il portait pour aller à la messe... Un jour, bien plus tard, quand on parlait de cette affaire, elle et moi, elle m'a dit que c'était peut-être d'avoir vu, en ville, un étranger avec un feutre vert garni d'une queue de blaireau qui avait dû lui donner cette idée d'un bouquet de violettes glissé dans le ruban noir du chapeau noir de son père... Arrive l'heure de la messe sans qu'elle ait pensé à retirer les violettes du chapeau que le Conseiller prend dans le vestibule qui est sombre et met sur sa tête sans même le regarder. Auréline, paralysée de peur, n'osait rien dire. Aurèle, lui, il était stupéfait, et se demandait qui avait eu le courage de faire une chose pareille. Dans la rue, il y a eu des gens qui se retournaient sur leur trio, en souriant. Et c'est en entrant à l'église, en se découvrant, que le Conseiller a vu ce genre de queue de blaireau en violettes sur son chapeau ! Il n'a pas bronché. Et, très calme, il a pris le petit bouquet et l'a posé sur son prie-Dieu, sans dire un mot. C'est à la sortie de la messe qu'il a demandé, en regardant ses deux enfants : “Qui ?” Auréline a dit : “Moi, papa.” Et, devine ce qu'il a répondu ?

– Je ne devine pas.

– Il a seulement fait : "Ah ! c'est toi." Et rien d'autre. Qu'est-ce que tu en dis ?

– Qu'il pensait à Marie-Estelle. Ça ressemblait au genre de plaisanteries qu'elle faisait, non ?

– Exactement ! Mais je ne pouvais pas en parler à la petite, sans devoir expliquer trop de choses. Je lui ai laissé croire que son père ne voulait pas la gronder pour une si charmante fantaisie.

– Ça pouvait être vrai aussi.

– Ça pouvait. Bon, je te lis cette lettre ?

Anicia, c'est un joli nom qui n'existe pas dans le calendrier, peut-être un jour me diras-tu d'où il vient.

Ce sont trois jolis noms aussi qu'avaient les trois demoiselles anglaises à qui appartenaient nos terres à fleurs, du temps où elles n'étaient que l'immense parc de leur demeure. Elles s'appelaient Melissa, Eleonor et Beryl. Nous savons leur histoire, Aurèle et moi, parce que les grands-parents de nos voisins – anglais aussi – étaient de leur famille et nous ont raconté l'origine de notre propriété. Ne trouves-tu pas que c'est un bien joli nom – puisque nous sommes dans les noms – que celui de « Domaine des Demoiselles anglaises ? »

Donc, elles s'appelaient Melissa, Eleonor et Beryl, et le climat de Londres ne convenait pas à leurs poumons. C'est pourquoi leur père – ayant déjà perdu sa femme de phtisie – les a emmenées dans notre région. Il a acheté un grand territoire, y a construit la maison où nous vivons aujourd'hui et, tout autour, tracé des jardins qui, paraît-il, étaient superbes.

À ses trois filles, ce seigneur anglais ne refusait rien. Ni les grandes ni les petites choses. Et on nous a dit que la première qu'elles ont voulue, c'était d'avoir un arbre fruitier planté près de leur fenêtre de chambre pour pouvoir, en étendant le bras, cueillir ses fruits. Melissa, un cerisier. Eleonor, un prunier, et Beryl, un amandier. Les deux premiers sont morts depuis longtemps – comme elles, les pauvres demoiselles –, mais l'amandier vit toujours. Tu le verras quand tu seras guérie. Il est vieux, mais nous le disons, Aurèle et moi, très jeune de caractère. Il adore s'en aller dans tous les sens, comme s'il avait des idées farfelues qui l'entraînent de gauche et de droite. On raconte que l'année où Beryl est morte, elle aussi, il n'a pas fleuri. Mais, bien sûr, je ne peux pas le jurer, puisque ça devait se passer dans les cinquante ans avant ma naissance.

La chambre de l'amandier, que Beryl appelait déjà ainsi de son temps, a toujours été tendue d'une cretonne, dite de Perse, et où des centaines d'oiseaux sont perchés ici et là. Quand j'étais petite, si Aurèle avait la rougeole ou la varicelle et moi pas encore, on me couchait là et j'essayais de compter les oiseaux, mais je m'endormais toujours avant. Ce doit être, tu sais, comme de compter les moutons. Quand tes yeux te seront rendus, je te montrerai les cardinaux – mes préférés – qui de rouge vif sont devenus roses et même blancs par endroits.

La chambre du cerisier – sans cerisier – est celle d'Aurèle. Celle du prunier – sans prunier non plus – est celle où mon père écoute de la musique. Il y a là un clavecin, mais il n'en joue jamais, je ne sais pas pourquoi. Il se contente de lire sa musique, dans le silence. Ou parfois d'en écrire. J'ai vu les cahiers où c'est lui qui a tracé les notes. J'aimerais bien entendre ce qu'elles chantent. Mais je n'ai jamais osé le lui demander.

En bas, il y a ce que nous appelons la salle et où nous passons beaucoup de temps. C'est à la fois la salle à manger et le salon. Parce que les salons d'autrefois ont été transformés par mon grand-père, quand il a acheté la maison, en bureaux et en chambres de réserve de graines. Dans une petite pièce, qui était le vomitorium jadis, Aurèle a sa comptabilité. L'espèce de grand lavabo qui a un peu l'air d'une mangeoire où les messieurs anglais allaient vomir – drôle de chose ! – existe toujours, Aurèle en a fait une jardinière et il y fait pousser toutes sortes de plantes ramenées de ses expéditions dans la campagne. Il les dessine et les aquarellise dès qu'il en a le temps. Son album est très beau et Bryan – le fils de nos voisins dont je te parlais – voulait le lui acheter. Mais Aurèle a refusé. Il y tient beaucoup.

J'ai gardé la cuisine pour la fin. C'est la plus belle pièce de la maison. Pour moi, elle est la maison tout entière. D'abord, elle est immense avec de grosses poutres au plafond (où Feli suspend herbes, saucissons et jambon) et des tomettes usées, mais plus belles encore que si elles étaient neuves, dans des tons de rose et d'ocre qui rappellent ceux de certains de nos œillets. Entre ces poutres et ces tomettes, il y a tout le bonheur du monde que l'on respire dès qu'on pénètre là. Tu le sentiras toi aussi, lorsque ta jambe ira mieux et que tu pourras descendre. On t'y donnera ta place, comme à Aurèle et à moi. D'abord à la grande table où nous prenons le café le matin, puis tu auras ton coin, comme j'ai le mien. J'y faisais mon travail de classe jusqu'à l'année dernière. Maintenant j'y reprise mes bas, consolide mes boutons ou rafistole mes ourlets – toutes choses que je déteste ! – mais, comme dit Feli : « C'est la vie, ma fille, si tu te recouds pas toi-même personne ne te rapiécera et tu iras le cul nu. » Ce n'est pas tout à fait vrai, il y a Mlle Bertillon, la couturière, qui vient le jeudi et à qui je refile, tant que je peux, tout ce que je peux. C'est elle qui s'occupera de tes robes aussi. Ce qui est amusant, c'est qu'avec ses fils, ses aiguilles et ses ciseaux elle apporte les nouvelles de Nice, de Cannes et même de plus loin. Par elle, qui va chaque jour travailler dans une maison différente, on apprend ce qui se passe un peu partout. Selon sa formule, « de fil en aiguille, n'est-ce pas, on finit par tout savoir ».

C'est Théo qui va la chercher avec la charrette tôt le matin. Il la ramène tard le soir chez elle parce qu'elle dit n'avoir jamais terminé son travail. Mais, de toi à moi, c'est qu'elle aime profiter des bons dîners de Feli qui ne lui refuse rien. Elles sont amies d'enfance.

On a cru, à un moment, que notre jardinier Pamphile s'était fait, comme dit Théo, « des idées de futur » à son sujet. Peut-être cette pauvre Mlle Bertillon l'a-t-elle pensé aussi, on n'a jamais su vraiment. Mais ce n'était là que travaux d'approche de la part de ce vieil avare pour se faire retourner gratuitement un veston dont il disait l'envers encore très bon. Et là, Feli est intervenue, elle lui a dit : « Pamphile, voilà le catalogue de La Belle Jardinière, faites-vous commander une veste neuve par Aurèle qui est toujours dans les écritures et qui vous fera ça très bien. » Et il a dû s'exécuter. Il est très, très difficile de résister à notre Felippa, tu t'en apercevras vite. Je te raconte cette petite anecdote qui se passait dans les bonnes odeurs de ratatouille ou de daube, pour que tu aies une impression complète de notre grande cuisine. Parce qu'elles en entendent, la grosse jarre de grès à olives, l'énorme bassine de cuivre à confitures, les marmites et les casseroles de terre cuite vernissée Elles entendent même beaucoup parler de toi en ce moment. Elles doivent savoir par cœur les vœux que nous faisons pour ta guérison. Tout, dans la cuisine, jusqu'au moindre brin de thym, jusqu'à la plus petite feuille de laurier-sauce, en passant par la belle cafetière de Feli à l'émail fleuri de roses rouges, te dit : « Viens vite t'asseoir à la grande table croquer une tartine de pain beurré avec nous. »

– Mademoiselle Délaïde, vous direz à Auréline, qu'Anicia, dont je porte le nom, était une princesse byzantine qui vivait au Ier siècle après Jésus-Christ. Dioscoride... Di-os-co-ri-de, médecin grec, et sans doute le plus ancien botaniste connu, avait, sous l'empereur Néron, écrit un ouvrage qui comportait un herbier botanique, sans doute aussi le plus ancien de tous. On compila ce travail, quelques siècles plus tard, pour la princesse Anicia qui aimait les fleurs. On lui offrit ainsi les noms de plusieurs centaines de plantes. Elle fit cultiver dans ses jardins celles que les émissaires qu'elle envoyait de par le monde lui rapportaient.

« Mon père savait cette histoire. Et, comme il entendait souvent ma mère parler des champs de fleurs de son enfance et de sa jeunesse au Domaine des Demoiselles, il lui a dit que, s'il leur arrivait une fille, elle ne pourrait s'appeler qu'Anicia. Je suis arrivée, et je suis Anicia. Ma mère aimait aussi que dans ce nom il y ait celui de Nice. Et dites à ma cousine que j'aime déjà sa grande cuisine. Un de ces jours j'y descendrai. Mais pas tout de suite. En attendant, pourrais-je goûter aux olives de la grande jarre ?

Nous avons passé une bonne soirée à parler de tout ce qu'il y avait dans la lettre d'Auréline. Anicia m'a demandé si sa cousine faisait de bon cœur le travail des fleurs. Là encore, ça m'a conduite à de la réflexion. L'habitude de voir ma petite, de bon matin, vite avaler son café et courir, sa tartine à la main, vers les grands hangars ou les champs de cultures, je l'ai prise et n'y pense plus trop. Alors, je me suis posé des questions et j'ai essayé de me souvenir de paroles d'Auréline qui y apporteraient des réponses, et j'ai raconté qu'un jour je l'ai entendue parler toute seule dans un champ de jonquilles, et je l'ai vue étendre les bras et lever la tête vers le soleil. Elle m'a dit, quand je me suis approchée d'elle, en demandant ce que c'était que cette gymnastique : « Je fais mon plein de lumière, de fleurs et de parfums. Et je pense que les oiseaux font comme moi. » Ça voulait bien dire quelque chose, ça ?

– Oui, m'a dit Anicia, ça veut dire beaucoup de choses.

Nous en étions là, quand de grands bruits de voix et de cris ont monté jusqu'à nous. Ça venait de la cuisine. Comme j'allais ouvrir la porte de la chambre, pour mieux entendre, Anicia m'a dit de descendre jusqu'en bas pour savoir ce qui se passait. Je me doutais qu'il devait s'agir encore d'un réglement de comptes entre Feli et Théo, et je ne me souciais pas d'aller m'en mêler. Mais il m'a semblé que dans la voix d'Anicia il y avait de l'envie de savoir. Et je me suis dit : « Ça, c'est bien, elle s'intéresse. » Alors, je suis allée aux nouvelles.

Une demi-heure plus tard, je remontais, la bouche pleine de tout ce que j'avais à raconter de savoureux. « Alors ? Alors ? » me demandait Anicia. Qu'il aurait été heureux d'entendre sa malade, le docteur ! Ça prouvait bien qu'il ne s'était pas trompé et que nous étions en train de le chasser, à grands coups de balai, le mauvais moral de notre petite.

Au fait, le balai, Feli le tenait à la main quand j'étais entrée dans la cuisine et elle en menaçait son Théodore. Il faut dire qu'il y avait de quoi.

– Imagine, Anicia, que ça faisait plus de quatre heures d'horloge que Feli attendait son mari qu'elle avait envoyé en commissions à Nice, avec la liste qu'elle dicte à Auréline et qui est écrite, noir sur blanc, en belles lettres bien tracées pour que Théo puisse les lire sans lunettes, parce que, s'il les emporte, les lunettes, on ne les revoit plus. Il les oublie partout où il passe. Bref, il aurait dû rentrer pour le souper et le pistou était froid depuis longtemps et Feli se souciait. Enfin, le voilà qui arrive en soupirant que c'était pas un jour à être envoyé en ville, vu ce qui s'y passait et que la prochaine fois qu'il faudrait aller à l'épicerie il vaudrait mieux choisir un moment plus calme.

« Il essayait de faire le contrarié, pour tenter d'attaquer avant de l'être, tu vois la tactique ?

« – Et qu'est-ce qu'il y avait donc en ville ? a demandé Feli.

« – Il y avait, d'abord, que ta Grande Épicerie Fine est à côté de la gare. Tu es d'accord ?

« – Pardi ! c'est toujours là qu'elle a été, pourquoi elle aurait changé de place ?

« – Té ! aujourd'hui, il aurait mieux valu. Ça m'aurait arrangé, parce que, à la gare, c'était la révolution.

« – Et pourquoi ?

« – Pourquoi ? Tu ne sais pas la nouvelle ? Eh bien, il y avait M. le maire et MM. ses adjoints, et des tas de personnalités, avec les rubans tricolores et les décorations qui attendaient l'arrivée du train de Paris de dix-sept heures... Avec l'orphéon, et des fleurs et le tapis rouge... toute la grande cérémonie. Ajoutes-y la foule venue de partout, et tu comprends pourquoi la charrette, Mascotte et moi, on n'a pas pu avancer jusqu'à l'épicerie.

« – Et pour qui c'était, ce tintoin ?

« – Pour qui ? Mais pour un Illustre ! Pour M. Plumard.

« – Qui c'est, celui-là ?

« – Qui c'est ? Mais d'où tu sors ? M. Plumard, c'est l'inventeur du lit... enfin, celui qui arrivait, c'est le descendant, comme on dit, du créateur du lit où tu te couches tous les soirs en soupirant d'aise, en disant : "Ah ! enfin, le meilleur moment de la journée..." Si c'est pas vrai que tu dis ça, alors qu'on me coupe la langue.

« Elle se réfléchissait, la Feli. Elle avait l'habitude des roublardises de son homme, mais tu sais ce que c'est, on se dit : "Et si c'était vrai, cette fois." Bref, elle demande plus de détails. Et il lui en donne à la pelle. Il lui raconte :

« – Voilà l'affaire. Un ministre, en parlant à un autre ministre, découvre que M. Plumard n'avait jamais été honoré pour son invention. Peut-être ça remontait loin, loin, peut-être bien au roi Louis XIV, ou même avant... C'était un oubli tragique, une terrible erreur de la justice de tous les rois de France et de tous les présidents de la République.

« Mlle Bertillon, qui était là – on est jeudi – et qui attendait à moitié endormie sur sa chaise le retour de Théo pour être reconduite chez elle, s'est réveillée. Et il faut croire qu'elle avait des souvenirs historiques parce qu'elle dit :

« – Peut-être déjà du temps de ces rois qu'on appelait "Faignants", parce qu'ils étaient toujours couchés. Donc, ils avaient des lits...

« – Vous devez être dans le juste, lui dit Théo, ça remonterait à très, très loin. Et c'était encore plus terrible. Combien de gouvernements auraient dû, déjà, décorer M. Plumard qui, sans doute bien modeste, ne demandait rien ? Bref, enfin, on a découvert la chose, et donné une grande médaille d'or massif à M. Plumard. En plus, pour faire bonne mesure, on lui a offert le voyage jusque chez nous, vu qu'il n'y a pas mieux à offrir que notre soleil assorti à la médaille. Et voilà !

« Feli était ébranlée. Elle a demandé à Mlle Bertillon :

« – Anaïs, qu'est-ce que tu en penses, toi ?

« Et c'est là que ça s'est gâté. Ce n'est pas Anaïs qui a répondu, c'est le Conseiller qui avait tout entendu, ou presque, et qui, sur le pas de la porte de la cuisine, a dit à Théo :

« – Théodore, je te conseille de te confesser. Et vite. Qu'as-tu fait pendant les quatre heures passées à Nice ?

« Avec le Maître, Théo sait qu'il ne faut pas plaisanter. Tout penaud, il a dit :

« – Une petite manille, Maître, une toute petite.

« – Où ? a hurlé Feli.

« – Eh, pas à la gare ! Au Café des Amis. Je passais devant, quand par hasard...

« – Et combien de Picon grenadine tu as bus, malheureux ?

« – Ça suffit ! a dit calmement le Conseiller, Théo, va décharger la charrette, apporte à Feli ce qu'elle attend et je te conseille de ne pas recommencer cette plaisanterie.

« Mais ce n'était pas fini. Parce que, à cette petite manille, Théo avait perdu une partie de l'argent confié par sa femme pour les courses à l'épicerie. Et payé les apéritifs. Quand j'ai quitté la cuisine, elle récapitulait avec fureur. Elle avait demandé un gros bocal d'anchois à la saumure de trois kilos, il en avait apporté un de deux livres à peine. Elle voulait quatre morues salées pour l'aïoli, il n'y en avait qu'une. Et de farine de maïs pour sa *socca* [1], pas un gramme, et tout à l'avenant. Je te dirai demain comment ça s'est terminé, parce que je ne voulais pas y passer la nuit.

---

1. Bouillie de farine de maïs cuite au four.

Anicia a ri. Et maintenant, elle paraissait réfléchir. Puis elle m'a dit :

– C'est amusant ! Votre Théodore a le goût du discours. Il aime parler, il aime s'écouter aussi sans doute. Et tout ce qu'il raconte est, ma foi, fort bien composé. Il n'y a pas de doute, le peuple de Provence a gardé l'empreinte grecque.

Elle réfléchissait encore et, tout à coup, m'a demandé :

– Et lui, mon oncle, comment était-il ?

– Comment quoi ?

– Je veux dire, était-il furieux, contrarié ou amusé ?

– Tiens ! Maintenant que tu me le fais remarquer, je crois bien qu'il avait un peu envie de rire. Ça m'étonne, à la réflexion, mais c'est pourtant vrai, je crois que son œil était moins noir que d'habitude. Pourquoi tu me demandes ça ?

– Pour rien, pour savoir.

J'ai fermé la fenêtre pour la nuit. J'ai regardé l'amandier et j'ai dit à Anicia :

– Il s'impatiente, celui-là, on dirait qu'il veut nous donner ses amandes en avance cette année.

Mais elle n'a pas répondu. Je me demande à quoi elle pensait.

Le docteur Garlande est venu très tôt le lendemain matin. J'étais à peine levée et je n'avais pas encore fini de replier le lit-cage sur lequel je dors à côté d'Anicia. Quand j'ai ouvert la porte, j'ai vu la deuxième lettre d'Auréline qui était glissée dessous. C'est le docteur qui s'est baissé pour la ramasser. Et il l'a gardée en main et a dit :

– Eh bien ! pour changer un peu, c'est moi qui vais le lire aujourd'hui, ce petit billet.

Ça m'a contrariée. Je ne saurais guère expliquer pourquoi. Ça m'a contrariée, c'est tout. J'ai quand même dit, poliment :

– Comme vous voudrez, docteur.

Et il a lu :

... Je reviens de la mer. J'y suis allée, alors que le jour pointait, ramasser des coquillages. Et pour ça, il faut se lever de grand matin, plus encore que pour travailler aux fleurs.

Je ne suis pas la seule, j'ai une concurrente. Elle a huit ans et elle est aussi enragée que moi à farfouiller juste là où le petitou de marée que nous avons nous laisse en partant ses cadeaux. Il est rare, bien que je règle mon réveil de plus en plus tôt, qu'elle ne soit pas là avant moi. C'est la fille de l'un de nos ouvriers. Elle s'assied sous un tamaris et m'attend pour ne pas commencer ses recherches avant l'arrivée de « la demoiselle du Maître » qui, dans son esprit, doit passer la première. Alors, nous nous disons bonjour et nous partons chacune de notre côté à la recherche de nos trésors.

Par chance, nous ne sommes pas amateurs des mêmes joyaux marins. Elle apprécie fort les nacres, dont elle fait des colliers. Moi, je recherche ce que nous appelons ici, depuis toujours, les porte-bonheur. Tu ne connais sans doute pas ça. C'est une petite chose qui aurait un peu la forme d'un cœur de rose. En fait, c'est l'extrémité d'un coquillage que la mer a usé pendant des années et des années, peut-être des siècles. C'est rond, ou ovale parfois, de couleur corail, et brillant comme si c'était verni. Une petite merveille ! C'est rare. On n'en trouve pas chaque matin. On peut rester des semaines sans en voir et, soudain, on en découvre un ! Qui a affirmé, un jour, que ça porte bonheur ? Je ne sais pas. Feli m'a raconté une histoire qui n'explique pas l'origine du pouvoir du talisman, mais le confirme. Il paraît que, pendant la guerre, une jeune fille de chez nous a envoyé un coquillage à son fiancé mobilisé et, continuant à en chercher en a trouvé d'autres, qu'elle lui a envoyés aussi pour qu'il les donne à ses compagnons de tranchée. Le régiment de ces hommes a été décimé devant Verdun. Les seuls survivants étaient ceux qui avaient ce porte-bonheur dans la poche de leur capote !

On a déjà dû te parler des mensonges de Théodore. Mais là, c'est Feli qui parle, et je l'ai toujours crue.

Je t'en ai trouvé un superbe ce matin, gros comme une pièce de vingt-cinq centimes. Feli te le montera avec ton lait – que je peux t'annoncer travesti aujourd'hui en lait de pêche.

Quand on va ouvrir ta fenêtre, respire une grande bolée de notre tout nouvel air d'automne. Il sent si bon !

Déja, au bord de l'eau, il y avait cette odeur si particulière qu'apporte le début du mois de septembre. Tu me donneras ton avis, moi je trouve l'odeur de la mer et de la plage, dès la fin de l'été, si différente de celles des autres saisons. C'est mystérieux, difficile à définir, mais plein de douceur. Une caresse. C'est si beau l'automne, que ça ne peut pas être une mort – même provisoire – de la nature, mais un début d'une autre vie plus calme, plus sereine… Si tu viens te promener avec moi jusqu'à la treille qui tapisse la pergola de la terrasse, si tu cueilles des raisins charnus, si tu les croques en caressant les feuilles de la vigne, tu sentiras sur leur envers les nervures qui sont leurs veines délicates et douces. Je te décrirai aussi leur endroit. Certaines sont d'un pourpre si beau qu'on voudrait les garder toutes, séchées entre les pages du dictionnaire. D'autres sont si dorées qu'on s'en tresserait des couronnes royales.

Il faut que je te fasse un aveu. Je suis montée jusqu'à ta chambre. Et j'ai écouté – un peu – derrière la porte. Je voulais entendre ta voix. Je sais maintenant qu'elle s'assortit bien avec ton joli nom d'Anicia – qui aimait les fleurs plus que tout. Je sens que je vais t'aimer aussi beaucoup. Le Domaine n'est plus celui des Demoiselles anglaises, il est celui des deux Demoiselles que nous sommes, toi et moi. Alors lève-toi vite que je te le fasse découvrir.

Le docteur a replié la lettre sans rien dire. Il devait attendre qu'Anicia parle. Elle en attendait peut-être autant de lui. Puis, elle a demandé qu'on lui ouvre sa fenêtre – ce que je n'avais pas encore fait – et elle a aspiré un grand bol d'air frais.

– Voilà qui est bien, a dit le docteur.

Il aurait pu faire un petit compliment pour Auréline, mais il avait un air d'être ailleurs. Pourtant, c'était tout frais en lui ce qu'il venait de lire, il ne pouvait pas l'avoir déjà oublié.

Je le savais bien que je ne voulais pas que ce soit lui qui prenne la lettre, les hommes n'ont pas de sentiment.

Même si je ne donne pas raison à Feli, j'ai retenu de ce qu'elle m'a dit. Pendant qu'Anicia faisait une petite sieste, je suis allée câliner Auréline. Elle s'occupait à multiplier les immortelles. Elle séparait les nombreuses pousses autour des vieux pieds et les mettait en pépinière. Je sais que c'est un travail qu'elle n'aime pas trop. Elle aurait préféré s'occuper des bulbes de freesias. Ça lui plaît, après les avoir laissés sécher au soleil, de les enfouir dans le sable sec qu'on apporte de la plage. Mais, dès le matin, le Conseiller donne son emploi du temps à chacun et il n'y a pas à discuter.

Donc, elle était à arracher les jeunes pousses, en soupirant un peu. Mais j'ai vite su qu'ils n'étaient pas pour les immortelles, ses soupirs. Son travail, elle le faisait bien. Elle est habile et rapide. Le vieux Pamphile peut être fier de son élève. Toute petiote, déjà, elle le suivait partout, le jeudi et le dimanche, et il l'enseignait de bon cœur. Ce qu'elle faisait là, aujourd'hui, je le lui avais déjà vu faire âgée de douze ans à peine, et presque aussi bien.

Elle m'a vite dit ce qui la souciait : nos voisins anglais étaient arrivés de la veille au soir et elle aurait voulu, dès ce matin, aller souhaiter la bienvenue à Sarah. Sir Edwin Forster a un garçon et une fille, Sarah et Bryan. Et sûr aussi qu'Aurèle aurait eu plaisir d'accueillir son ami.

Même s'il n'y avait pas les emplois du temps à respecter, le

Conseiller n'aurait pas laissé ses enfants aller déjà chez les voisins. On ne m'ôtera pas de l'idée qu'il ne les aime pas beaucoup, les Anglais. Pourtant, il met de la courtoisie, de l'amabilité, dans ses salutations quand le lord vient faire sa visite de politesse dès son arrivée – sans doute ce sera demain, ou à peine un peu plus tard – et il a accepté, ce qu'il ne fait pour personne, d'envoyer, tous les trois jours, un homme de chez nous livrer des fleurs au château.

Sir Edwin n'aime pas qu'on appelle sa maison le *casteu*, mais il ne peut pas empêcher les gens d'ici de penser que c'en est un. Et je pense comme eux. C'est bien beau, chez nos voisins.

Si seulement on savait ce qu'il y a dans la tête du Conseiller ! Est-ce que nos enfants ne sont que des paysans et ne doivent pas prendre des habitudes de vie de riches ? Est-ce qu'il n'aime pas que Bryan encourage Aurèle à peindre et parte avec lui dans la campagne rechercher de jolies fleurs des champs comme modèles ? Ou qu'Auréline parle trop des belles robes de Sarah et, dès qu'elle le peut, apporte elle-même les bouquets au château ? Ou encore qu'elle revienne ici chargée des livres qu'on lui prête quand elle a passé une heure ou deux, le dimanche, auprès de la petite Anglaise ?

Sir Edwin, lui, on sait ce qu'il pense. Il apprécie qu'Auréline distraie Sarah et que Bryan s'intéresse à la peinture. Et il est surtout content que, depuis deux ans, ses enfants veuillent arriver ici, dès l'automne. Avant, ils ne venaient que l'hiver. Il m'a dit, un matin de l'année passée, où je l'ai rencontré près d'un champ d'œillets blancs à parler des jardins anglais avec le Conseiller, qu'il aimerait voir vivre toutes les saisons ici. Mais avant, il m'avait saluée comme si j'étais, non pas une sorte de gouvernante, mais une dame. Ça m'a rappelé les belles civilités des MM. Garlande quand je suis montée jusqu'à Grasse, il y a de ça belle lurette, pour leur vendre des terres qui m'étaient revenues en héritage. Tiens ! Voilà quelque chose à raconter à Anicia, toute cette affaire des orangers. Quand j'aurai fini d'aider Auréline, je lui parlerai de ça.

Et je me suis mise à arracher les jeunes pousses d'immortelles, moi aussi. Pour continuer la conversation sur les voisins anglais, j'ai dit que le Théodore allait être content de pouvoir emmener Bryan avec Aurèle à la pêche au lamparo. Auréline m'a seulement répondu « oui » de la tête. Bon ! Elle était vraiment en souci. Et je me suis dit, comme toujours quand je veux aider les petits : « Qu'est-ce qu'aurait fait Marie-Estelle ? » Je le sais bien, ce qu'elle aurait fait, elle aurait dit à sa fille : « Laisse-moi continuer à multiplier ces immortelles et va-t'en chez ton amie. »

Et je l'ai fait !

La petite m'a regardée comme si j'étais une étoile qui lui serait tombée du ciel. Puis, dans la crainte, elle m'a dit :

– Et s'*il* le sait ?

– Comment tu veux qu'il le sache ? Il est à Nice pour une affaire de papiers de l'administration.

Et hop ! Elle n'a fait ni une ni deux, elle s'est enfuie après m'avoir donné un gros baiser. Et moi, j'ai continué à repiquer. Tant pis si Anicia se trouvait un moment seule. Il fallait bien que je me partage entre mes deux filles.

Je crois que je n'aime pas les immortelles, moi non plus, je me le disais quand voilà Feli qui arrive droit sur moi et sur elles. À sa tête, j'ai vu tout de suite qu'elle aussi était en souci.

Feli – il faut le reconnaître – n'en est pas une à regarder travailler les autres les bras ballants. Elle s'est mise à repiquer aussi en me disant :

– Mademoiselle Délaïde, j'ai une complication.

– Si je peux vous être utile, Feli…

– Ce serait surtout un conseil qu'il me faudrait. La chose que je vais vous dire, c'est plus peut-être des idées que je me fais que de la réalité, mais c'est souciant quand même. Depuis ce gros mensonge de Théo, cette histoire de ce M. Plumard, je suis en inquiétude en me demandant ce qu'il a derrière la tête, ce malfaisant. Parce que le lendemain de l'affaire, il m'a dit, comme ça, en prenant son café, l'air de rien :

« – Pourquoi on parle toujours de ce que je raconte et pas de ce que racontent les autres ?

« – Quels autres ?

« – Tous, sauf les petits. Tous ici font des mensonges bien plus gros et plus terribles que mes petitounes de galéjades.

« Je m'attendais si peu à ce qu'il allait me dire que je lui ai répondu qu'il s'explique. Et il s'est expliqué. Il m'a dit :

« – *Moi*, je ne raconte pas que des gens sont morts alors qu'ils sont encore en vie.

« Là-dessus, il est allé fermer la porte de la cuisine, puis guetter à la fenêtre, avant de me glisser dans le tuyau de l'oreille : "*Moi*, je ne dis pas à deux pauvres innocents que leur mère est morte alors qu'elle est aussi vivante que toi et moi"… et là, je vous jure, il m'a regardée avec un air à me faire comprendre : "Laissez-moi, tous, le plaisir d'une petite manille quand je le veux, ou je pourrais bien dire à certains ce que je pense d'eux et de leurs mensonges gros comme des maisons."

Je ne sais pas comment nous les plantions, les pousses d'immortelles, parce que nos mains étaient en pleine nervosité.

Et Feli continuait. Ce n'était pas tant ce que ferait Théo qui la tracassait. Il était, malgré ses farces, un brave homme, et il aimait trop les petits pour leur faire de la peine. Ce qui l'inquiétait, c'était qu'un jour Aurèle et Auréline apprendraient la vérité d'une manière ou d'une autre et que ça irait mal. Elle se demandait même si le Maître ne pensait pas comme elle quand il ne voulait pas que ses enfants voient trop de gens qui pourraient parler, même sans méchanceté, par hasard, dans les conversations.

Ça travaillait dans ma tête. Il fallait que je fasse très attention à ce que j'allais dire. Le moins dangereux, c'était de commencer par savoir si Théo avait, vraiment, vu Marie-Estelle. Désolée, Feli m'a dit :

– Sûr. Il n'aurait pas inventé ça. Ah ! *boudiou*, pour une fois, j'aurais voulu que ce soit un de ses mensonges ! Notez qu'il le sait bien qu'elle n'est pas morte, Mme Marie-Estelle, mais il pensait qu'elle vivait à Paris. Même, il devait l'avoir complètement oubliée, il a la tête si pleine de ses fariboles… Mais de la voir, tout à coup, ça lui a donné des idées de…

– De chantage ?

– Moi, j'appelle ça des idées de donnant-donnant. Mais reconnaissez que je ne peux pas le laisser traîner dans les cafés à boire des Picon grenadine et à faire des manilles toute la journée !… Il dit déjà n'importe quoi quand il n'a pas bu, alors imaginez après trois ou quatre picons… Ah ! je crois qu'il faut que je parle de ça au Maître.

J'activais le repiquage. Le Conseiller passerait l'inspection ce soir. En plus de cette complication qui s'annonçait, il ne fallait pas qu'Auréline ait à avouer qu'elle n'avait pas fait son travail. Pour gagner du temps, je dis à Feli :

– Non, ne parlez pas encore, je vais continuer à réfléchir en achevant les immortelles. Et quelqu'un va nous aider : Anicia. L'affaire, elle la connaît de source, parce que sa mère a vu Marie-Estelle à Paris. Dès que j'aurai fini ici, je passe vous prévenir à la cuisine et nous montons chez elle.

– Celle-là, j'ai toujours pensé que c'était le Ciel qui nous l'envoyait, pauvre mignonne.

Et voilà que maintenant je traînais sur mon travail, sur ces immortelles de malheur, pour reculer le moment où il faudrait que j'avoue tout à Feli.

Je savais que ça arriverait, ça ne pouvait pas être autrement. Mais je m'étais encore caché la tête sous l'aile. C'était dans des situations comme celle-là que j'admirais le plus Marie-Estelle. Elle, elle ne reculait jamais. Ce qu'elle devait faire, elle le faisait et tout de suite. Tandis que moi, il y avait des années que j'aurais dû parler à Feli. Ce qui m'avait aidée à attendre, en bonne conscience, c'était sa dévotion à genoux au Conseiller. Chaque fois que je pensais à la mettre dans le secret, je me disais, pour reculer ce mauvais moment, qu'elle fendrait l'air dès que j'aurais parlé pour aller dire la chose à son maître.

Comment elle allait m'arranger ? J'aimais mieux ne pas y penser.

Feli avait fait du lait d'amandes, le préféré d'Anicia, qui le buvait assise sur son lit.

Elle avait le droit de se redresser depuis la veille. Ça tombait bien. Ce serait plus facile de lui parler d'une affaire sérieuse si elle avait l'air à l'aise, calée sur ses oreillers. Elle avait toujours ce bandeau sur les yeux, mais on s'y habituait. Il y avait même des jours où on pouvait croire quelques instants – le temps de se remettre les idées en place – qu'elle l'avait noué autour de la tête par fantaisie.

C'est incroyable ce qu'Anicia sentait les choses ! Nous étions à peine entrées dans sa chambre qu'elle nous a demandé ce qui n'allait pas. Je lui ai dit que j'avais à expliquer une situation difficile qui était en même temps une confession à Feli, au sujet de Marie-Estelle.

C'est seulement plus tard, dans mon lit et dans la nuit, qu'en me récapitulant toute l'histoire, j'ai compris qu'à cet instant Anicia avait eu peur – à nous sentir, Feli et moi, pas dans notre assiette – que nous ayons appris du nouveau et du mauvais pour ses yeux. Parce qu'elle a eu, quand elle a saisi qu'il ne s'agissait pas d'elle, comme un petit soupir de délivrance.

Donc, c'était le moment pour moi de tout dire de ce que je cachais depuis des années. Et je l'ai dit :

– Je vais prendre le chemin le plus droit. Voilà : Aurèle et Auréline savent la vérité. Ils savent que leur mère est en vie. Et même ils la voient souvent.

Feli a poussé un cri. J'ai fait comme si c'était celui d'un oiseau au-dehors, et j'ai continué :

– Pourquoi j'ai dû leur expliquer la situation ? À cause des complications. Elles ont commencé à l'école, en mai de l'année de la guerre. Un garnement de la classe d'Aurèle a balancé à la récréation à notre petit : “Pourquoi tu dis que ta mère est morte si c'est pas vrai ? Ma mère à moi, elle dit que la tienne habite à Paris où elle fait la vie.”

« Le pauvre petitoune m'a raconté ça, tout estourbi et tout pâle. Encore que “faire la vie”, il ne savait pas ce que ça voulait dire.

« À ma place, vous auriez fait quoi ? Vous auriez laissé cet enfant aller au-devant d'autres méchancetés ? Moi, je me suis prise par la main et je suis allée droit au Maître. Là, j'ai dit ce que j'avais à dire : les enfants devaient savoir que leur mère était séparée de leur père et vivait de son côté.

« Il ne m'a pas répondu tout de suite. Au bout d'une longue minute, il m'a jeté, comme un os à un chien : “Pour mes enfants et pour moi, elle est morte.”

« J'ai passé la nuit à réfléchir, quand je ne pleurais pas à m'en dessécher tout entière. Au matin j'étais résolue.

« Et d'abord, j'ai fait comme Marie-Estelle autrefois, au moment de l'affaire des loyers. Je suis allée demander à la Sainte Vierge de me pardonner ce que j'allais entreprendre contre la parole d'un père. Mais je Lui demandais aussi de considérer qu'il était le premier à se conduire mal et que ça, ce devait être mis à mon compte. Et je Lui ai tout expliqué, à la mère de l'Enfant Jésus. Je lui ai dit que ce n'était pas parce que Marie-Estelle et son mari ne s'étaient pas entendus que leurs petits devaient en pâtir. Pour parler comme Marie-Estelle jadis, si Elle ne comprenait pas, qui comprendrait ?

« J'étais seule dans l'église, bien tranquille pour expliquer la situation. C'était un bouquet de choses un peu compliquées. Dans la clarté, ça se résumait à ça :

« Marie-Estelle, très vite, quelques mois après son départ, était revenue. Elle souffrait trop d'être sans ses enfants. Elle savait qu'ils étaient au mieux entre Feli et moi, mais elle se rendait compte qu'elle ne pouvait pas vivre sans eux. Elle m'a donné rendez-vous à Nice et nous avons mis au point ce que nous dirions aux petits : elle serait une de mes cousines, je viendrais tous les jeudis lui rendre visite en cachette et ils m'accompagneraient. Ce serait une bonne promenade et on goûterait à la pâtisserie, ce qui leur plaisait bien.

« Ils ont vite fait amitié avec “ma cousine”. Elle les gâtait, elle avait toujours une surprise pour eux et ils attendaient leur jeudi avec impatience.

« Je ne peux pas dire que tout allait bien. Je me souciais. De cette dame qu'ils voyaient si souvent, les enfants pourraient parler, par étourderie. Mais le temps passait quand même. Il a si bien passé que ça a duré comme ça jusqu'à la méchanceté du garnement à l'école.

« Donc, là, après l'accord passé avec la Sainte Vierge, j'ai dit la vérité aux enfants. Ma cousine, c'était leur mère.

« Vous imaginez la farandole de questions qui m'est tombée dessus. J'ai répondu autant que je le pouvais. Et eux, ils étaient… comment dire ? à la fois heureux, fiers d'avoir un grand secret, et en même temps sérieux comme deux petits papes, et contents, si contents… Mais c'était pas croyable, ça les étonnait à peine ! Je n'en revenais pas.

« Aurèle m'a juré qu'il ferait bien attention qu'Auréline ne manque jamais à sa promesse de garder le secret.

« Deux mois après, c'était la guerre.

« En un sens, c'était arrangeant parce que le Maître est parti. Il aurait pu rester ici, il avait deux enfants à sa charge, mais il s'est enrôlé. Je n'ai jamais su si c'était pour mourir, pour se changer les idées ou pour la patrie. Mais ça a bien facilité les choses. Tout le monde pensait à la guerre et à rien d'autre. Lui, il revenait de temps à autre, en permission. Les enfants lui faisaient fête. Je dois reconnaître qu'il s'était conduit en héros, décoré et tout. Et on ne parlait que du front.

« Pendant ce temps, Aurèle et Auréline grandissaient, et ils s'habituaient à leur situation.

« Bien sûr, pendant quatre ans ils ont beaucoup vu leur mère. Elle habitait à quelques kilomètres de Nice. Elle ne venait jamais au domaine, mais, eux, ils allaient la voir avec la charrette pour faire, soi-disant, les commissions en ville.

« Et puis le Maître est revenu.

« Il est arrivé, avec tant d'autres, dans cette gare d'où Marie-Estelle était partie. Et la vie a repris jusqu'à aujourd'hui où Théo ajoute des complications là où il y en a déjà beaucoup.

Dieu garde ! Il s'est passé alors une chose extraordinaire. Anicia a défait son bandeau et nous avons vu ses yeux. Ah ! qu'ils étaient beaux ! Bleus comme le ciel.

Avec ce petit rire, à la fois triste et gai, qu'elle a quand il s'agit d'elle, Anicia nous a dit :

– Non ! Hélas, je ne vois pas, mais j'avais tellement envie de vous voir… que j'ai essayé.

Nous deux, Feli et moi, on ne savait plus très bien où on en était de tout ça, de Marie-Estelle, du Maître, des petits, et maintenant d'Anicia qui aurait voulu nous voir pour mieux nous aider… Et sans oublier Théo qui avait de bons yeux, lui, et qui avait vu Marie-Estelle en ville !

Et puis Feli s'est mise à parler. Elle était assise face à la fenêtre, elle voyait l'amandier. Elle l'a regardé un bon moment, comme si elle lui demandait conseil, et elle a dit :

– Mademoiselle Anicia, dans tout ça, il y a du bon et du mauvais. Je dis que Mme Marie-Estelle a eu tort de partir, et en même temps je reconnais qu'elle était bien jeunette quand elle est arrivée ici. C'est vrai qu'elle était toujours à courir, à rire et à chanter comme une enfant, à disposer des fleurs partout, même là où on n'aurait jamais eu l'idée d'en mettre. Je dis aussi que le Maître aurait dû trouver autre chose que de faire croire que sa femme était morte. Je dis, pour finir, que les enfants ne doivent pas souffrir de tout ça. Mais le Maître est le Maître et je lui obéis. Et c'est vrai que je vais lui raconter *tout de suite* ce que je viens d'apprendre. Même s'il a eu des torts, c'est le Maître et un héros de la guerre, et le chef de la famille.

Anicia tenait toujours son bandeau à la main et allait le

remettre. Mais elle l'a reposé sur le lit et, même sans la voir, elle a regardé Feli en lui disant :

– Et ça changera quoi, Feli, quand vous aurez parlé ?

– Ça changera que le Maître saura ce qu'il doit savoir.

– Et que pensez-vous qu'il fera ?

– Je ne sais pas, c'est lui le Maître, il trouvera, pardi !

Ç'a été au tour d'Anicia de tourner sa tête vers l'amandier, elle aussi. Elle est restée un moment silencieuse et elle a dit que ce serait elle qui parlerait à son oncle. Elle promettait de tout lui raconter, mais elle pensait avoir des arguments qui, peut-être, arrangeraient les choses.

– Vous êtes d'accord, Feli ?

– Si vous dites que vous allez le faire, mademoiselle Anicia, je vous crois. Et peut-être, c'est mieux comme ça.

Mais ce n'était pas fini, Anicia a dit encore :

– Feli, la situation est compliquée et sérieuse. Il y va du bonheur d'Aurèle et d'Auréline et peut-être même de celui de mon oncle et de ma tante. Alors, cela ferait trop qu'il y ait entre Mlle Délaïde et vous, en plus, de la fâcherie. Si vous me promettez, toutes les deux, de ne pas vous en vouloir, je dormirai plus tranquille.

J'ai bien vu que Feli avait du mal à renoncer à ce plein panier de reproches qu'elle avait l'intention de me déverser dessus. Oh ! qu'elle avait du mal !... Anicia avait toujours son beau regard vide mais si débordant de bleu de ciel posé sur elle. Alors Feli a dit :

– Moi, je ne chercherai pas Mlle Délaïde si elle ne me cherche pas.

Là, Anicia a étendu ses mains, droit devant elle et elle nous a demandé de lui donner les nôtres. Elle les a prises, les a mises les unes dans les autres et a dit :

– Voilà ! Maintenant je n'ai plus qu'à parler à mon oncle. Je le ferai. Que l'une de vous deux lui demande de bien vouloir monter me voir dès demain.

Eh bien, nous n'avons pas beaucoup dormi quand la nuit est venue.

D'abord, j'avais du mal à digérer la daube de Feli. Je lui dis toujours de ne pas en servir le soir, mais elle ne m'écoute jamais. Et j'ai compris, quand j'ai vu arriver les beignets de fleurs de courgettes que je ne supporte pas non plus au souper, qu'elle ne me ferait aucun reproche, ne me dirait pas que je lui avais caché la vérité pendant des années et des années et que j'étais une sournoise, mais qu'elle me tracasserait quand même. Je pouvais déjà parier que, le lendemain matin, je n'aurais pas ma chicorée, et que mon bol serait plein de vrai café au lait. Et très fort, le café, à me faire sauter le cœur. Bon, je n'avais qu'à offrir tout ça à la Sainte Vierge. Et comme j'étais sûre que j'aurais du mal à m'endormir, j'ai dit à Anicia que j'allais la distraire en lui racontant quelques péripéties du séjour de sa tante à Paris, Marie-Estelle ne pouvait pas s'empêcher d'en rire encore quatorze ans après.

– Si on remonte à son départ dans le train avec ses fleurs, il faut dire qu'à peine arrivée à Lyon-Perrache elle voulait revenir, qu'à Laroche-Migennes, elle a tenté d'ouvrir la porte du wagon pour descendre et courir vers ses enfants, mais elle n'a pas pu. Aussi vrai que je suis là à te parler, si ça ne s'était pas trouvé comme ça, si la fermeture pouvait s'actionner de l'intérieur, elle serait ici, Marie-Estelle, dans cette maison, à te parler à ma place. Mais ça devait être son destin de continuer sa route.

« Ce moment passé, elle est redevenue résolue et elle a continué son voyage. Je te saute les petits détails pour en arriver au travail qu'elle a trouvé tout de suite. Elle se rappelait l'adresse d'un grand fleuriste de Paris, avec qui le domaine était en affaire, rue Royale je crois. Elle y est allée. Quand elle a dit qu'elle était du métier, elle a été embauchée. Elle avait l'argent de ses loyers pour vivre, le notaire qui les percevait lui envoyait ce qu'elle voulait. Mais elle avait envie de travailler. Et, le dimanche, elle se distrayait à visiter les beaux magasins de fleurs de Paris. Et puis il y a eu des complications avec les hommes qui lui couraient après. Elle m'écrivait que c'était encore plus difficile d'être une femme seule à Paris qu'à Nice où c'est déjà pas commode.

« Mais elle n'était pas heureuse. Elle n'en pouvait plus de ne pas voir ses enfants. Elle me demandait ce que je pensais qu'il se passerait si elle revenait. Et je ne savais pas quoi lui dire. Le Conseiller était froid comme le marbre, il ne parlait jamais d'elle, j'avais crainte qu'il la laisse à la porte de la maison si elle venait y frapper. Je ne pouvais que lui répéter que les enfants étaient si habitués à moi, qu'ils étaient heureux, quand j'ai reçu une lettre d'elle me disant qu'elle avait vendu l'un de ses immeubles et acheté une terre à oliviers et à violettes à Tourettes-de-Vence. Elle reviendrait dans un mois, dès que ce petit domaine serait à elle.

Anicia m'a interrompue pour me demander si son oncle avait autorisé cette vente et cet achat. Il semblait que oui puisque le notaire, qui s'occupait de tout pour Marie-Estelle, n'avait eu aucun problème de ce côté-là.

– Donc, elle allait revenir au pays. Mais, avant, elle avait décidé d'aller voir à Londres, à Vienne, et peut-être ailleurs, ce que devenaient là-bas les mimosas, les roses et les œillets venus de Nice. Cette idée lui était entrée dans la tête parce que, travaillant rue Royale, elle passait chaque jour, dans ce quartier qu'on appelle de la Madeleine, devant une grande maison d'organisation de voyages. Elle s'était dit qu'avant de devenir la paysanne qu'elle allait être sous peu, elle jetterait bien un coup d'œil sur le monde pour voir comment c'était là où vivaient tous ces étrangers qui tombaient chez nous dès que la brume et le froid tombaient sur eux, dans leur Nord de froidure.

« Mais il y avait toujours ce problème des hommes qui, la voyant seule, tournaient autour d'elle comme des mouches autour d'un pot de miel. Alors, elle avait eu une autre idée : elle allait emmener quelqu'un avec elle. Un genre de domestique comme on en voit à Nice, au service des grandes dames qui ne se déplacent pas sans leur femme de chambre ou leur demoiselle de compagnie. Elle avait lu les petites annonces des journaux parisiens et répondu à une personne qui disait avoir une grande habitude des voyages. Elles se sont rencontrées dans un salon de thé, elles se sont convenues et les voilà préparant leur départ. D'abord pour Londres et ensuite pour Vienne. C'étaient les deux villes où Marie-Estelle avait envoyé le plus grand nombre de ses paniers ronds à violettes de Parme, et longs à glaïeuls. Elle avait un petit sentiment pour elles et ça lui plaisait d'aller voir dans les vitrines de leurs fleuristes comment s'y épanouissaient les fleurs du Domaine des Demoiselles.

– Tu sais ce que je vais faire, Anicia ? Je vais aller te chercher les lettres où Marie-Estelle me racontait ses voyages. Comme ça tu auras tous les détails.

Je suis partie chez moi et suis revenue avec la boîte où je serre le courrier secret. Et aussi avec Mirabelle qui avait besoin d'affection. Elle rentrait d'une escapade amoureuse qui ne s'était sans doute pas bien terminée parce qu'elle avait reçu quelques sérieux coups de griffe.

La première lettre datait de mai 1912 et disait :

Me voilà avec une femme de chambre qui s'appelle Antoinette. Elle a quarante-cinq ans. Elle est très digne, un peu compassée même. Et mieux habillée que moi, ce qu'elle m'a fait remarquer, sans en avoir trop l'air. Et ce qui l'a amenée à me demander quel genre de voyage nous allions entreprendre. Traduis en quelle classe nous allions voyager et dans quelle catégorie d'hôtels nous descendrions. Je n'avais pas dépensé grand-chose des loyers que me faisait parvenir mon notaire et j'ai répondu : « Dans ce qu'il y a de mieux. » Là-dessus Antoinette m'a fait remarquer que ma garde-robe ne lui paraissait pas appropriée à ce luxe. J'ai dit :« Qu'à cela ne tienne, allons l'améliorer. »

Si tu nous avais vues, dans les grands magasins de Paris ! Les filles comme Antoinette savent tout, je n'ai pas eu le temps de faire ouf ! que j'étais au goût du jour. Tu m'aurais prise pour une hivernante des plus huppées de la Promenade des Anglais. Antoinette m'a regardée avec satisfaction. C'est elle qui me coiffe – elle fait ça à merveille – et me prépare mes tenues, chapeau, ombrelle et gants compris. Pour le voyage à Londres – train et bateau – j'avais un costume tailleur de tweed beige, un béret de velours brun garni d'une plume de faisan et des bagages en vrai cuir. Heureusement, Antoinette ne me quittait pas, parce que les hommes, vraiment, ne doutent de rien ! Deux, pendant le voyage, ont trouvé le moyen de me faire parvenir des billets et par Antoinette elle-même ! Je les ai lus et déchirés sous son nez et elle m'a dit cette chose surprenante : « Madame a raison, Madame vaut plus que ça. Nous trouverons mieux à Londres. Surtout à l'hôtel Claridge. » Qu'est-ce que tu dis de ça ?

Premier jour à Londres. Je les ai vus mes paniers ! Dans une belle rue qui s'appelle Old Bond Street. C'étaient ceux de violettes de Parme, noués d'un ruban mauve, tout comme lorsque c'était moi qui m'en occupais. Je suis entrée dans la boutique et j'en ai fait livrer un à mon nom à l'hôtel Claridge. J'ai pleuré en le recevant. Il sentait le Domaine des Demoiselles, il sentait l'air que respirent là-bas mes enfants...

Surprise, deux heures à peine après : on me livre la même corbeille avec les mêmes violettes de Parme ! Et une carte d'un monsieur me disant qu'il habitait comme moi le Claridge et serait le plus heureux des hommes si j'acceptais de dîner avec lui ce soir.

Commentaires d'Antoinette :

– Madame aurait dû attendre un peu avant de dépenser son argent en fleurs… Madame en recevra des corbeilles et des corbeilles. Le monsieur en question est un richissime propriétaire terrien. Cette fois-ci, je peux dire à Madame que c'est sérieux et qu'elle peut y aller, je me suis renseignée.

Alors j'ai fait asseoir Antoinette et nous nous sommes expliquées.

Elle n'en est pas revenue quand je lui ai dit que je voyageais, vraiment, dans le seul but de visiter des fleuristes de quelques villes d'Europe. Et que je ne cherchais pas du tout à me faire remarquer et inviter par des messieurs.

La pauvre femme a poussé un grand soupir et m'a dit :

– Voyez-vous, Madame, j'ai de l'ambition. Je mets de côté pour arriver à m'acheter dans mon pays, en Anjou, une mercerie. Et j'étais sûre, avec la beauté de Madame de me faire, bon an mal an, dans les mille louis. J'avais calculé qu'entre le monsieur sérieux que Madame accrocherait vite, et le monsieur de cœur, aussi facile à trouver, mes petits profits à servir les deux auraient été conséquents. Je peux dire à Madame que c'est bien la première fois dans ma carrière que je me trompe à ce point. Je peux dire aussi que c'est la première fois que je rencontre une si belle femme, seule, comme Madame, qui ne s'intéresse qu'aux magasins de fleuristes.

Alors je lui ai expliqué ce que j'étais et pourquoi je voulais voyager. Nous sommes désormais d'excellentes amies. Elle est devenue mon invitée, elle prend ses repas à ma table et foudroie du regard les hommes qui osent me lorgner d'un peu trop près. Je lui revaudrai ça. Elle aura son petit cadeau quand elle me mettra au train PLM à Paris pour arriver enfin chez nous ! Je lui ai même appris comment on cultive les violettes de Parme. Elle a été très intéressée de savoir que la difficulté de la cueillette absorbe souvent la majeure partie des bénéfices. Et, comme elle est avisée, et que, pour elle, le profit, est le profit, elle m'a demandé si un jour on n'inventerait pas la machine à cueillir les fleurs. Et elle me regardait en disant ça et en pensant, je l'aurais parié, que j'étais bien bête de ne vouloir m'occuper que de violettes ou de mimosas qui, en somme, rapportaient assez peu, alors que d'aimables messieurs ne demanderaient qu'à me faire gagner de l'argent beaucoup plus facilement (et à elle aussi, en passant !).

J'ai vu avec plaisir les marchands de fleurs à Covent Garden. Le marché est beau, mais, dans le ciel souvent gris d'ici, nos roses et nos œillets ont des couleurs moins éclatantes que sur nos étalages de Nice, dont je peux te dire que rien ne les égale, nulle part, même au marché aux fleurs de Paris.

Mirabelle et Anicia se sont adoptées l'une l'autre. J'aurais dû penser plus tôt à amener ma chatte ici.

– De quelle couleur est Mirabelle ? m'a demandé Anicia.

– Tigrée. Jaune clair et jaune foncé. Il y a des œillets que nous appelons "de fantaisie" tout pareils. Et Auréline aurait préféré Fantaisie à Mirabelle, mais ma chatte est assez fantaisiste de caractère et cela suffit. Si je te disais toutes les fantaisies qu'elle me fait, nous y passerions la nuit. Maintenant je te lis la lettre de Vienne :

… C'est merveilleux que j'aie une bonne mémoire, je me souvenais des trois noms des grands fleuristes d'ici. Toujours de belles violettes de Parme chez eux. On dit, à Vienne, que le fils de Napoléon, le pauvre roi de Rome, les adorait, les blanches surtout. Les vitrines en étaient pleines. Et j'ai découvert que le Domaine des Demoiselles a créé un autre envoi de fleurs en paniers. Tu ne me l'avais pas dit. Pour ne pas me faire de peine ? Là, tu as eu tort, j'ai été heureuse de voir que votre nouveau vannier avait tressé une bien jolie bourriche où on a rangé des petits pots de primevères de Chine de plusieurs couleurs. Tu pourras lui dire, quand tu le verras, qu'en Autriche-Hongrie les dames en raffolent. Ce panier-là, la fleuriste de la Willemstrasse de Vienne m'a dit qu'il est si raffiné que ces dames en font des boîtes à bretelles pour leurs maris, quand les primevères sont fanées. Je ne crois pas que le vannier ait jamais porté de bretelles, mais ça l'intéressera quand même.

Dans notre Grand Hôtel circulent exactement les mêmes gens que sur notre Promenade des Anglais. Je les trouve, chez eux, plus raides, plus compassés que lorsqu'ils nous arrivent à Nice. Hier, j'étais assise dans l'un des grands salons et je les regardais – hommes et femmes – y pénétrer à leur tour. Et devine à qui ils m'ont fait penser ? Tu te souviens de notre fameuse soirée au théâtre et de l'opéra de Tannhäuser *? Eh bien, tous ces gens, quand ils se déplacent devant les autres qui les regardent, ont l'air des acteurs de l'opéra, ils sont tout pareils qu'en scène. Hélas, eux, ils ne chantent pas ! Et c'est dommage parce qu'ils ont tellement l'air de s'ennuyer ! D'ailleurs, je m'ennuyais moi aussi, alors je me suis divertie comme j'ai pu. Je te raconte : à nous voir, Antoinette et moi, je ne sais pourquoi les gens de la réception de l'hôtel se sont imaginé que nous étions, moi une illustre et noble personne voyageant incognito, et Antoinette ma dame de compagnie. Alors, quand le groom m'a livré des primevères que je n'ai pas pu m'empêcher d'acheter, je lui ai glissé dans l'oreille, en lui tendant son pourboire : « En fait, ce n'est pas pour moi, mais pour Son Altesse dont je suis la dame d'honneur. » Et j'ai attendu de voir ce que cela allait donner. Ça a rendu très vite. Deux heures plus tard, quand nous sommes entrées dans la salle à manger, tous les regards étaient tournés vers nous et surtout vers Antoinette ! À qui j'ai dû avouer ma petite farce. Avant de regagner sa chambre, et après nous être bien diverties à jouer les grandes de ce monde dans le salon de musique, en écoutant des valses qui donnent envie de s'élancer et de tournoyer sur un beau parquet fait pour ça, elle m'a dit : « Avec Madame, je reconnais que j'en aurai vu ! Ça me fera des souvenirs à me rappeler quand j'en aurai assez de vendre du fil et des aiguilles dans ma mercerie. »*

Je regrette presque que nous ne puissions aller en Hollande voir, cette fois, les fleurs des autres. Mais mon notaire m'a écrit que tout est réglé et que le Mas des Violettes est désormais à moi. Je rentre la semaine prochaine. Rendez-vous jeudi à la pâtisserie avec toi et les enfants. Quel bonheur !

P.S. : Je suis allée à Paris consulter un avocat. J'avais besoin de savoir où j'en suis vis-à-vis de Martial. On m'a dit que j'étais en situation plus qu'irrégulière, même pas « séparée » officiellement. Mon mari a tous les droits. Celui de me faire rentrer au bercail, celui de garder les enfants. Le seul conseil qui m'a été donné était de continuer comme ça, tant que Martial ne se manifeste pas ! Mais s'il veut me prendre le Mas des Violettes, il le peut. Tu as eu bien raison de ne pas te marier ! Toi, au moins, tu es libre de faire ce que tu veux.

Anicia a écouté sans rien dire et en caressant Mirabelle qui a adopté ce lit tout blanc et celle qui y est couchée, bien blanche encore elle aussi.

Avant de m'endormir, j'ai repensé à la réflexion de cette Mme Antoinette demandant à Marie-Estelle quand on inventerait la machine à couper les roses et les œillets. Moi, j'aurais répondu que les mains des hommes et des femmes sont les seules petites machines créées par Dieu pour cueillir les fleurs. Il leur a donné l'adresse et la délicatesse qu'il faut pour ça…

Adresse, délicatesse… Dans ma demi-somnolence, je me suis dit que les deux doivent être nécessaires aussi aux cœurs des hommes pour aimer une femme, et que le Conseiller n'avait pas dû être pourvu de ces qualités, ce qui avait abouti au départ de Marie-Estelle.

Je n'ai pas osé parler de ça à Anicia. Elle ne paraît pas apprécier que je donne toujours tort à son oncle. Elle comprend Marie-Estelle, mais n'accable pas le Conseiller. Je me demande comment elle va lui parler demain.

Anicia a dû savoir dire ce qu'il fallait.

J'ai croisé le Conseiller qui sortait de sa chambre. Il avait l'air pensif et moins sévère qu'à l'ordinaire.

Comme promis à Feli, elle l'a mis au courant de la situation. Il paraît qu'il n'a pas bronché. Mais ce qu'elle lui a dit de plus beau, c'est ce qu'elle vient de me répéter :

– Tout enfant a droit à son enfance. Elle l'aidera à vivre, plus tard. C'est l'une des plus grandes injustices que de voler ses jeunes années à un être, celles qui doivent être douces et tendres entre son père et sa mère, afin que dans sa vie d'adulte il s'en souvienne comme d'un trésor que personne ne pourra lui prendre.

Elle lui a dit aussi :

– Moi qui viens de perdre ma mère, je me rends compte du bonheur qu'ont Aurèle et Auréline d'avoir encore la leur. Laissez-les la voir, l'aimer et être aimés d'elle.

Il lui a seulement murmuré :

– C'est elle qui est partie.

– Et si elle revient, ici ?

– Elle ne reviendra pas.

– Qu'en savez-vous, mon oncle ?

Il n'a rien répondu. Alors elle a ajouté :

– Les laisserez-vous la revoir ?

– Ils ont désormais l'âge de juger eux-mêmes ce qu'ils doivent faire.

Là-dessus, il lui a souhaité de continuer à aller mieux et il est parti.

Après m'avoir raconté l'entrevue, Anicia m'a dit qu'elle voulait se reposer un moment. Je la connais assez maintenant pour savoir qu'elle allait plutôt repenser à tout ça, mais seule.

Pas tout à fait seule, elle m'a demandé Mirabelle. Par chance, cette rouleuse était dans les parages, à se roussir un peu plus ses poils roux au soleil.

Quand je suis descendue à la cuisine pour répéter à Feli ce qu'Anicia m'avait dit, c'est à peine si j'ai été écoutée. Feli était tout à l'envers à la pensée de sa convocation au château de nos voisins anglais. Elle doit cet honneur au docteur Garlande qui soigne Mlle Sarah.

Il paraît que cette jeune fille est arrivée ici très anémiée et sans aucun appétit. Le docteur veut qu'elle boive du lait et elle le refuse. Alors, il a pensé aux laits travestis de Feli et demandé qu'elle vienne montrer à Mrs. Beckfint – la cuisinière de lord Edwin – comment elle les concocte. C'est cet après-midi que notre Feli va dévoiler les secrets de ses recettes et elle en est toute retournée. Elle a préparé sa robe noire des dimanches et le chapeau. Mais ce qui la soucie le plus, c'est d'être obligée de se chausser. Elle est habituée à ses espadrilles. Elle était en train d'essayer de mettre ses souliers, quand elle m'a demandé si cette *Mme Bec-Figue* allait comprendre le français. Auréline l'a rassurée, elle accompagnerait Feli et traduirait.

J'ai raconté tout ça à Anicia que ça aurait amusée d'assister à l'entrevue des deux cuisinières. Le docteur sera content que notre petite s'intéresse de plus en plus à ce qui l'entoure, à un point même qu'il ne soupçonne pas. S'il savait combien elle se passionne pour la vie de Marie-Estelle et de ses enfants – et aussi de son oncle, je dois le dire – il serait encore plus heureux. Mais c'est là un secret de famille que même le docteur de cette famille n'est pas obligé de savoir.

Le docteur Garlande est content, en effet, des progrès d'Anicia, mais moi, je ne suis pas contente qu'il ait encore lu le billet d'Auréline ce matin.

Il prend l'habitude d'arriver au domaine vers les huit heures. Il paraît que ses patientes étrangères en séjour à Nice ne sont pas visibles avant midi. Alors, ça l'arrange de commencer par nous. Cette raison-là, je l'accepte, mais pas qu'il s'empare, en entrant dans la chambre, de la lettre d'Auréline que je n'ai pas encore eu le temps de lire à Anicia. Ça me contrarie de plus en plus que ce soit lui qui le fasse. Et comme j'écoute contrariée, ça me gâche le plaisir d'entendre ce que dit la petite. C'est comme une indiscrétion que commet le docteur. Je sais bien qu'un médecin doit tout savoir, mais quand même…

Ce qu'en pense Anicia, je n'en sais rien, mais elle a du plaisir à écouter, ça c'est sûr. Je le vois à ses jolies mains, bien croisées l'une sur l'autre et qui écoutent aussi sans bouger :

Depuis que je regarde autour de moi en pensant à toi et à ce que je vais t'écrire, il me semble que pour remplacer tes yeux qui ne voient pas encore, je vois, moi, des choses que je n'avais pas, ou à peine, regardées avant ton arrivée.

Ce matin, en revenant de la plage, sans porte-bonheur – mais si on en trouvait tous les jours auraient-ils la même valeur ? – ce matin donc, je me suis arrêtée en plein milieu du chemin pour entendre sonner la cloche de notre église la plus proche. Ma petite amie des coquillages était repartie avec sa récolte, et moi, j'avais les mains dans mes poches vides... non, pas tout à fait vides, si je n'ai rien ramassé au bord de l'eau, il leur reste du sable de la veille que je m'amuse à triturer. J'aime le sable. Il y a du mystère en lui. D'où vient-il vraiment ? Il a traversé des siècles, toujours en mouvement. Et devant chez nous il est d'une grande finesse, plein de vie et de soleil, comme si le seigneur anglais qui le destinait à ses filles l'avait commandé à la mer tout exprès de la qualité la plus superbe. Demain, je t'en remplirai une petite bouteille et Feli te la donnera. Il est parfumé de souvenirs, peut-être de ceux des trois demoiselles qui devaient s'asseoir dans sa tiédeur, à l'abri de leurs grands chapeaux de paille et de leurs petites ombrelles et se dire leurs secrets face à la mer. La mer devant qui on peut parler en confiance. Elle n'entend rien si elle dort, lisse et sereine, ou si elle est sourde à tout ce qui n'est pas dispute plus ou moins hargneuse entre elle et le vent.

Donc, je te disais que je me suis surprise, ce matin, à écouter un carillon et à dresser ma tête vers ce chant tout à la gloire du soleil dans le bleu du ciel où giclaient des hirondelles, ivres un peu – mais pas trop, c'est raisonnable, bien que toujours pressée, une hirondelle –, ivres donc d'avoir survolé le champ d'œillets rouges où je vais travailler tout le jour. Je leur apportais, à nos « Enfants de Nice », un peu de l'odeur d'iode de la mer dont je me sentais encore imprégnée et qu'ils ont dédaignée, complètement ivres, eux, de leur propre parfum. Et là, je me suis dit que tout ça qui me tombait de là-haut était un cadeau du bon Dieu et qu'il me fallait dire « Merci ! Merci ! » au Seigneur.

Il me tarde de t'amener ici. Même si tes yeux ne te sont pas encore rendus, je te décrirai tout. Et tu le sentiras, le bonheur d'exister parmi ces richesses.

Sais-tu ce que j'ai fait ce matin ? Je les ai fermés, mes yeux, et j'ai tout ressenti plus encore, comme tu le ressentiras toi-même. Ces fleurs de la vie t'attendent... T'es-tu rendu compte des nombreux sens du mot fleur ? Si nos roses, nos violettes, nos giroflées savaient combien de fois leur nom a donné naissance aux belles et pures choses de la vie, elles en seraient encore plus orgueilleuses qu'elles ne le sont. Il faudra, un jour, que je te parle de cet orgueil des fleurs. Mais j'en ai tellement à te raconter ! Et il faut que je commence par ceux qui vivent sur le domaine. Tu entends leurs voix, de l'aube au crépuscule. Ils font pousser nos fleurs, puis les coupent, les emballent et les livrent à la gare. Aurèle te dira que ces gens sont les meilleurs que mon grand-père et mon père ont choisis avec perspicacité et prudence, en prenant leur temps, comme on choisirait des maris aux plus belles princesses de la terre.

D'abord, il y a Pamphile.

C'est notre vétéran et notre « Illustre » pour parler comme Théodore. Il a soixante ans, et en porte à peine cinquante. Il a été l'élève de cet autre « Illustre », M. Alphonse Karr[1]*, le grand jardinier, l'homme qui a donné à la culture des fleurs chez nous un essor tel que l'on peut dire qu'il est le créateur du commerce des fleurs coupées dans nos régions.*

Quand Pamphile est entré chez M. Karr, à Saint-Raphaël, il avait quinze ans et son maître déjà soixante-sept. L'un avait tout son savoir à donner et l'autre toute son ardeur à le recevoir. Pamphile raconte que lorsque M. Karr engageait un ouvrier jardinier (il disait plutôt un paysan jardinier), il lui demandait, en fin d'interrogatoire, s'il savait lire et écrire. Pamphile, lui, avait dit qu'il ne savait pas, alors M. Karr lui avait répondu : « Les fleurs ne t'en aimeront pas moins, mais elles te respecteront plus si tu sais lire leur nom en latin… Du moins, elles te le feront croire, parce que, entre nous, elles s'en fichent bien de cette latinité. Mais si tu veux quand même apprendre l'alphabet et ce qui en découle, je te donnerai des livres. » Et Pamphile a appris à lire dans Voyage autour de mon jardin *l'un des ouvrages de son maître, peut-être pour prouver à M. Karr que tous les Provençaux ne sont pas des fainéants, des chasseurs d'alouettes toutes rôties, comme disait le Maître. Mais il a surtout appris à planter et à faire pousser les fleurs et à les comprendre. « Si tu ne connais pas leur caractère, leurs habitudes, comment veux-tu les faire vivre ? Regarde cette glycine, dis-moi qu'elle est belle. – Elle*

1. Journaliste et écrivain français, passionné d'horticulture, 1808-1890

est belle, monsieur. – Eh bien, de quoi est-elle belle ? Tu vas me le dire ? Non, c'est moi qui te le dirai, puisque je t'enseigne. Et d'abord il faut savoir que c'est une liane, c'est-à-dire qu'elle ne pense qu'à grimper, qu'elle ne rêve que de ça. Et c'est une liane robuste, vigoureuse, mais craintive aussi. Elle a peur du vent et des embruns comme une jolie femme qui redouterait d'être décoiffée et poudrée de gouttelettes salées. Tu sauras vite qu'à la tailler on ne doit couper que les pousses d'un an, car ses fleurs se développent ordinairement sur les rameaux de trois à quatre ans. Mais attention, j'ai dit ordinairement. *À toi de voir, de sentir ce qu'il faudra lui couper. – Et comment je verrai, je sentirai, comme vous dites ? – Tu y es ! Tout est là ! Je t'attendrai devant ma glycine et je verrai comment tu t'en tireras, petit. »*

Il faut croire qu'il s'en est bien tiré parce qu'il est devenu l'un des paysans préférés de M. Karr qui lui disait encore ce qu'il m'a répété, à moi, depuis ma petite enfance : « Mets-toi en confiance avec les plantes et les fleurs. Ne varie pas dans les soins que tu leur donnes. Elles aiment l'habitude, la règle même, et si tu changes la manière de les traiter, elles te prennent pour un fantaisiste et elles t'en punissent. Mais attention, sois en méfiance aussi, parce qu'elles vont te griser de leur parfum. Ah ! elles sont malicieuses. » Il terminait en conseillant : « Et, surtout, répète-toi souvent, pour ne pas accorder plus d'importance que cela n'en vaut à tout ce que je te dis, que les choses qu'on sait le mieux sont celles que l'on n'a pas apprises mais découvertes soi-même. »

Comme le docteur finissait sa lecture, il y a eu des bruits et des cris dans la cuisine, puis du silence enfin, et Feli, avec le rouge de la grande contrariété étalé sur la figure, a apporté le lait de framboise d'Anicia en nous disant :

– Je sais même pas si je l'ai assez sucré tant Théo me met la tête à l'envers !

– Raconte-nous un peu ça, a dit le docteur.

– Hé, c'est toujours pareil : il ne fait pas ce qu'il doit et, pour faire oublier la chose, il me raconte des mensonges. Je lui avais dit de me pêcher des rascasses. C'est le plaisir du

Maître d'en manger farcies aux herbes. Je lui recommande : « J'en veux deux et même trois ou quatre si tu peux », parce que je sais qu'avec les poissons on fait pas toujours ce qu'on voudrait. Il me répond : « C'est comme si elles étaient là, sur ton évier, à pousser leur dernier soupir. » Et il s'en va. Bon ! Mais vous les avez vues, vous, les rascasses ? Pas l'écaille d'une seule ! Monsieur avait fait encore Dieu sait quoi en ville au lieu d'aller à la pêche.

Le docteur riait en demandant :

– Et cette fois-ci, quelle excuse a-t-il trouvée ?

– Encore une histoire à dormir debout, docteur.

– Je vais aller lui parler. Ce n'est pas bon pour ta tension que ce brigand te mette en colère.

Alors là, miracle, on a entendu Anicia qui disait :

– Non, faites-le monter ici, j'aimerais bien l'entendre raconter ses histoires.

Ah ! il est malin, le docteur Garlande. Il n'a pas eu l'air étonné du tout de constater que sa malade acceptait quelqu'un d'autre dans sa chambre. Il a fait taire d'un signe Feli qui était si surprise qu'elle n'avait pas encore eu le temps d'ouvrir la bouche, et il a mis le doigt sur ses lèvres en me regardant pour me dire de me taire aussi.

Et le Théo, béret à la main, est arrivé. Il a fait les salutations d'usage et il a attendu, sans trop regarder dans la direction d'Anicia. Il est menteur, mais il a toujours des manières convenables.

Le docteur a demandé à Feli de parler d'abord et de nous raconter ce que lui avait dit son mari, calmement, en prenant son temps pour ne pas s'énerver :

– Il m'a dit, monsieur le docteur, qu'il avait dû aller acheter des hameçons en ville et que, là, il avait dû rester à écouter la dernière grande nouvelle dans tous ses détails parce que c'était quelque chose de si énorme que ça allait changer le monde. Et cette nouvelle, c'était qu'on venait de découvrir une pilule à jeter dans de l'eau de mer et qui la faisait douce et bonne à tous les usages !... Il m'a dit qu'il fallait les voir tous les Niçois qu'on rationne si souvent en leur disant que l'eau va manquer. Ils levaient tous le capéu en l'air de joie, ils criaient tellement qu'on se croyait en révolution… et qu'alors lui, Théo, il n'avait pas pu partir, de peur de ne pas tout savoir de cette invention for-mi-dable !… et il voulait que je le croie, monsieur le docteur, comme si une petite pilule allait faire disparaître tout le sel de la mer !

Là, Théo est intervenu :

– Je t'ai pas dit ça. J'ai pas dit qu'une seule pilule ce sera suffisant. Une pilule c'est pour une petite quantité. Pour la mer, il en faudra des sacs et des sacs de pilules. Écoutez, monsieur le docteur, pourquoi on croit toujours les autres et pas moi ?… Tenez, à commencer par ceux qui disent que la terre est ronde ? Comme si elle pouvait l'être, ronde, alors que c'est tout droit partout ! Oui, pourquoi on croit les autres et pas moi ?

– Parce que toi, Théo, tu mens beaucoup.

– Alors, vous la croyez pas, ma nouvelle de la pilule ?

Le docteur riait. Il était content de voir qu'Anicia riait aussi. Elle n'avait pas son bandeau sur le bleu si beau de ses yeux et, vrai, on aurait cru qu'elle nous voyait.

Et le Théo, voyant, lui, qu'il y avait – malgré sa Feli – de la bonne humeur dans la chambre avec sa fenêtre ouverte toute grande sur l'amandier qui nous fignolait ses amandes, nous a dit :

– Vous avez tort de ne pas me croire cette fois-ci. Parce que, si c'est pas encore vrai, la pilule, ça le sera un jour, c'est pas possible qu'on regarde toute cette eau de la mer qui sert à rien, sans imaginer quelque chose pour changer ça. En la faisant douce, cette eau, on serait les rois de la terre… Vous n'allez pas me dire que nous n'avons pas des problèmes d'eau ? Vous êtes bien obligés de reconnaître que, ça, c'est une grande vérité. Et le Maître, vous croyez qu'il serait pas content de pouvoir faire arroser plus ses champs de fleurs ? Et nos citernes, qui se dessèchent en attendant qu'il leur pleuve dessus, vous croyez qu'elles ne prendraient pas leur retraite avec plaisir si nous avions l'eau de la mer dessalée ?

Feli continuait à bouillir. J'ai toujours pensé qu'elle se sentait comme diminuée d'avoir un mari si fantaisiste, elle a dit en soupirant :

– Théodore, tu nous fatigues. À tant parler tu pompes l'air de Mlle Anicia. Va-t'en donc aider aux arrosages. Ils seront contents d'avoir deux mains de plus, ceux qui transpirent à donner à boire aux fleurs.

Mais le Théo, d'avoir eu l'honneur d'être reçu dans la chambre de notre petite, ça lui donnait de l'arrogance. Il a répondu :

– Tu veux que je te dise une vérité, une vraie, Feli ? Tu les sais, tes départements, mais tu ne sais pas ce que c'est le PROGRÈS. Tu ne réfléchis pas assez.

– Et toi trop !

– Oui, je ré-flé-chis. À être toujours sur l'eau de la mer, et à pêcher mes girelles, je me le dis souvent que j'aimerais être celui qui trouvera la pilule qui fera douce l'eau salée. Oui, j'aimerais être cet Illustre.

– Et qu'est-ce que tu fais pour ça ?

– Ah ! tu voudrais le savoir. Eh bien, je vais te le dire : je prie le Bon Dieu. Je Le prie de me la donner, l'idée. Parce qu'elle ne peut venir que de Lui, puisque c'est Lui qui l'a faite salée, l'eau de la mer, c'est Lui qui la fera douce.

Anicia riait toujours, d'un joli rire qui montrait des petites dents aussi blanches que les amandes de notre arbre enrobées, dans leur triple enveloppe, comme des bijoux précieux. Ça lui plairait, à notre Anicia, de caresser bientôt le doux velours vert de la première écorce de l'amande, et je lui décrirais la deuxième, toute dorée et piquetée comme un dé à coudre, tendre encore avant de devenir si dure avec le temps… Tiens ! ça me faisait penser que Feli avait dit que celle qu'elle appelait Mme Bec-Figue était aussi sèche qu'une vieille coque d'amande et avec le visage aussi troué. Elle disait même que si elle avait été à la place de sir Edwin, elle n'aurait pas aimé manger la cuisine d'une personne aussi desséchée. D'expérience, Feli sait que les bonnes cuisinières ont toujours une couche de graisse sous la peau, comme les vieilles poules qui donnent un savoureux bouillon bien gras.

Mais ce que je ne comprends pas, c'est que Feli ait laissé ce brigand de Théo raconter son histoire d'eau salée. Elle a donc déjà oublié qu'il pouvait dire n'importe quoi à n'importe qui ?

Quand Théo, poussé dehors par Feli, est parti avec elle, le docteur et Anicia se sont mis à parler ensemble. Je ne sais pas si j'ai tout compris de ce qu'ils disaient. Mais j'en ai une petite idée. Ils pensent que Théo n'est menteur que lorsqu'il le faut, mais qu'il aime surtout s'inventer et se raconter des histoires. Ils ont dit des noms comme Homère, et Ulysse, et bien d'autres dont je n'avais jamais entendu parler. Puis ils en sont arrivés aux départements de Feli. Ils pensent qu'à sa façon, elle aussi, elle tente de s'embellir la vie en rêvant de ces régions d'une France qu'elle ne parcourra jamais. Ils se sont étendus là-dessus. Et je me disais que les dames étrangères devaient être réveillées et pomponnées depuis longtemps et prêtes à recevoir leur docteur, quand, enfin il est parti.

C'est après qu'il a cueilli son beau chapeau sur notre vieux bambou et qu'il a pris sa voiture que le drame a éclaté.

Eh bien, à ça je ne m'attendais pas, Seigneur ! Quel aria !

Ça s'est déclenché parce que Anicia voulait des figues. Je m'en venais lui en cueillir sur Aldébaran. Et qu'est-ce que j'ai trouvé, assise à la place de Mirabelle, mais avec Mirabelle sur ses genoux ? Mon Auréline qui pleurait.

– Oh ! petite, qu'est-ce que c'est que ce chagrin ?

Ç'a été dur de la faire parler. D'abord parce qu'elle sanglotait et ensuite parce que, en fait, parler, elle n'y tenait pas. Elle pleurait sur un secret qu'elle ne voulait pas dire.

Et moi je lui répétais :

– Parle, ma douce, ça fait du bien de se vider le cœur.

Mais elle disait toujours « non » de sa tête que je lui caressais.

Et, comme je me disais, moi, qu'il fallait que je parle, que ça la calmerait peut-être, j'ai remarqué :

– Ils repoussent beaux tes cheveux, ma pitchoune.

Oh ! qu'est-ce que j'avais dit ! Elle a sauté de sa branche, à en faire sauter aussi Mirabelle qu'elle a rattrapée de justesse, en me hurlant :

– Et ils me servent à quoi ? Qui les remarque ? Il n'y a qu'Anicia qui compte. Tout est pour elle. Tout !

Ça, sûr, c'était de la jalousie. Et qu'est-ce que je devais faire ? Qu'est-ce que Marie-Estelle aurait su dire à sa fille pour jeter de l'eau sur ce feu ?

Il se trouva que je n'avais pas à dire mais à écouter. Parce que, maintenant, la petite parlait :

– Si tu ne t'es pas aperçue de ce que j'ai fait, Délaïde, je vais te le raconter : je suis montée, moi aussi, jusque chez Anicia. J'ai écouté derrière la porte. Alors, maintenant c'est dans la chambre de l'amandier que la vie de la maison se passe ? Et sans moi, et sans Aurèle non plus. Pourquoi elle ne nous veut pas notre cousine, si elle accepte Théo ? Je vais te le dire : parce qu'elle veut tout nous prendre ! Toi, Feli, Théo. Et aussi *mon* docteur. Une heure vingt ! Tu entends ? Une heure vingt, il est resté dans la chambre, il aime bavarder avec elle. Elle connaît les mêmes choses que lui, ils ont dû lire les mêmes livres et ça leur plaît d'en parler ensemble. Et nous, nous n'existons plus, c'est elle qui vit notre vie. Elle nous la prend... Et jusqu'à Mirabelle qui ne vient plus me tenir compagnie pendant que je travaille. Qu'est-ce que tu as à répondre à ça qui est vrai et terrible ?

– Écoute, petite, elle est blessée, aveugle. Et elle n'a plus que nous, elle a perdu sa mère...

– Et moi ? Et Aurèle ? Nous l'avons, nous, notre mère ? Tu crois que nous sommes heureux, avec un père dur comme du caillou et une maman exilée ? Tu crois que ça nous plaît de nous cacher pour aller l'embrasser et tu crois que ça nous plaît d'obéir et d'obéir toujours à notre père ? Personne, ici, ne nous a jamais demandé comment nous vivions cette situation. Ni comment nous sommes quand nous revenons du Mas des Violettes où nous avons laissée, toute seule, celle que nous aimons le plus... De quoi tu crois que nous parlons, Aurèle et moi, quand nous allons, le soir, marcher le long de la plage, ou que nous nettoyons ses pinceaux dans son atelier, ou que nous trions des bulbes pour gagner du temps sur la journée du lendemain et – peut-être – arriver à courir là-bas, vers elle ? Nous parlons de notre problème sans jamais y trouver de solution. La seule qu'il nous arrive d'envisager, pour nous consoler, c'est, d'une façon ou d'une autre, de quitter le domaine. Lui, Aurèle, attend sa majorité. Moi… si je me mariais.

– Mais pourquoi tu ne m'as jamais rien dit ? Je vous voyais si gais tous les deux.

– Bryan dit que la gaieté c'est une courtoisie envers les autres.

Je la regardais, ma petite, si mignonne malgré son nez rouge. Et ça me faisait plaisir que le voisin anglais lui dise de si jolies choses. Je suis sûre qu'il aime bien Auréline, ce Bryan. J'aurais voulu savoir ce qu'ils se racontent, lui, Aurèle et elle quand ils partent en pique-nique ou en cueillette de fleurs des champs. Mais ça, ce serait plus tard. Pour le moment, il fallait que je calme Auréline. S'il y avait la guerre entre elle et Anicia, ce serait pire qu'une tornade sur les champs de fleurs.

Je croyais ma petite un peu calmée. Mais ce n'était pas fini. Maintenant, elle en voulait au docteur qui lisait ses lettres à sa cousine.

– Il n'a qu'à lui en écrire. Pourquoi il se sert des miennes pour la distraire ?… Je peux te jurer que c'est fini, plus un mot de ma part. On ne m'y reprendra pas de sitôt à leur servir de distraction.

Qu'est-ce que je pouvais répondre à ça ?

Je me suis assise sous Aldébaran et j'ai beaucoup réfléchi. Si je demandais conseil à Anicia, je devrais lui dire le rôle qu'elle a dans cette affaire. Et ça ne serait pas bon pour elle, en ce moment. Mais si je ne lui parlais pas, c'était peut-être pire. Tout ça me contrariait tellement que j'en avais le cœur noir comme une olive.

Avant que nous nous endormions, j'avais quand même, d'un lit à l'autre, tout raconté à Anicia. Pourquoi je l'avais fait ? Allez savoir ! Mais oh ! que j'avais bien fait !

Elle m'a répondu :

– Ma chère Délaïde – elle s'adressait à moi, pour la

première fois, par mon prénom –, ma chère Délaïde, demain on m'enlève mon plâtre. Et demain je serai dans la grande cuisine avec vous, et on arrangera tout ça.

Elle croyait, la pauvre petite, qu'elle serait en état de descendre bien vite nous rejoindre en bas. Mais elle a juste pu faire quelques pas avant de nous tomber dans les bras à demi pâmée. Comme le docteur Garlande était là, il l'a énergiquement revigorée. Un quart d'heure après elle était assise dans un fauteuil devant la fenêtre ouverte sur l'amandier.

Et là, j'ai encore reconnu la gentillesse du docteur. Il a avancé le bras, saisi une amande mûre que je n'avais pas encore vue, et l'a mise dans la main d'Anicia en lui disant :

– Voilà ! À partir de maintenant, la vie va être aussi douce que cette coque verte que l'amandier vous offre en primeur.

Anicia s'est caressé la joue avec. Moi, j'aurais pleuré. Pas elle, qui est d'une force qu'on ne soupçonnerait pas en la voyant si fluette de nature et encore si blessée de partout, à commencer par le cœur. Parce qu'elle ne parle pas de sa mère, jamais, mais je jurerais qu'elle y pense tout le temps. Et même sans la voir, elle se tourne toujours, le soir, avant de s'endormir, vers la photographie de ses parents qui est sur sa table de nuit. Elle ne peut pas deviner que je l'ai surprise à prendre le cadre et à l'embrasser quand elle croit que je suis dans le cabinet de toilette à me préparer pour la nuit.

Il lui faudra encore attendre au moins deux ou trois jours avant de pouvoir descendre l'escalier. Alors, j'ai décidé d'aller parler à Marie-Estelle. Parce que Auréline n'a pas évolué. Elle est toujours en pleine jalousie.

Pamphile avait à livrer à Grasse, aux Établissements Garlande, une charrette entière de fleurs de réséda.

Il en parlait, de ce réséda, à n'en plus finir ! C'était exceptionnel qu'on en ait autant en cette saison. Et cet exceptionnel, c'était à lui qu'on le devait. Il nous cassait les oreilles, depuis huit jours, à nous corner que c'était sa méthode de culture qui donnerait plus de dix mille francs de récolte. Il nous expliquait – pour la vingtième fois ! – qu'il ne faisait jamais du réséda deux ans de suite en même terre, et qu'en plus il était sans cesse sur le dos des ouvriers à leur faire supprimer *tous* les rameaux défleuris pour que les nouveaux aient du plaisir à venir voir le soleil. Il rabâchait que son maître, M. Karr, appelait l'odeur du réséda de l'ambroisie, cette chose qui nourrissait les dieux, parce que c'était un parfum à vous régaler.

Et voilà que je me suis régalée de réséda moi aussi ! J'ai demandé ma journée au Conseiller et je suis montée dans la charrette avec Pamphile. Il me déposerait au Mas des Violettes en allant livrer ses fleurs chez les parfumeurs Garlande et me reprendrait au retour.

Il fallait que je voie Marie-Estelle et que je lui parle des enfants. Maintenant qu'ils allaient la visiter de leur côté, je la rencontrais beaucoup moins et je devais, d'urgence, lui exposer la situation compliquée causée par l'arrivée d'Anicia et cette tornade de jalousie d'Auréline.

J'ai voyagé avec l'ambroisie. Ah ! la bonne odeur. Et pour en avoir eu on en a eu ! Même les œufs durs du casse-croûte, quand nous avons fait un petit repos vers Saint-Paul, étaient assaisonnés au réséda. Et sûr que Mascotte en avait autant dans son avoine. Quant à Pamphile, comme je lui disais qu'on parfumait le chemin, il m'a dit que ce n'était pas seulement la route qui sentait bon son réséda, mais aussi les chemises de l'Anglais.

– Quel Anglais ? Sir Edwin ?

– Non, son fils.

– M. Bryan ?

– Tout juste. Il en a fait mettre dans des sachets, par son domestique, pour son armoire à linge. Nous lui avons proposé au valet de chambre, comme on dit, de la lavande. Il nous a répondu que la lavande c'était commun, et que son jeune maître préférait le réséda, c'est plus raffiné.

J'ai dit :

– C'est vrai, il est très raffiné, M. Bryan.

Pamphyle m'a regardée en riant. Souvent, il rit comme ça, pour rien. Il vieillit beaucoup. Mais c'est quand même le roi des jardiniers. On ne compte plus ceux qui ont essayé de nous le prendre. Il a toujours refusé d'aller ailleurs. Il dit qu'il ne quitte un maître qu'à sa mort, que le sien n'est pas près de trépasser, bien droit et bien vert qu'il est encore, et doit avoir, à Nice, beaucoup de satisfaction avec certaines de ces femmes qui le trouvent très plaisant.

Moi, les satisfactions du Conseiller, ça ne m'intéressait pas plus que les pierres du chemin. Celui que je trouvais plaisant – et qui devait en avoir aussi des satisfactions avec de belles dames de son pays et de chez nous –, c'était M. Bryan, qu'on appelait « honorable » et qui, un jour, serait lord, comme son père. À vrai dire, je montais au Mas des Violettes pour parler aussi de ce jeune homme à Marie-Estelle.

Comme je n'avais pas prévenu de mon arrivée, point de Marie-Estelle. J'ai dit à Pamphile :

– *Vaï*, je la trouverai bien.

– Et si vous ne la trouvez pas, vous ferez quoi ?

– Je l'attendrai. Elle reviendra, tôt ou tard.

Il est parti, pas très rassuré. C'est un brave homme, notre Pamphile. Il s'est éloigné en soupirant, dans le parfum de ses résédas jeté sur le chemin avec le bruit des sabots de Mascotte.

Et moi, je suis partie de mon côté visiter le mas, les oliviers, et ce qu'il restait de violettes en cette saison.

D'abord la maison.

Elle est petite, mais jolie tout plein. Poudrée d'ocre, comme la figure de celles qui se costument en gitanes pour le carnaval. Le soleil lui accrochait des bijoux d'or ici et là, et les belles tuiles rondes se prenaient leurs airs de protectrices qui sauront résister au mistral avec, par endroits, de bons gros galets pour montrer qu'on sait sa force et qu'on se méfie de lui.

Le dedans de la maison – parce qu'elle était ouverte comme tous nos chez-nous ici –, c'était Marie-Estelle à cent pour cent. Tout ce qu'elle aimait était là dans ce qu'elle appelle son désordre ordonné, sa spécialité. La gargoulette, qui aurait dû être à la cuisine, était sur sa table de toilette ! (Délaïde, j'aime me rincer les dents à l'eau fraîche.) Le broc de la table de toilette trônait sur une marche d'escalier, devant la porte d'entrée. (Ne me dis pas que ce broc, si joli avec ses fleurs roses peintes sur sa faïence n'est pas content de cette brassée de roses que je lui ai ajoutée, et ne me dis pas non plus que ceux qui arrivent chez moi ne sont pas heureux de voir ça.)

J'ai vu la gargoulette, j'ai vu le broc fleuri. Et ce que je viens de dire, c'était sûr que je l'entendrais dès que Marie-Estelle arriverait.

Les meubles, je les connaissais. C'étaient ceux de sa mère, qui les tenait d'une vieille tante, et on savait qu'ils étaient ce qu'il y avait de mieux, vu qu'il n'y a rien de plus beau, en France, que les commodes ou les bahuts de Provence.

Si j'ajoute qu'il y avait des rideaux blancs aux fenêtres, des volets bleus et, devant la cuisine, une ramade tapissée de vigne, on sait l'essentiel... Non, j'oubliais le néflier. Un vieux de la vieille, mais gaillard encore, et installé, en portier, au pied des trois marches de pierre de l'entrée.

Bien entendu, partout autour de la maison les champs d'oliviers qui devenaient comme une énorme couronne d'argent quand le vent se distrayait à retourner leurs feuilles.

J'ai découvert, sous la ramade, une table et des bancs. Et sur la table une autre gargoulette d'eau fraîche et un compotier de figues. Quoi qu'il arrive, j'étais pourvue. On ne meurt pas chez nous avec de l'eau et des figues.

Marie-Estelle est arrivée pendant que je mangeais ma quatrième figue en me répétant ce que j'allais lui dire. Ou plutôt, en le répétant à un chardonneret qui avait l'air d'être chez lui ici. Je lui ai donné une peau de figue en lui disant :

– Quand je parlerai de M. Bryan, tu vas m'entendre, là je serai à mon affaire.

C'était un petit malin ; il m'a fait souvenir du marié de Saint-Tropez. Mais je lui ai répondu que M. Bryan, le soir de ses noces, même en chemise de nuit – d'ailleurs, maintenant les hommes portaient des pyjamas – ne serait ni vilain ni méchant comme l'affreux cousin-aux-marrons, et Auréline le trouverait superbe. J'en étais donc là, avec le chardonneret, quand Marie-Estelle est apparue, le chapeau de paille flottant dans son dos, comme toujours, et le sourire de bienvenue sur les lèvres et dans les yeux, comme toujours aussi.

Ah ! quel contentement de la voir. Elle était déjà chez elle ici. Ce pays l'aimait. Le ciel se mettait de son plus beau bleu pour elle, les feuilles de vigne de la ramade lui faisaient une petite danse dans la musique de la brise, et jusqu'au chardonneret qui lui chantait une bienvenue.

Il y en a peut-être d'autres qui ont le don de vous adoucir l'atmosphère, mais je demande qu'on me dise où ils sont, parce que moi, je ne connais que Marie-Estelle pour agiter du bonheur dans l'air, comme on agite la clochette à l'élévation.

Bon ! Allez savoir pourquoi, quand on a longtemps répété ce qu'on voulait raconter, on commence par où il ne fallait pas !

Je m'étais recommandé de garder M. Bryan pour la fin et voilà que je m'entends claironner :

– Marie-Estelle, tu sais comment on appelle le fils du lord en Angleterre ? Un honorable. Qu'est-ce que tu dirais que ta fille devienne une Mme Honorable ? Ce serait bien de l'honneur que ça te ferait, non ?

– Qu'est-ce que tu veux dire par là, Délaïde ?

– Je te parle d'un mariage pour Auréline.

Ça me démangeait tant de pouvoir enfin raconter ce que j'avais vu, que je me suis jetée à l'eau tout habillée.

– Imagine-toi qu'il y a exactement six jours, je descendais à la plage, pour apporter une petite laine à ta fille qui ne pense jamais que la pneumonie guette dès que le soleil vous tourne le dos. Et, Dieu garde ! qu'est-ce que je vois, heureusement, d'un peu loin, et cachée que j'étais derrière les tamaris ? Je vois M. Bryan qui arrivait pour s'asseoir à côté d'elle et la prenait par les épaules pour la rapprocher de lui. Tu vois bien la chose ? Ce geste de grande tendresse, un geste honnête, sérieux. Tu comprends, comme moi, l'important de ça ?

Marie-Estelle est restée quelques instants silencieuse, puis elle m'a demandé de lui parler de nos voisins anglais.

Je lui ai tout dit. Le père, un seigneur. Sa fille Sarah, seize ans et fragile des poumons. Et le fils, Bryan, un si beau jeune homme qu'il pourrait faire du cinéma mieux que Rudolph Valentino. Plus distingué encore parce qu'il est un « honorable ». J'ai dit aussi le château, et son parc qui n'en finit plus, et les domestiques, au moins huit, avec un homme juste pour faire les rôtis ! – chose jamais vue ici – et une

Mme Bec-Figue, comme l'appelle Feli, qui cuisine le reste. On est là chez un prince, pas moins.

Marie-Estelle riait.

Elle ne me croyait pas ?

– Non, je ne crois pas que ce beau seigneur pense à épouser ma fille.

Et elle riait de plus belle. Moi pas du tout, j'étais contrariée.

– Et pourquoi il n'y penserait pas ?

– Délaïde, réfléchis un peu. Auréline est une petite paysanne… ou presque.

– Et alors ? Comme si on n'avait jamais vu de ces affections qui sautent par-dessus les obstacles ! Tu ne lis pas les journaux ? Tu n'as pas entendu parler de ce prince oriental qui a épousé une chocolatière de chez nous ? Et tous les romans que nous avons lus, aux temps du magasin de ta mère, pleins d'amours compliquées au départ, d'accord, mais qui s'arrangeaient toujours ?

– Délaïde, tu n'es pas venue jusqu'ici pour me parler de ces enfantillages ?

– Tu ne crois pas si bien dire, je suis ici pour te parler de *tes* enfants. Et te jurer que ce jeune Anglais roucoule avec Auréline sur la plage, et même peut-être ailleurs, où, je ne les ai pas vus. Et, crois-moi, ce n'est pas de la gaudriole, c'est du sentiment. C'est pas parce que je suis restée fille que je ne sais pas voir ce qui est sérieux et ce qui ne l'est pas.

– Tu as parlé avec Auréline ?

– Ça, c'est ce qui me contrarie. Elle me soutient qu'elle n'a jamais été seule à la plage avec M. Bryan. J'ai eu beau lui dire que je l'ai vue, avec lui, elle n'avoue pas… À la réflexion, ça me prouve encore plus que c'est sérieux, il a dû lui demander le secret.

Ça me faisait peine de voir que Marie-Estelle ne me croyait pas. Et puis j'ai compris : elle a tant souffert de son mariage qu'elle ne veut pas encore entendre parler de celui de sa fille. Alors j'ai exposé le problème Anicia-Auréline. Et elle m'a rassurée. Elle pense qu'Anicia saura arranger ça. Elle la connaît mieux que moi… paraît-il !

Lorsque Pamphile est venu me chercher, j'étais encore contrariée. Pourtant, je le savais, souvent Marie-Estelle et moi, autrefois, nous étions en désaccord. Et puis ça s'arrangeait quand elle me disait, en riant : « Au fond, c'est peut-être toi qui as raison. »

J'étais sûre qu'un jour elle me dirait que j'avais vu juste et que M. Bryan aimait notre Auréline. Pourtant je n'arrivais pas à chasser la contrariété de mon cœur. Et puis cette charrette vidée de son réséda si joyeusement odorant, je la trouvais triste, maintenant, comme moi.

Pamphile m'a parlé de ces MM. Garlande tout au long du chemin. Et ça n'arrangeait guère les choses. Guillaume Garlande n'avait pas épousé la belle Sorenza qui n'était, elle aussi, qu'une petite paysanne. Et pourtant, il l'adorait, c'est connu de tous même des roses et des jasmins.

C'est de me dire que je m'étais peut-être trompée qui m'a donné mal au cœur à devoir faire arrêter la voiture pour que je me remette l'estomac en place.

Quand j'ai retrouvé Anicia devant sa fenêtre ouverte, assise bien sage dans son fauteuil, à écouter Aurèle qui lui jouait de l'harmonica sous l'amandier, vrai, j'ai eu honte de moi face à cette petite orpheline, aveugle, défigurée, mais qui me souriait en confiance. Avec elle, je parlerai de M. Bryan et je suis sûre qu'elle sera de mon avis. Auréline a toutes les chances – j'en mettrais ma main à couper – de devenir un jour une « honorable ». Et Marie-Estelle retournera à Londres pour le mariage, elle sera heureuse d'y revoir les fleuristes par la même occasion… Mais le Conseiller ? Comment ça se passera avec lui, puisqu'il faudra bien qu'il assiste au mariage de sa fille ? Et quelle tête il fera en retrouvant Marie-Estelle ? Sûr qu'il ne se doute pas combien elle est plus belle encore qu'autrefois. Ça se rencontre donc des femmes que le chagrin embellit ? Il faudra que je demande à

Anicia ce qu'elle en pense quand Aurèle aura fini de lui jouer ses ritournelles… Tiens ! Et celui-là ? Pourquoi, un jour, il n'épouserait pas Anicia ? Elle a six ans de plus que lui ? Et alors ? Elle a aussi la moitié du Domaine des Demoiselles qui lui appartient. Et ça, ça compte plus qu'une petite différence d'âge.

Voilà que ma Mirabelle arrivait.

– D'où tu reviens encore, rouleuse ? Et combien de maris tu t'es déjà collectionnés ? Est-ce que tu te serais trouvé un « honorable » par hasard, un beau persan royal ? Il en vient sur la Côte, avec leurs maîtresses empanachées, alanguies dans des Hispano-Suiza jaune tournesol, alors pourquoi tu n'en aurais pas rencontré un, toi aussi ?

Anaïs Bertillon nous a sorti de son sac ce matin, dès son arrivée ici, avec ses ciseaux, ses aiguilles et ses fils, des nouvelles de Nice.

Voilà qu'on recommence à parler du docteur Garlande en ville. Ce ne serait plus la soprano italienne avec qui on le verrait, mais une Anglaise si jolie que les hommes qui la regardent passer n'en voient plus les réverbères plantés devant eux et se cognent dedans. Anaïs en a vu un comme ça qui s'est fait un œuf de pigeon sur le front, tant il lorgnait cette dame sans s'occuper des obstacles rencontrés en chemin.

J'ai dit que les hommes étaient fous, Anaïs a soupiré, Feli aussi – qu'est-ce que son Théo a encore dû inventer ? – et Auréline, qui se faisait rectifier un ourlet par la Bertillon, était devenue aussi blanche qu'un lis. Je me disais qu'il faudrait peut-être que je demande un fortifiant pour elle au docteur parce que, depuis quelque temps, elle avait vraiment mauvaise mine. Ces histoires de globules rouges, ça peut être sérieux. Je me souciais, quand la voilà qui vire au coquelicot et s'en prend à cette pauvre Anaïs en lui demandant d'où elle tenait ses potineries stupides qu'elle répandait partout, et qu'on n'a pas le droit de parler de ce qu'on a pas vu soi-même, etc.

Est-ce que, par hasard, M. Bryan s'occuperait lui aussi de jolies Anglaises ?

Ça devait être assez grave ce qui se passait dans la tête, et peut-être aussi dans le cœur de ma petite, pour qu'elle jette sa robe sur la table – presque à la figure d'Anaïs – et s'en aille en claquant la porte.

Il va falloir que je parle de ça avec Anicia. Je finis par me demander ce que nous ferions ici, si elle ne nous était pas arrivée, cette pauvre enfant toute blessée, mais si intelligente.

Deuxième partie

ANICIA

Tourettes-de-Vence

Tourettes, à dix-huit kilomètres de Grasse, par la route, à vingt-huit de Nice, est un bourg de 1 476 habitants, planté sur des rochers calcaires terminés en falaise et à cheval sur les torrents du Claret ou Cassan et du Pescaresse. Vu du viaduc du Cassan, le pays est très pittoresque et donne l'illusion d'un village algérien.

En tout semblable aux anciens bourgs fortifiés de la Côte, le vieux Tourettes a conservé partie de ses murs de défense et trois tours auxquelles il doit son nom.

Une assez vaste place avec maisons du XVIe siècle précède le pays du Nord. Dans le fond de la place, il y a, à droite, une vieille porte surmontée d'un clocheton avec horloge. C'est par une ruelle tortueuse et mal pavée qui débouche sous cette porte que l'on pénètre dans la vieille ville.

Guide touriste de Nice, *1920*

Dans les environs de Tourettes-de-Vence, on cultive beaucoup la violette qui est, de toutes les espèces destinées à la bouquetterie d'hiver et à l'exportation, la fleur la plus précieuse.

Plantée sur des carrés ou planches inclinées au sud, à une bonne exposition, elle fleurit abondamment de novembre à mars. On en expédie chaque hiver pour les pays du Nord des wagons entiers. Dans le Midi, les violettes subissent la fraîcheur des nuits et la chaleur du jour à travers le feuillage des orangers et des oliviers qui les dominent et les protègent.

La violette est vendue, pour le commerce de la fleur coupée 6 à 20 francs le kg. Dans les années froides le prix s'élève même à 40 francs le kg.

La violette Reine Victoria présente l'avantage d'avoir une grande corolle et un pédoncule long et fort. Elle est très recherchée pour la vente.

La violette de Parme à fleur double bleu tendre, blanc au centre, est très rustique. Ses fleurs coupées se conservent longtemps et sont employées pour les bouquets de gala.

E. Sauvaigo
Les Cultures du littoral méditerranéen, 1913

Elle me disait parfois : « Si tu savais comme notre vieille maison sentait bon ! »

Depuis sa mort, j'ai ce remords, insidieux, de l'avoir trop peu, ou trop distraitement écoutée. J'aurais dû m'asseoir à côté d'elle, lui demander de me parler de ce qui avait tant embelli son enfance au Domaine des Demoiselles.

M'arrivait-il, ces derniers temps, avant notre accident, de lui laisser évoquer pour moi ses souvenirs ? Presque jamais. Ma vie n'était qu'une course têtue au-devant de cette agrégation que je voulais à tout prix. Je l'ai eue, mais elle, ma mère, qui fut enfant et jeune fille ici, est partie sans que je l'aie incitée à évoquer ce qui mettait du rêve, ou parfois une larme, dans le bleu fané de ses yeux.

Il me faut chercher et retrouver la petite Catherine qui vivait dans cette grande maison dont en ce moment je descends l'escalier.

De cet escalier, il me semble me souvenir qu'elle avait raconté, il y a très longtemps, y être tombée. Elle avait, je crois, accroché sa semelle de chaussure à une déclivité entre le revêtement de tomettes et sa bordure en bois...

Nul danger que cela m'arrive, le docteur Garlande et Aurèle me soutiennent. Et Délaïde marche devant nous, en éclaireuse, prête à me faire un coussin de son corps dodu si je trébuche. Au fait, est-elle rondouillarde, Délaïde ? Je me l'imagine, parce qu'elle grignote, croque ou suce toute la journée, ne serait-ce qu'un cachou. Mais, le plus souvent, ce sont des figues, des olives, ou des jujubes. À croire qu'elle en emplit ses poches chaque matin.

Et eux ? ces deux hommes qui me soutiennent, comment sont-ils ? Je perçois leur très discrète odeur. À coup sûr, Aurèle a fait ses ablutions au savon de Marseille. Il se dégage de lui quelque chose de sain, de vigoureux. Le docteur utilise, lui, une eau de Cologne citronnée. Il y a, je ne sais trop pourquoi, du réconfortant, du rassurant dans ces deux parfums. Mais je ne les sens vraiment que si je me penche, à droite ou à gauche, vers l'un ou l'autre de mes protecteurs, tant l'haleine de la maison domine tout maintenant.

Ma mère a dû se réjouir, en dévalant jadis cet escalier, de l'arôme du café qui montait de la cuisine. Et elle savait, elle, à quoi attribuer ce que je ne peux définir et qui est, peut-être, un mélange de senteur de fleurs et… de daube qui mijote ?

De plus en plus réconfortante, rassurante – au fur et à mesure que je descends les marches –, cette chaleureuse et odorante exhalaison de la maison. J'y suis prise, intégrée, protégée. Merveilleux legs de ma mère que ma place ici.

– Et voilà ! dit joyeusement le docteur, nous y sommes !

Ils sont tous là, à me souhaiter la bienvenue.

J'entends, pour la première fois, parler Auréline. Vient-elle m'embrasser de son plein gré, ou poussée par son père ? Elle m'a donné un baiser sur chaque joue, même sur celle transpercée par ma grande cicatrice et qui ne doit pas être très appétissante.

À sa voix, je l'imagine solide. Elle sent discrètement, comme son frère, le savon de Marseille, ce qui m'étonne. Je l'aurais crue plus coquette. Je me penche pour lui prendre la main après qu'elle m'a embrassée. Je serre une main de travailleuse, un peu rêche, à la peau durcie par endroits. Auréline a dû trouver la mienne trop douce si elle n'a pas senti le durillon de mon doigt qui s'est frotté au porte-plume et au crayon pendant tant d'années.

C'est le Conseiller qui me mène à ma place pour y prendre le petit déjeuner. Douze pas pour y arriver, c'est donc une longue table. Le bois en est lisse et fleure la cire. Les voilà, toutes les bonnes odeurs de l'enfance et de la jeunesse de ma mère. Je respire à pleins poumons, sur un relent de fumée – le feu matinal a dû avoir du mal à prendre –, les senteurs de la daube du déjeuner – je ne m'étais pas trompée ! –, celles du café et de la fougassette chaude, mêlées au parfum de groseille des confitures faites hier.

Le docteur va petit déjeuner avec nous.

Il me faudra du temps avant de savoir comment nous sommes assis et qui est à côté de qui. Il me semble qu'Auréline n'est pas loin du docteur Garlande. Elle lui parle sans avoir à élever trop la voix. Il lui répond d'un ton neutre, presque indifférent, je me demande pourquoi. Le Conseiller m'empêche d'entendre ce qu'ils se disent tous deux, en m'affirmant qu'il est heureux que je sois enfin à la table familiale.

Feli et Théo me paraissent être admis à ce premier repas de la journée pris dans la cuisine, mais ils se taisent pendant que Délaïde pérore. Je n'ai pas vraiment écouté ce qu'elle vient de me dire, alors elle répète. Elle voudrait que je boive du café au lait, comme tous ici. Je n'ai pas la force de refuser, et elle bat des mains. Le Conseiller doit en être irrité. Va-t-il lui conseiller de se taire ? Non, il s'entretient avec le docteur de la durée de ma présence hors de ma chambre. On m'accorde la journée, mais avec une sieste de trois heures au moins dans une pièce du bas, ou mieux encore, dans le jardin, pour éviter la remontée de l'escalier. Puis j'aurai droit à un dîner léger dans mon lit et à une infusion de tilleul pour bien dormir là-dessus. Aurèle demande si je peux visiter la maison. Plus tard, répond le docteur qui se lève et vient prendre mon pouls. Mon poignet lâché, il s'assied auprès de moi et commence à me parler de la pièce où nous nous trouvons. Ce qu'il me dit me rappelle la description que m'en a faite Auréline dans l'une de ses lettres. C'est comme s'il se souvenait des mots qu'elle a employés et me les répétait. Où est Auréline ? Elle se tait pendant que chacun s'amuse à me faire remarquer ce qui, dans cette cuisine, le concerne ou a ses préférences.

Pamphile entre. Je comprends qu'il vient ainsi, le matin, « voir s'il reste une goutte de café ». Il dit à Feli :

– Voilà les estropiées. Il y en a beaucoup aujourd'hui.

On m'explique que ce qui ne peut convenir à la vente – tiges cassées, corolles déchiquetées, anomalies dans la croissance, finit ici.

– Ça ne les empêche pas, les pauvres, de sentir bon, dit Feli, qui ajoute, pour moi, qu'elle a toujours une petite jarre prête à accueillir ce que Pamphile lui apporte.

Le vieux jardinier était là du temps de ma mère. La goutte de café, l'arrivée des fleurs « estropiées », elle a dû les connaître, elle aussi.

Qui m'offre un œillet ?

C'est Aurèle, en me disant :

– Voilà un « enfant de Nice » du blanc le plus pur. Il est superbe, mais à queue trop courte pour la vente. Sens ce parfum poivré, c'est la note dominante ici. Dès que tu marcheras mieux, tu viendras te promener dans ce que notre voisin Bryan appelle la nursery où il y a des milliers d'« enfants de Nice ». Mais tu n'y resteras pas trop longtemps pour ne pas être incommodée par un excès de parfums. Bryan a failli s'évanouir à sa première promenade chez nous.

Il me tarde d'approcher ces jeunes Anglais qui paraissent tenir une assez grande place ici. Auréline a prononcé au moins quatre fois le nom de Sarah et il semble qu'Aurèle soit, lui aussi, très proche de Bryan. Ma brave Délaïde croit avoir bien caché l'un de ses plus chers désirs tout au fond de son cœur, mais je sais qu'elle rêve de voir Auréline épouser Bryan. Comme elle ne peut s'empêcher de bâtir des châteaux en Angleterre, il lui arrive, dans les moments les plus inopportuns, de lancer une remarque très inattendue sur la noblesse britannique, les fastes de Buckingham ou les trésors de la tour de Londres. Elle doit avoir, bien caché dans son coffret dit « de correspondance secrète » qui, jusqu'à ces derniers temps ne conservait que les lettres de Marie-Estelle, un guide de Londres.

– Pourquoi souris-tu ? m'a demandé Aurèle.

Parce que je me suis dit que le triste visage que je dois donner à voir, yeux bandés, et joue balafrée, gagnerait à offrir, au moins, des lèvres souriantes. Mais je réponds que je suis heureuse d'être enfin sortie de ma chambre, et chacun de renchérir et de me congratuler. Tous ici fleurissent dans la générosité, comme les roses et les œillets dans leurs champs... Devrais-je dire dans *nos* champs ? J'ai peine à croire qu'une partie de ce que je devine entourant cette maison, et cette maison elle-même, soit pour moitié à moi. Ma mère ne parlait que rarement d'un héritage possible. Les appointements de mon père, auxquels s'ajoutait ce que mon oncle envoyait chaque année, lorsque les comptes du domaine étaient arrêtés, nous suffisaient.

Ma vie de Paris me semble bien loin. J'ai le sentiment d'en commencer une nouvelle ici, dans cette maison qui sent si bon.

Avant de partir, le docteur Garlande a suggéré, puisque le temps est au beau, que j'aille respirer, au plus près, l'air iodé de cette mer que je n'ai encore jamais vue. La verrai-je un jour ?

À l'instant même où le docteur a parlé, Aurèle est allé dénicher un fauteuil transatlantique que l'on m'a décrit peint en rouge et écaillé par endroits, mais très confortable. Il l'a installé sur la plage, à l'ombre des tamaris. On m'y a allongée et emmitouflée dans une couverture, puis laissée seule pour que je puisse me reposer, dormir même. On viendra me chercher dans une heure, peut-être deux si on voit que je somnole. Mais on m'a laissé une clochette – presqu'une cloche – à agiter en cas de besoin.

– Et ne vous souciez pas, m'a dit Feli, l'année où les petits avaient la coqueluche et faisaient leur sieste là, par temps calme comme aujourd'hui, je les entendais m'appeler de ma cuisine.

La guerre, la mort de mon père, puis la fin de mes études, m'ont empêchée de venir dans le Midi y rechercher les traces des « cendres d'or » latines et de la « poussière de diamant » grecque. Une fois – la seule peut-être, j'en ai peur –, j'ai interrogé ma mère, curieuse de sa réponse :

– Tu étais consciente et heureuse de vivre dans ce berceau de notre civilisation ?

Elle m'a seulement dit, le regard perdu au loin :

– Je savais que c'était le plus beau pays du monde... et que j'y étais.

Et elle va y être encore. Je vais la garder là, avec moi, en moi. Et je m'entends lui dire :

– Petite Catherine, nous y sommes ensemble sur cette plage où tu as dû courir, autrefois...

J'ai parlé à voix haute et une autre voix me fait sursauter :

– Je ne voudrais pas être indiscret, mademoiselle... aussi dois-je vous avertir que je suis là et que...

Je ris et achève :

– Et que vous m'entendez parler toute seule ?

Il me répond d'un petit « yes » assez timide.

Bon ! ce doit être le jeune Anglais.

Il m'explique qu'il se baigne, pour la seconde fois de la journée, toujours à cette heure-ci où personne du Domaine des Demoiselles ne descend sur la plage.

Je lui dis en être ravie parce qu'il va pouvoir me parler de la mer que je n'ai jamais vue.

Il sait qui je suis, puisque ma demande ne l'étonne pas. Et il débute, comme s'il se jetait à l'eau qu'il va me décrire, par un joyeux :

– Vous devez d'abord savoir que c'est fabuleux d'être là devant elle. Je connais beaucoup de mers, mais celle-là est la plus fascinante.

– Pourquoi ?

– Oh ! parce qu'elle est la *mère* Méditerranée, la mère de notre civilisation…

Je n'ai aucune envie qu'il enchaîne et me parle de Neptune, d'Amphitrite ou des Néréides. Ce que je veux c'est savoir de quelle couleur est cette mer en ce moment ou je respire sa poussière d'eau.

Mais mon jeune homme est dans ses réminiscences historiques. Il doit vouloir m'impressionner par sa culture. Il dit :

– Elle est à la fois superbe et terrifiante. Autrefois, sur les navires, on faisait une prière tous les soirs pour implorer sa clémence.

– Elle est calme et douce, en ce moment, je ne l'entends pas. De quelle couleur sont-ils, ce calme et cette douceur, dites-le moi ?

Alors, complaisant, il me parle de l'écume du blanc le plus pur qui vient mourir sur le sable, du soleil qui, de l'eau peu profonde, fait une nappe turquoise transparente. Puis, il en arrive à la grande étendue bleue, si grande, à perte de vue, sereine à cet instant, mais peut-être coléreuse dans l'heure qui viendra… Il ajoute, en riant tout à coup :

– Savez-vous pourquoi il y a peu de fleurs bleues, ici comme ailleurs, à l'exception de quelques-unes que l'on compte sur les doigts ? Parce que le ciel et la mer ont le monopole presque entier de ce coloris-là. C'est Aurèle qui m'a dit ça, et je pense qu'il a raison. Aurèle sera un très bon peintre, peut-être même un grand. Avez-vous vu son dernier tableau ?

Confus d'avoir oublié ma cécité, il se lance – après s'être excusé en anglais tant il est perturbé par sa gaffe – dans la description de mouettes aussi blanches que les voiles de petits bateaux que l'absence de vent immobilise, là-bas au loin, me précise-t-il.

Puis, brusquement, il me quitte. Il doit rejoindre sa jeune sœur parce que c'est l'heure de son goûter. Elle ne boit pas son lait s'il n'est pas auprès d'elle à la distraire. Et il faut absolument qu'elle le prenne, comme son verre de sang, le matin, encore plus difficile à lui faire avaler. Heureusement, depuis quelque temps, notre Felippa a donné l'idée de faire griller la viande avant d'en extraire le jus et de l'aromatiser aux herbes de Provence, ce qui le rend plus goûteux.

Et il part, me laissant tenter de deviner à quoi il ressemble. J'imagine un grand garçon qui doit encore rougir quand il est ému. Je jurerais qu'il s'est écarlaté, comme dit Délaïde, quand il a oublié que j'étais aveugle.

Lui parti, je me sens seule. Cette voix enjouée, l'accent anglais doublé d'un peu d'accent provençal – c'est ici que Bryan a appris le français – et, tout compte fait, une présence agréable, me manquent presque.

Je voudrais rentrer. J'agite la petite cloche.

C'est Théo qui arrive en courant.

– Théo, dites-moi comment est la mer.

– Elle s'amuse, mademoiselle Anicia ! Elle rit de toutes ses petites vagues que le vent qui se réveillle commence à lui soulever en la chatouillant.

Théo a raison : il fallait remercier M. Plumard, parce que rien n'est meilleur que mon lit aux draps frais retrouvé avec joie.

Délaïde devait m'attendre avec impatience. Elle me demande :

– Alors ?

– Alors, quoi, Délaïde ?

– Mais Auréline ? Qu'est-ce qu'elle vous a dit et qu'est-ce que vous lui avez répondu ?

– Rien. Parce qu'elle ne m'a rien dit. Nous n'avons pas pu nous parler. Trop de monde nous entourait.

– Vous le ferez demain ?

J'ai promis.

Je remets chaque soir mon bandeau de toile sur mes yeux. Délaïde ne paraît pas avoir encore deviné que c'est pour pleurer à mon aise et sans qu'on le sache. La brave créature est persuadée que je parviens à dominer mon chagrin grâce à une grande force de caractère !

Ce bandeau, le docteur m'a permis de l'échanger contre des lunettes noires. Mais je n'y tiens pas. J'ai eu ce matin, en m'habillant, l'idée de le remplacer par un petit foulard de mousseline replié en une espèce de ruban. Posé sur mes yeux et noué derrière la tête, de même couleur et même tissu que ma robe, la chose devait être sans doute surprenante, mais ne devait pas manquer d'originalité. Qu'en ont pensé ceux qui étaient autour de cette table ? Seul le docteur m'a dit : « C'est amusant. » Et lorsque Aurèle m'a donné ce bel œillet blanc et que je l'ai piqué dans mon bandeau de soie, près de l'oreille, était-ce amusant aussi ? Comment m'ont-ils vue, ceux qui se pressaient autour de moi ? Inutile de le demander à Délaïde, elle se répandra en compliments stériles…

J'aimerais dire à toutes les femmes : « Profitez du plaisir que vous prenez à vous regarder dans un miroir, profitez-en afin que si, un jour… »

Avant de m'endormir, je me suis relevée pour aller jusqu'à l'amandier. Après quelques tâtonnements, j'ai enfin atteint une amande à fraîche coque de velours. Et je me suis endormie en la tenant, dure et douce à la fois, serrée dans ma main. La petite Catherine qui devint ma mère, en a-t-elle fait autant, un soir, elle aussi ?

Premier bonheur de ma journée, sentir le parfum de l'œillet blanc donné par Aurèle. Je l'avais mis près de la photo de mes parents, sur ma table de nuit. Pour le respirer mieux, j'ai cueilli l'« enfant de Nice » dans son verre, et je l'ai admiré… avec mes mains.

De cette multitude de pétales froissés, échancrés et cisaillés sur leurs bords, je me souviens bien. Mais pas de la forme du calice d'où ils s'évasent. Comme on regarde mal quand on croit que l'on verra toujours.

Je marchais, avec ma canne, vers les champs de fleurs, guidée par les bouffées de parfums qui en arrivaient. Je profitais de ce que Délaïde s'occupait du menu avec Feli, quand celle-ci, m'apercevant, m'a dépêché son Théo pour prendre soin de moi, en cas de besoin.

Il y avait quelque chose de symbolique, hier, dans ma première descente de l'escalier de la maison des Demoiselles. J'ai eu l'impression de plonger dans un univers à la fois sombre et chaleureux. Ce pays, que je sais si coloré et si épanoui au soleil, serait totalement noir pour moi si chacun ne me l'éclairait par sa gentillesse attentive et sa faconde divertissante.

Théo était muet, par extraordinaire, et je le sentais

nerveux. Il s'arrêta et me proposa un brin de repos sur un banc de pierre.

– Asseyez-vous là, mademoiselle Anicia, C'était ici que les demoiselles anglaises se mettaient pour regarder la mer. M. Bryan me l'a dit, et aussi que c'est un banc qui daterait du temps des vieux Romains. Vous y serez bien pour que je vous parle d'un souci que j'ai. Voilà la chose. Quand j'ai fait une bonne pêche et que Mlle Délaïde ou Feli en ont assez du poisson, si par hasard le Bon Dieu m'a envoyé une pièce de choix, un mérou ou un loup dignes d'être servis à ces Illustres qui nous arrivent l'hiver et maintenant l'été aussi, je vais voir deux ou trois chefs de grands hôtels qui me connaissent, et je leur passe l'oiseau rare. Mais, Dieu garde ! Feli ne le sait pas. Si elle l'apprenait, ça la ferait descendre chaque matin au bateau et compter jusqu'à la plus petite girelle. Et alors, adieu mes petitous de profits pour faire ma manille ou boire mon picon-grenadine, parce que le Bon Dieu veut qu'il me manque toujours dix-neuf sous pour en faire vingt... Tout ça, pour vous expliquer que je ne peux pas lui dire pourquoi j'étais à l'hôtel Excelsior ce matin, ni lui dire non plus que j'y ai vu Auréline.

– Qu'y faisait-elle ?

– Hé, voilà l'histoire ! Je sais qu'elle aussi était là sans la permission du Maître, comme moi sans la permission de Feli. Elle, elle n'apportait pas un loup de deux kilos trois cent cinquante grammes aux cuisines, mais des paniers pleins de fleurs pour les salons. Si vous voulez mon avis, elle doit faire ces grands bouquets qu'on aperçoit par les fenêtres, quand on passe devant ces hôtels de luxe, et qui montent aussi haut que les lumières qui descendent des plafonds.

– Comment savez-vous qu'elle n'avait pas la permission de son père ?

– Parce qu'elle l'a demandée – je l'ai entendue – mais qu'il l'a refusée. Et avec lui, c'est grave quand on désobéit, ça je vous le dis. Dieu sait ce qui va se passer quand il apprendra la chose. Il faut prévenir la petite pour qu'elle arrête ses fantaisies.

– Théo, c'est bien vrai ça, vous avez vu Auréline à l'hôtel Excelsior ?

– Comme je vous vois, là, sur votre vieux banc avec votre jolie robe blanche. Je suis resté à la regarder, sans qu'elle me voie, elle. Et même, elle a parlé au docteur Garlande qui avait dû venir soigner une cliente de l'hôtel. Et même encore, je peux vous dire qu'elle lui a mis une rose rose à sa boutonnière, au docteur. Peut-être pour le remercier de ne pas dire au Maître qu'il l'avait rencontrée là où elle ne devait pas être.

– Pourquoi pensez-vous qu'Auréline fleurisse les salons de l'hôtel sans l'accord de son père ?

– Hé, sans doute pour se faire des sous, comme moi. Pour quoi d'autre ?

Peut-être par amour des fleurs ? Après tout, elle était issue d'une lignée de fleuristes, la jeune Auréline.

Mais ils allaient bien, tous ! Délaïde voulant que j'établisse de bons rapports avec ma cousine qui me fuyait, Théo attendant de moi une mystérieuse intervention résolvant ce qui tracassait sa conscience sans menacer ses revenus secrets, de moi qui ne savais même pas si, pour regagner la maison, je devais tourner à droite ou à gauche !

Et qu'allait me demander Feli qui arrivait en annonçant le verre de quinquina qu'il me fallait boire en milieu de matinée ? Elle disait à son Théo :

– Va-t'en donc me surveiller mes petits farcis, que je m'asseye un peu sur ce banc, au frais.

Et elle attaquait aussitôt :

– Mademoiselle Anicia, si vous pouviez voir, vous auriez déjà tout compris, alors je me suis dit qu'il fallait que je voie pour vous. Et qu'est-ce que j'ai vu ? C'est simple, c'est toujours pareil : elle s'arrange pour faire semblant de travailler dans les roseraies à l'heure de son arrivée ici. Elle guette sa voiture et, comme par hasard, se trouve juste sur son chemin quand il l'arrête, à l'ombre du caroubier, et s'en va vers la maison. Alors, elle lui dit bonjour et lui fait son bout de causette. Ce qu'elle dit, bien sûr, je ne peux jamais l'entendre, mais elle l'accompagne encore un peu, puis le regarde, par la petite fenêtre de côté, mettre son chapeau au portemanteau. Et elle reste là des minutes entières sans bouger. Puis elle s'en retourne, aussi triste que le jour où son chien Loulou s'est fait écraser sur la route. Elle baisse tellement la tête, en s'en allant, qu'on se demanderait si elle cherche quelque chose de perdu sur le chemin... Alors, vous en dites quoi, de ça ?

– Vous parlez d'Auréline et du docteur Garlande ?

– Hé, de qui d'autre vous croyez ? Je voulais vous dire tout ça, qui mène droit à cette jalousie que la petite a de vous. C'est pas pour autre chose qu'elle vous en veut, seulement parce que le docteur s'occupe trop de votre santé et que, peut-être, il vous apprécie plus qu'elle.

– Il me soigne, c'est tout.

– Vous savez, quand mon Théodore, avant qu'on soit des promis, offrait des rascasses à la Marinette – une que vous pourrez pas voir parce qu'elle est partie à Paris en service auprès d'une hivernante –, il avait beau me dire que c'était façon de remercier pour le lessivage de ses chemises, j'étais jalouse quand même.

J'espérais la venue de Bryan pendant ma sieste sous les tamaris, dans la stridence des cigales et un discret clapotis de la mer, c'est Délaïde qui est arrivée avec une couverture pour s'asseoir sur le sable à mes côtés.

Que ce soit Théo, Feli ou Délaïde, tous trois ont une façon d'aller droit à ce qu'ils veulent dire sans perdre de temps en d'inutiles tergiversations. Délaïde a donc foncé elle aussi :

– Anicia, vous allez m'expliquer ce que vous pensez de ce mensonge d'Auréline : je l'ai vue sur la plage, serrée contre M. Bryan, sa tête sur son épaule. *Je l'ai vue !* Et elle me soutient que ce n'est pas vrai. Vous en dites quoi, de ça ?

Rien. J'étais assez perplexe.

– Vous êtes sûre, Délaïde, de l'avoir vue ?

– Comme je vous vois sur votre chaise longue rouge avec votre couverture blanche et cette rose rose qu'Aurèle vous a donnée tout à l'heure et que vous avez mise à votre bandeau des yeux... J'étais à peine à dix ou quinze mètres de leurs dos. Et ils étaient si charmants, épaule contre épaule, tête contre tête... Ah ! oui, je les ai bien vus. Alors pourquoi la petite me dit que ce n'est pas vrai ?

Oui, pourquoi, si elle était amoureuse de Sylvère Garlande, Auréline flirtait-elle avec Bryan ?

Quoi qu'il en soit, j'allais, pour tenter de nous rapprocher l'une de l'autre, donner suite à l'idée qui m'était venue en écoutant Feli me parler d'elle et du docteur. Après, on verrait.

Huit jours d'attente avant de pouvoir agir. Délaïde bouillait d'impatience. Auréline nous opposait de soi-disant impératifs horticoles. Elle devait diviser des rhizomes d'iris, ou répandre de la bouillie bordelaise sur certains Enfants de Nice, ou encore choisir les racines de muguet les mieux conformées pour préparer leur mise en pots.

Enfin elle est arrivée, un matin très tôt – espérant sans doute que je dormais encore –, décidée à me réveiller en m'annonçant qu'elle n'avait qu'une demi-heure à me consacrer. Elle s'était munie de papier et d'un stylo et me le dit, ajoutant :

– Je t'écoute. Elle sera longue, cette lettre que tu veux que j'écrive pour toi ?

– Pas très. Mais indispensable.

– Tu me donnes d'abord l'adresse ?

– M. Armand Duval, 325, boulevard de Vaugirard, Paris, septième arrondissement.

Dieu sait pourquoi ce prénom d'Armand m'était venu à l'esprit ? Et dans son sillage le nom de Duval m'a échappé ! Catastrophe, si elle avait lu *La Dame aux camélias.*

Je restai quelques secondes en attente. Non. Par chance,

elle ignorait le nom de l'amant de Marguerite Gautier, je pouvais y aller.

Et j'ai dicté. J'avais à faire savoir à cet homme, que j'aimais et qui m'aimait, qu'il était inutile qu'il espère jamais épouser une infirme. Que ce fût par amour ou par pitié.

C'était une lettre d'une inflexible détermination. Très tendre aussi, mais je refusais de dire où j'étais et n'écrirais à nouveau que le jour où je saurais ce qu'il adviendrait de mes yeux. Quand ? Personne n'en savait rien. Aussi devais-je relever de son engagement envers moi celui que j'aimerais toujours, du fond de ma nuit, si Dieu décidait de m'y laisser.

Pendant que je dictais, j'ai entendu Auréline pousser par deux fois une exclamation teintée de surprise et peut-être aussi d'apitoiement.

Je lui ai demandé de me relire ce qu'elle avait écrit. Elle a dû s'éclaircir la voix avant de commencer et j'ai su qu'elle avait pleuré. Sur moi ? Sur cet homme qu'elle ne connaissait pas ? Ou – ce que j'espérais – de soulagement, puisqu'elle savait désormais que j'avais le cœur pris par un certain Armand Duval et donc fermé à tout autre homme... dont Sylvère Garlande.

Une petite voix timide interrogea :

– Tu es sûre que tu ne le regretteras pas ?

– Je le regrette déjà. Mais je devais le faire.

– Et si tu récupères ta vue, tu crois qu'il sera encore là, à t'attendre ?

– C'est un risque à prendre.

– Pourtant, quand on a la chance que celui qu'on aime vous aime aussi...

Elle s'est tue un moment, puis m'a demandé si, pour moi, aimer, c'était d'abord penser à l'autre ?

Comme je ne répondais que par un signe de tête, elle s'est levée et m'a embrassée. Pour la première fois – je l'ai senti –, dans un élan sincère.

– Et ça s'est fait comment ? m'a dit Délaïde, ravie.

– Oh ! nous avons parlé de choses et d'autres et nous nous comprenons mieux maintenant.

– Alors, ça va aller ?

– Ça va déjà très bien !

Je n'ai aucun remords pour avoir dicté cette fausse lettre à ma petite cousine puisque ça a tout arrangé. Je sentais même que, dans le sillage de l'affabulateur maison, j'inventerais, s'il le fallait une suite à cette romance avec l'homme dont j'étais censée garder précieusement l'amour fidèle au fond de mon cœur.

Étais-je très sotte de me donner tant de mal pour une petite coquette qui flirtait avec un jeune Anglais, tout en étant folle amoureuse d'un autre ? Au fond de moi, pourtant, je sentais qu'elle aimait son docteur. Peut-être tentait-elle, en s'occupant un peu trop de Bryan, d'attirer l'attention du beau Garlande qui paraissait ignorant de cette passion. Auréline n'était pour lui, semblait-il, qu'une petite fille. Si elle avait décidé de décorer, avec ses bouquets, les pièces de réception de quelques grands hôtels, il y avait beaucoup à parier que c'était dans l'espoir de le rencontrer lorsqu'il allait de palace en palace, soigner de belles dames étrangères. Et je craignais, comme Théo, que le Conseiller n'apprenne la désobéissance de sa fille. Mais comment, du fond de ma nuit, pouvais-je agir ? Et quels magiques pouvoirs m'accordaient-ils tous ici ?

Feli m'a attribué mon coin, officiellement, dans la cuisine. Je suis installée non loin de la jarre de grès à olives. Elle a déplacé la jatte de lait de Mirabelle qui se trouvait là, pour que je ne bute pas dessus, et posé tout à côté le coussin où la chatte vient ronronner – quand elle n'est pas perchée sur Aldébaran – afin qu'elle me tienne compagnie.

J'ai ainsi, près d'une fenêtre pour entendre chanter les oiseaux et les cigales, un confortable fauteuil et ce que Feli appelle une « travailleuse », sorte de petite table à compartiments multiples pour y ranger ce dont je pourrais avoir besoin au cours de la journée. Chacun y a déposé un cadeau. Délaïde une boîte de cachous et un bâton de réglisse, Auréline un flacon d'eau de Cologne, Feli d'eau de mélisse et Aurèle un uniflore où trempe une rose qui embaume. Bryan, qui me paraît être au courant de tout ce qui se passe ici, est arrivé ce matin avec des aiguilles à tricoter en jade. En me les offrant, il s'est emberlificoté dans des explications tendant à me faire comprendre que sa grand-mère – à qui avait appartenu ce jeu précieux – s'en servait encore à la fin de sa vie alors qu'elle n'y voyait plus.

Auréline guidera mes débuts dans le tricotage et m'assure que ce sera très bon pour moi d'avoir les mains occupées. Elle ira dès demain m'acheter de la laine en ville. Elle m'a proposé aussi de me faire la lecture des livres dont j'aurai envie.

Délaïde l'écoutait, en poussant de petites exclamations joyeuses.

Mon oncle, lui, s'est contenté de m'annoncer qu'il avait à me parler. Je dois aller le retrouver dans son bureau aujourd'hui. Il me fixait l'heure de notre rendez-vous, quand Théo est accouru m'apporter son présent lui aussi – en s'excusant « du peu ». C'est un morceau de porcelaine cassée, usé en forme de cœur par la mer et ramené un jour dans son filet.

– Sûr qu'elle a mis des temps et des temps à faire ça, mademoiselle Anicia, elle est patiente, notre Méditerranée.

Comme je remerciais, en suivant de la main le doux contour affiné par l'eau et le sable de ce mystérieux petit objet, mon oncle s'est penché vers moi pour le regarder. Il m'a dit que c'était le centre d'une assiette de Chine dite « Famille Rose », du XVIIIe siècle. Le dessin et la couleur des fleurs, carminées encore par endroits et par miracle, étaient, d'après lui très caractéristiques de cette époque et de cette facture.

Je ne suis pas encore habituée, lorsque me surprennent ou me déconcertent ceux qui me parlent, à ne pas lever mes yeux vers eux, croyant encore que je vais lire sur leur visage la réponse à ce qui m'intrigue dans ce qu'ils viennent de me dire. Ne pas rencontrer le regard des autres me coûte peut-être plus que de ne pas voir la couleur des fleurs ou celle du ciel.

Étonnant personnage que le Maître du domaine. Le voilà, aujourd'hui, qui s'intéresse aux objets anciens, aux porcelaines chinoises ! Avec qui parle-t-il de ces choses ? Pas souvent ici j'imagine. Peut-être avec les relations féminines que Feli lui suppose à Nice, Cannes ou Monte-Carlo ?

J'aimerais bavarder avec lui et tenter de découvrir ce qu'il dissimule si jalousement. Mais il s'y prête peu.

Entrevue avec le Conseiller.

Je sentais le parfum d'une ou de plusieurs roses qui devaient tremper dans un vase, sur le bureau.

Comme le fauteuil, où mon oncle me faisait asseoir, était très près de cette longue table, je pouvais avancer la main et caresser les fleurs. J'entendis :

– Roses de Nice, dites aussi Safrano ; elles sont jaune saumoné parce que encore en bouton. Elles deviendront plus pâles en s'épanouissant, presque blanches même.

– Elles sentent bon. Ce sont vos préférées ?

– Je n'ai ni roses ni fleurs préférées, j'en fais pousser et j'en vends, c'est tout. Celles-ci ont été cultivées ici depuis 1856.

– Avant que Nice soit française ? Je croyais que c'était nous qui avions introduit la culture florale à Nice.

– Nous l'avons intensifiée, industrialisée et commercialisée. Mais les roses étaient déjà appréciées de tous et partout, tu sais. Ne me dis pas que tu as oublié ton Virgile ou ton Théophraste.

Un point pour lui ! Il était plus cultivé que je ne le supposais, l'oncle, mais je n'aimais pas son ton grinçant.

Il continuait :

– Si nous restons dans la rose de Nice, je peux te dire qu'ici même nous en expédions, de décembre à avril, environ deux cents douzaines par jour et que notre roseraie de quatre hectares nous rapporte, bon an mal an, dans les quarante mille francs. Nous faisons aussi de la rose d'élite qui se vend de deux à dix francs la douzaine, selon la variété. Avant-guerre, elle atteignait à peine six à sept francs, mais nous nous spécialisons de plus en plus et nous intensifions la culture sous abri en verre, ce qui nous a contraints à d'assez grosses mises de fonds.

Il m'a parlé longtemps. Il fallait que je sache comment évoluait l'exploitation qui m'appartenait de moitié.

Le ton était assez sec, mais ce que j'entendais était clair et précis. Et tout d'abord je devais aussi savoir que l'on comptait sur la Côte d'Azur, en cette année 1923, près de trois cents hectares de cultures florales dont notre famille possédait presque le dixième. Cultures qui se divisaient en deux grands groupes : les hivernales, ou exploitation des fleurs coupées à exporter dans toute l'Europe, plus la consommation, considérable ici même, au moment des fêtes du carnaval. Et les estivales, dont la production était, d'une part, réservée à la parfumerie et, de l'autre, à l'obtention des graines.

J'ai appris qu'il se cultivait ici surtout des roses et des œillets, mais aussi des narcisses, jacinthes, muguets, résédas et giroflées, sur une moins grande échelle toutefois. L'avenir obligerait à limiter davantage la diversité des cultures pour un meilleur profit. J'ai su encore que je n'aurais nul besoin de reprendre mes cours de grec et de latin, si je n'y tenais pas, les revenus qui me seront servis me permettront de vivre sans souci. Je pourrai même, dès que ma vue me sera rendue, avoir une existence agréable si cette reprise de l'après-guerre s'affirmait. Le Domaine des Demoiselles envisageait sérieusement de concurrencer les Établissements du Parc des Roses, les plus importants producteurs de Nice, d'atteindre comme eux cinq à six cents douzaines de roses à expédier chaque jour dans le monde entier.

Et le Conseiller a terminé en beauté :

Comme la rose est la fleur des fleurs,
Ici sera la Maison parmi les maisons.

C'était là, me dit-il, la traduction assez approximative d'une inscription latine lue au fronton de la maison du chapitre de la cathédrale d'York.

De plus en plus inattendu, le Conseiller ! Il parcourait donc l'Angleterre le nez levé vers les épigraphes des monuments. Quoi qu'il en soit, je n'aimais pas sa manière, toujours aussi sèche, de me dire tout ça. Alors, après un petit silence, j'ai demandé :

– Et les freesias, en cultivez-vous ? Ce sont mes fleurs préférées, j'adore leur parfum. Parlez-m'en.

Autre silence. Puis :

– Je n'ai rien à en dire. Si ce n'est qu'ils sont originaires du cap de Bonne-Espérance.

– Je croyais qu'ils étaient de première importance dans le commerce des fleurs destinées à la bouquetterie ?

– C'est vrai. Mais il y a longtemps que j'ai cessé d'en faire.

J'aurais voulu pouvoir lire dans son regard s'il était mécontent contre moi, ému ou rêveur... À moins qu'il ne se souvienne même plus combien Marie-Estelle et lui les avaient aimés, ces freesias.

Lorsque tous étaient à leurs travaux et moi dans mon fauteuil de la cuisine, il me restait quand même une présence amie.

C'était le rideau de perles de bois de la porte laissée toujours ouverte sur l'arrière du jardin. Il faudrait le froid de l'hiver ou un coup de mistral pour qu'on la ferme. Aussi, pendant la journée et durant dix mois de l'année, seuls ces fils de perles montés sur une tringle nous séparaient de l'extérieur.

Je les avais touchées, tâtées, comptées, ces perles de bois. Il y en avait de longues comme des haricots verts, de grosses rondes pareilles à des arbouses, des ovales en forme d'olive, des petites, un peu biscornues, de la taille d'un pois chiche.

De chaque ligne de perles – comptant plus de cent pièces diverses – je savais dire la composition sans me tromper jamais.

Et j'avais tenté de le dessiner, mon rideau. Ma main et mon crayon valaient-ils quelque chose sans mes yeux ? Interrogés, Aurèle et Bryan, qui avaient vu récemment au casino municipal, une exposition de peintres cubistes, m'avaient certifié, en riant, que mon dessin y aurait eu sa place.

Mais c'était la musique que jouait dans les perles un courant d'air léger ou fort, qui me tenait compagnie. Et j'attendais le brusque accord de plusieurs de ces petits morceaux de bois entrechoqués signalant une arrivée. Je parvenais, assez souvent, à reconnaître, à sa façon d'ouvrir le rideau, qui entrait avant même qu'il ait parlé.

Ce matin, il s'est écarté d'une façon qui ne me disait rien. Qui était-ce ?

Une voix très douce m'a dit :

– Bonjour, je ne dérange pas ?

Il y avait une chaise, non loin de moi, « pour vos visiteuses », m'avait dit Feli, supposant, sans doute, que seules des femmes viendraient me voir. Et la première m'arrivait en me disant, avec un rire très gai :

– Comme vous êtes jeune ! Moi je suis une vieille, vous savez. Voilà plus de cinquante ans que je travaille ici. Songez, j'en avais quinze quand M. Desroches m'a engagée ! Et il y en a vingt que M. Martial – c'est comme ça que nous l'appelions du temps de son père et ça nous est resté – m'a mise à la direction des emballages. Je ne pourrais pas compter les millions de fleurs que j'ai préparées à leur voyage, ça me casserait la tête. Et ce matin, je me suis dit, après avoir mis mes femmes à leur besogne, que peut-être vous aimeriez que je vous raconte que j'ai connu votre maman. Ah ! c'en était une qui ne laissait pas ses mains dans ses poches ! Elle venait me voir dès qu'elle avait un moment et me disait : « Je peux aider, mademoiselle Célestine ? » Il faut que je vous dise que j'ai été mariée, mais qu'on a continué à m'appeler comme ça. Et maintenant que mon pauvre mari n'est plus, je suis toujours Mlle Célestine.

J'ai entendu avec émotion parler de ma mère jusqu'à ce que Feli arrive « mettre son déjeuner en train ». Et ma visiteuse s'est enfuie. Notre Felippa paraît la terroriser quelque peu. Elle m'a laissé la rose apportée pour « me tenir compagnie », et après avoir dit avant de se sauver :

– C'est une Perle des Jardins. D'un beau jaune paille. La plus belle du lot et on pourrait dire la reine des Perles des Jardins. Il y en a, comme ça, qui nous arrivent, on ne saura jamais pourquoi, avec plus de grande beauté encore que les plus belles. Ce doit être leur destinée, comme pour nous. Moi, je suis toute petite et pas bien jolie – elle riait –, mais ça n'empêche pas de travailler au mieux, n'est-ce pas ?

Et le rideau de perles de bois s'est refermé sur ma nouvelle amie.

La maison avait un son tout différent depuis deux jours. Le Conseiller était en Hollande. Et même Feli, qui était pourtant « à s'user les genoux à ses pieds », comme disait Délaïde, chantait plus fort devant ses fourneaux depuis son départ. Et, pour qu'il soit bien établi que ce n'était pas l'absence de son maître qui la faisait plus joyeuse, elle se hâtait de dire : « Vu qu'il est vice-président de la Société d'horticulture de Nice, il ne pouvait pas y avoir un congrès international sans lui. Parce que faire des œillets et des roses plus beaux qu'au Domaine des Demoiselles, on sait bien que c'est pas possible. » Et elle interpellait Pamphile s'attardant à siroter sa petite goutte de café :

– Vous, redites-leur, à tous ici, qui a inventé l'œillet Mme Desroches – en souvenir de la mère du Maître –, si beau de sa couleur abricot et si parfumé qu'on se croirait au paradis ? Qui, si ce n'est pas notre vice-président ?

Et Pamphile s'exécutait :

– Pour être vrai, c'est vrai. Et pas seulement l'œillet Mme Desroches, mais aussi la rose Grand Opéra qui a tant de succès qu'on n'arrive pas à en fournir assez aux pays étrangers qui pleurent pour en avoir.

Sans que je le lui demande, il a ajouté :

– Ah ! mademoiselle Anicia, vous l'aimerez celle-là, quand vous pourrez la voir. Elle est couleur cerise avec le cœur pareil à une aurore. Et comme elle est très grande, très pleine, et supporte les voyages, on l'expédiait partout, même en Russie autrefois où elle arrivait fraîche comme une rose, c'est le cas de le dire.

Il riait, le vieux Pamphile, d'un gros rire touffu de choses que je ne pouvais pas encore bien déterminer. Un mélange de candeur et d'ironie, de bonne grosse simplicité et de ruse. L'homme, devait être petit et trapu, avec des yeux vifs et malins.

Je ne tenais pas à ce qu'on me décrive trop ces habitants du Domaine, j'aimais me les représenter d'après leur voix et leur comportement. Et, si un jour j'avais le bonheur de voir à nouveau, je rirais sans doute à les découvrir bien différents de ce que j'avais imaginé.

Feli n'était pas la seule à paraître plus joyeuse parce que le Conseiller allait donner aux horticulteurs du monde entier son avis sur l'avenir des fleurs coupées. Délaïde, de son côté, se sentait pousser des ailes. Jusqu'à son pas qui n'était plus le même. Elle qui s'efforçait toujours de marcher lentement, avec – croyait-elle peut-être ! – une certaine majesté, je l'entendais courir dans la maison comme une petite fille. Elle déplaçait beaucoup d'air. Et aussi des objets, ici et là. Elle savait qu'on lui conseillerait, très vite, de les remettre à leur place habituelle, mais se grisait de glisser la jardinière sur pied, en faïence de Vallauris, du coin droit de la cheminée à son coin gauche. Je suivais ses mouvements qu'elle me décrivait, me décrivant aussi l'objet déplacé avec une voix ensoleillée de satisfaction. Elle s'offrait des petites revanches.

Auréline, bien que l'emploi du temps très précis laissé par son père ne lui en donnât guère la possibilité, trouvait le moyen d'aller faire ses bouquets à l'hôtel Excelsior ou au Riviera Palace. Elle avait passé un accord avec son frère. Il prendrait en charge, deux fois par semaine, une partie de son travail et, en échange, elle le remplacerait le dimanche matin où, de six heures à neuf heures il devait surveiller la coupe des fleurs. Cela lui permettrait de partir plus tôt avec Bryan pour leurs expéditions botaniques dans les champs.

Comme elle revenait un jour, fatiguée, et surtout – sa voix le laissait percevoir – très déçue de son travail de fleuriste dans les salons des hôtels, j'attaquais :

– Tu t'es éreintée à faire tes grands bouquets pour rien ? *Il* n'est pas venu voir ses patients ?

Nous étions seules sur le banc des vieux Romains. Elle a éclaté en sanglots et s'est jetée dans les bras que je lui tendais grands ouverts.

Dès qu'elle a cessé de pleurer, j'ai entendu :

– Je l'aime, tu comprends, Anicia. Je l'aime tellement... Mais il a tant de femmes qui se l'arrachent ! Elles sont toutes sur lui comme des arapèdes sur nos rochers... Et il est peut-être heureux d'être un roi au milieu d'elles... Tu en as de la chance, toi, que ton Armand t'adore.

Elle a parlé longtemps. J'ai su que « ça lui était arrivé, un matin, comme ça, brusquement », pendant que le docteur écrivait une ordonnance pour Aurèle qui souffrait d'une inflammation des lèvres et des paupières.

– Je ne sais pas à quoi mon frère avait dû penser, en cueillant les anémones, pour ne pas se souvenir du jet qui jaillit des pédoncules quand on les tord, et qui est un poison. Le docteur lui disait : « En voilà un fichu horticulteur !... Si elles te voyaient, en ce moment, tes admiratrices, rouge comme une langouste dans son court-bouillon ! » Et il riait, le docteur, il riait... Alors, il m'a semblé, tout à coup, que je le voyais rire pour la première fois. Et même, que je le voyais pour la première fois... autrement. Plus comme notre médecin qui nous connaissait depuis notre enfance, Aurèle et moi, mais comme un inconnu que j'aurais rencontré sur la Promenade des Anglais, beau, élégant. Le cœur m'a manqué. J'étais devenue aussi écarlate que mon frère. Je suis partie en courant me cacher sous Aldébaran qui, à m'entendre, ne devait pas savoir si je riais ou pleurais. Je ne le savais pas non plus. Mais, que ce soit l'un ou l'autre, c'était de bonheur. Tu comprends, c'était merveilleux de découvrir que j'étais amoureuse... et de lui, de *lui*, Anicia !

Une légère musique de mes perles de bois en prélude et la voix claire de Mlle Célestine dans un joyeux bonjour :

– Et comment vous allez, par ce beau matin, mademoiselle Anicia ? Que je vous dise qu'en quittant mon hangar aux emballages je suis passée devant nos tubéreuses. Quand vous pourrez les voir, celles-là, je parie que vous les trouverez bien fières, tout orgueilleuses qu'elles sont sur leur tige d'au moins un mètre à dresser dessus leurs jolies têtes. Elles se croient, c'est sûr. Mais, à mon avis, elles le peuvent, elles sentent si bon... notez qu'on pourrait dire qu'elles exagèrent un brin. Vous voyez où je veux en venir ? Elles sont comme des femmes qui se verseraient un flacon entier de parfum sur elles. Figurez-vous qu'un jour, au restaurant, nous étions à côté d'une comme ça, et mon pauvre défunt, qui n'avait pas l'habitude d'être dans l'odeur des fleurs pendant dix heures par jour, en a eu le cœur retourné... Pour en revenir aux tubéreuses, quand je suis passée près d'elles, on commençait seulement à les cueillir parce qu'il faut les couper de onze heures du matin à trois ou quatre heures de l'après-midi, au fur et à mesure qu'elles se mettent dans leur plus beau. Mme Marie-Estelle, du temps que nous l'avions ici, disait qu'elles voulaient mourir en pleine gloire dans le soleil et pas au petit matin, comme beaucoup d'autres. Parce que je l'ai connue, elle aussi, Mme Marie-Estelle. Ah ! qu'elle était plaisante ! Nous disions tous que c'était la plus belle de nos fleurs. Il en était fou perdu amoureux, M. Martial. Et qu'ils étaient magnifiques à voir ensemble ! Eh ! il est bel homme, et ils faisaient un couple à se tordre le cou pour les regarder passer. Ça nous a fait bien du chagrin quand elle est partie. Parce que, pour tout vous avouer, on le savait qu'elle s'était enfuie, comme ça, un matin.

« Voyez-vous, j'ai toujours dit qu'elle, si sensible, avait perdu, tout d'un coup, sa sensibilité. Elle qui aimait tant ses enfants, ce domaine et, peut-être aussi son mari, ce matin-là, elle ne devait plus rien ressentir de cet amour. C'était comme une maladie qui l'aurait prise et qui lui aurait enlevé ses sentiments. Ça peut se voir, des choses pareilles, vous savez. Et j'ai toujours pensé que, lorsque sa sensibilité lui reviendrait, elle regretterait d'être partie. Mais alors, c'est l'orgueil qui a dû la prendre. Et ça, c'est le pire. C'est leur orgueil qui les a empêchés de se pardonner l'un l'autre... Quelle peine nous avions, ici ! Surtout de le voir, lui, tellement changé. À croire que ce n'était plus le même homme. Il devenait dur comme la pierre et, des fois, c'était terrible, il était comme fou... Figurez-vous que notre belle récolte de freesias de cette année-là du malheur, un matin, on l'a trouvée piétinée, écrasée, morte. Et M. Martial a dit à Pamphile, qui pleurait de ce désastre, qu'on ne ferait plus jamais de ces fleurs-là.

J'aurais voulu en entendre plus encore. Mais Feli arrivait et Célestine me laissait avec ma rose de compagnie du jour, une France qu'elle m'avait dit être rose argenté avec un centre liliacé, et qui embaumait.

Ulysse, notre facteur – que je m'imaginais long sec et placide –, s'était régalé d'un verre d'eau fraîche. Il n'aimait ni le vin ni la bière qui nuisaient à ses performances vélocipédiques et il sortait maintenant de sa sacoche, en faisant durer le plaisir – le sien ! – cinq cartes postales.

Le Conseiller nous avait écrit !

Personne n'en revenait. J'entendais que ni de San Remo

où il avait une participation dans des cultures de primeurs qu'il visitait de temps à autre, ni de Paris où l'on avançait qu'il serait allé à l'Opéra, ni de Londres, ni de Vienne, il n'avait jamais envoyé une ligne. Et voilà qu'il nous en déversait en pluie ! *À gourgouleta*[1], disait Délaïde.

Ulysse – que l'on savait friand de correspondances privées – se permit un petit sifflement et un commentaire :

– Tout ce qu'on voudra, mais nos roses et nos œillets sont plus beaux que leurs tulipes.

Il s'agissait, en effet, de tulipes. Chacune des cartes nous en offrait une variété différente accompagnée d'une anecdote adaptée à chacun de nous.

À Aurèle, le comptable du domaine :

... Pendant la période de tulipomanie, dont la Hollande fut le théâtre au XVIIe siècle, on échangea un précieux bulbe de tulipe contre 36 sacs de blé, 12 de riz, 4 bœufs bien gras, 12 moutons, 8 porcs, 2 fûts de vin, 4 de bière, 2 kg de beurre salé, 2 autres de fromage, plus une tasse d'argent...

À Auréline :

... Le mot tulipe vient du turc « dublend » qui veut dire turban. Cette fleur, en plein épanouissement de forme et de couleur, lui ressemble beaucoup. Lorsque l'on t'a coupé les cheveux, après ton typhus, nous aurions dû penser à te faire une jolie petite tête de tulipe bien enturbannée.

À Feli :

... Une cuisinière, ici, a fait perdre cent mille florins à son maître en utilisant comme oignons pour la soupe quatre bulbes de tulipes très rares. Rassure-toi, cela ne t'arrivera pas. Cette affaire se passait en 1697. De nos jours, on aurait ces quatre bulbes pour un franc. De toute façon, je ne cultive pas de tulipes.

À moi, il disait :

... C'est Carolus Clusius d'Artois qui fut le premier botaniste à décrire la tulipe dans son Rariorum aliquot stirpium. *Et c'est lui*

1. À flots.

*qui en fut l'initiateur en Hollande. Il s'était procuré les bulbes à Constantinople**.

Quant à Délaïde, elle fut informée que le Conseiller prolongeait son séjour d'une semaine pour aller visiter le plus beau jardin de tulipes du monde, à Keukenhof, aux Pays-Bas.

Elle ignora superbement – ou ne vit pas l'allusion – que la tulipe illustrant sa carte postale s'appelait « Perroquet » et fut ravie d'être celle que l'on reconnaissait, officiellement, comme responsable de la marche de la maison.

Et cette maison, toujours dans une atmosphère de vacances, bascula tout à coup dans la catastrophe : Mirabelle avait disparu !

Ses fugues duraient, en général, entre deux à trois jours, jamais plus. Et l'on en était au sixième. « Sûr, il lui est arrivé malheur », disait Feli.

Tous aimaient bien ce petit animal et son absence attristait. Mais ce qui nous projetait dans le drame c'était l'idée, à la fois absurde et touchante, que Délaïde s'était mise en tête : elle mourrait en même temps que sa chatte bien-aimée. Prédiction qu'elle nous rappelait à tout propos, sans que l'on sache quels présages ou intuitions la nourissaient.

– Ça va être terrible, nous annonça Théo.

– Elle est capable de nous faire une crise cardiaque et d'en mourir, complétait Feli.

Aurèle, Auréline et moi étions partagés entre l'envie de rire et l'inquiétude. Délaïde nous apparut alors indispensable, irremplaçable. Nous l'aimions, il fallait qu'elle nous reste. Et si cela encore nous le disions entre moquerie et sérieux, nous le disions et le pensions vraiment. Dès lors, que faire quand elle s'apercevrait que sa Mirabelle n'était ni sur la plus basse branche d'Aldébaran, ni sur son coussin de la cuisine, ni arpentant avec majesté les allées du jardin ? On décida de gagner du temps. Chacun de nous, à tour de rôle, dirait l'avoir aperçue ici ou là.

---

* D'après Peter Coats : Les Fleurs dans l'histoire.

Le trait de génie, ce fut Théo qui l'eut : il versa du lait dans la soucoupe destinée à la chatte, en annonçant qu'il lui faudrait le faire tous les jours, puis la vider aux heures des repas de Mirabelle et la remplir à nouveau. Et tout cela, très ostensiblement, lorsque Délaïde serait là, à voir la chose.

Nous vivions, désormais, dans le sillage de l'illustre Théodore. Il organisait ce qui allait être le plus long et le plus superbe de ses mensonges. Avec quel aplomb, lorsque Délaïde s'inquiétait de ne pas avoir aperçu la petite bête, il lançait :

– Mais, mademoiselle Délaïde, elle était là, dans la cuisine, devant le foyer, il y a seulement cinq minutes ! Vous savez comme elle aime la chaleur dès la fin de l'automne... Regardez sa soucoupe, elle vient juste de la vider, et elle est partie digérer.

Délaïde, rassurée, souriait en disant :

– Quelle rouleuse ! Je parie qu'elle est encore à roucouler avec l'horrible vieux chat noir de la cuisinière anglaise.

– Non, disait Théodore, je l'ai vue hier avec un beau petit gris très jeune et qui a les plus belles moustaches des Alpes-Maritimes. Un peu métèque, peut-être, vous voyez ce que je veux dire, moitié faux persan, moitié chat de gouttière, mais pimpant quand même.

Et ce n'était pas tout. Théo voyait plus loin, il cherchait une remplaçante à Mirabelle. Parce qu'il arriverait un jour où Délaïde « ne marcherait plus ». Mais, disait-il, comme, pour le moment, « elle courait », il pensait avoir le temps de trouver une autre beauté rousse aux yeux verts. Il allait pour cela jusqu'à Nice, au quartier du Paillon où erraient quantité d'abandonnés faméliques. Il en revenait assez déconfit, nous disant, avec une note admirative dans la voix, que la bien-aimée de Mlle Délaïde devait être exceptionnelle et n'avait peut-être pas de sœur. Je le soupçonnais de ne pas être mécontent de devoir prolonger ses quotidiennes inventions, prolongeant, elles, la vie de Mirabelle. Il atteignit au faîte de sa gloire le jour où Délaïde, cherchant sa chatte une fois de plus, il s'exclama :

– Mais elle est là ! Dans le gros géranium… Là, près du bassin, à guetter un oiseau… Regardez bien, elle se cache de l'oiseau mais on voit sa tête… Vous la voyez ?

Et on entendit :

– Ah ! oui, je la vois !

Infortunée Délaïde. Plutôt que d'avouer avoir besoin de lunettes, elle avait préféré mentir.

Ce soir-là, il paraît que Feli dut écouter son Théodore lui faire un cours en deux parties. La première sur l'utilité des mensonges, la seconde sur leur quantité incalculable. L'univers entier n'était qu'une mer les charriant quotidiennement. Tout le monde mentait !

– Même Mlle Délaïde, tu l'as vu comme moi.

Et la soucoupe de lait était pleine chaque jour, puis vide, puis pleine à nouveau. Mais on ne gâchait pas, me précisait Feli, on ajoutait le lait de la chatte à la pâtée du chien qui montait la garde à l'entrée du domaine.

J'avais dit, un matin, pendant que j'entendais Feli qui, après l'avoir secoué, tapotait le coussin de Mirabelle pour faire croire qu'elle y avait dormi :

– C'est gentil ce que Théo et vous faites pour Délaïde.

– Dans le malheur, mademoiselle Anicia, on s'entraide. Mais quand tout va bien, on peut se chamailler, pas vrai ? Aussi, ça ne m'empêchera pas de lui dire, puisqu'elle ne le sait pas, qu'elle est dans le malheur, vu qu'on fait tout pour ça, qu'elle n'a pas le droit de déplacer la jardinière, ni les fauteuils… et jusqu'à la pendule qu'elle s'est permis de mettre sur la commode alors que sa place a toujours été sur la cheminée. J'ai décidé que c'est aujourd'hui que je la secoue un peu là-dessus en lui disant qu'elle n'est, après tout, qu'une domestique comme moi. Parce que le Maître doit retrouver sa maison comme il l'a laissée, et dans deux jours il sera ici. Ne me dites pas que je n'ai pas raison.

Je ne l'ai pas dit. J'ai seulement abordé la question de la

présence de Délaïde au pique-nique prévu pour le lendemain au Mas des Violettes. Il serait préférable – à mon avis – de l'y emmener. Désœuvrée, en notre absence elle risquait de réfléchir un peu trop et de s'apercevoir que, depuis dix jours, malgré nos affirmations, elle n'avait vu, elle, ni la queue ni les moustaches de sa Mirabelle.

Feli a pesé le pour et le contre pour finir par admettre, magnanime, que j'avais raison.

Ce pique-nique, c'étaient Bryan et le docteur Garlande qui en avaient eu l'idée.

Je devais subir un examen à Cannes où résidait, en ce moment, un célèbre ophtalmologiste. Le rendez-vous était pour le lundi. Afin de m'éviter d'y trop penser, on allait me distraire pendant la journée du dimanche.

Malheureusement, nous n'avions pas que le problème Mirabelle. Nous découvrions Auréline et Sarah jalouses de la grande amitié de Bryan et d'Aurèle.

Le jeune Anglais était chez nous tous les soirs. Il paraissait apprécier, lui aussi, l'absence du Conseiller. Et, à propos de ce pique-nique, j'avais entendu Auréline parler d'un ton assez aigre à son frère :

– Pourquoi as-tu dit notre secret à Bryan ? Il n'avait pas besoin d'être au courant de la présence de maman au Mas des Violettes.

– Je lui en ai parlé parce qu'il est mon meilleur ami.

– Je n'ai rien dit à ma meilleure amie, moi.

– Ça prouve que tu as jugé qu'elle ne méritait pas de tout savoir de toi.

– Et Bryan le mérite, lui ?

– Bryan va m'aider à devenir un vrai peintre dès que je serai majeur et quitterai le domaine. Il est pour moi un ami comme je n'en aurai jamais d'autres. Irremplaçable.

– Qu'est-ce que tu en sais ?

– Je le sais, cela me suffit.

Que fallait-il penser de tout ça ? Auréline était-elle jalouse de Bryan ou d'Aurèle ?

Elles commençaient à me paraître bien compliquées les amitiés, affections et amours de mes cousins et de leurs voisins.

Quant à Sarah, ne finissant un rhume que pour en commencer un autre, elle était empêchée de nous rejoindre dans notre cuisine où nous dînions depuis le départ du Conseiller, tous autour de la grande table, Théo et Feli compris. Et c'étaient là des repas pleins de gaieté dont Bryan avait peut-être tort de trop parler à sa sœur.

Quoi qu'il en soit, ciel, mer et humeurs étaient sereins lorsque Bryan et le docteur vinrent nous chercher.

Notre ami anglais avait emprunté la Rolls-Royce de sir Edwin, sa petite décapotable ne pouvant contenir que deux personnes. Et Sylvère Garlande conduisait sa vieille Peugeot qui, disait-il, toussait plus encore que ses patients les plus bronchiteux. Ce fut pourtant cette dernière qu'Auréline préféra, à la belle automobile anglaise qui avait une place pour elle. Elle prétexta la surveillance des paniers de pique-nique, qui étaient à la garde du docteur tant on craignait des débordements d'huile d'olive dans la limousine de sir Edwin. Sylvère Garlande eut beau décrire l'inconfort de sa « carriole », Auréline s'entêta. Il capitula. Mais de mauvaise grâce, me sembla-t-il.

Délaïde considérait sans doute qu'il lui fallait se rendre utile. On lui avait fait l'amitié de l'inviter à cette belle promenade dans un carrosse comme en avaient les souverains d'Angleterre, elle se devait de payer son écot en s'occupant de moi à temps complet. Je ne voyais pas ? Elle allait tout me décrire ! Villes et villages, paysages, végétation, et souvenirs que tout cela faisait affluer à son cœur, défilèrent sans qu'elle prît le temps de souffler. J'ai eu droit, entre autres, à un dithyrambe sur le caroubier. Son père lui avait toujours dit qu'il était l'un des plus beaux arbres du littoral et si accommodant, si complaisant, qu'il vivrait heureux parmi les pierres et la caillasse. Ce brave homme ajoutait même – et Délaïde s'en attendrissait – que le caroubier avait le bon caractère de sa femme toujours contente et gaie comme lui. Et il fallait que je sache aussi ce qu'un ouvrier kabyle lui avait raconté : avec les caroubes, on faisait chez lui un plat national en les pulvérisant et en y ajoutant de la semoule, de la farine de petits pois et de l'huile d'olive, ça s'appelait le *tomina*. Ce même Djilali, un homme qui savait de quoi il parlait, lui avait certifié – ce qui était à peine croyable – qu'en Kabylie il y avait plus de caroubiers qu'ici, et même plus de cerisiers !

À voir mon air résigné, Aurèle dut me prendre en pitié et, dès lors, lui et Bryan entonnèrent un répertoire de chansons qui paraissait leur être familier. C'était peut-être celui qu'ils avaient mis au point pendant leurs quêtes botaniques dans les champs, le dimanche. Quand ils cessèrent de s'égosiller, ce fut, d'un commun accord, pour accélérer la vitesse de la voiture. Géniale idée, Délaïde ne nous gratifia plus que de petits cris affolés.

En revanche, j'appréciai la description qu'elle me fit de Marie-Estelle joyeusement surprise par notre arrivée :

– Elle nous attendait si peu qu'elle est en train d'écosser des haricots secs, assise sous sa ramade. Jésus ! qu'elle s'habille drôlement depuis qu'elle habite son mas ! En vraie paysanne. Et pieds nus aujourd'hui encore. Dieu garde ! ses longs cheveux, si tu voyais le chignon qu'elle en fait à la va-comme-je-te-pousse ! Oh ! voilà qu'on a fait fuir son chardonneret ! Tu sais, elle avait toujours rêvé d'apprivoiser des oiseaux et elle l'a fait. Rien ne lui résiste. Je te l'ai dit, c'est une résolue.

Le docteur et Auréline arrivèrent un quart d'heure plus tard.

Sylvère Garlande nous fit savoir qu'il venait de se résoudre à s'offrir une voiture neuve, Marie-Estelle s'extasiait à découvrir le contenu des paniers de victuailles de Feli. Tous, autour de moi étaient gais, enthousiastes. Et je respirais un air léger, joyeux et parfumé par le bigaradier sous lequel on m'avait installé un fauteuil de bambou, pendant qu'on dressait la table sous la ramade. En élevant le bras je pouvais toucher une branche de l'arbre, et un fruit qui y pendait encore.

– Vous en coupez l'écorce en lanières, vous les faites sécher, et vous nous les envoyez, chez nous, pour nos puddings, me dit Bryan venu me rejoindre.

Il me sembla qu'il n'avait pas sa voix habituelle. Il eut aussi un petit rire que je trouvai triste, pour me dire qu'il n'était pas sûr que j'aimerais les puddings de Noël, surtout si on me prévenait qu'ils contenaient de la graisse de bœuf.

Ce n'était certes pas mon plus ou moins de goût pour ses puddings qui pouvait l'attrister, ce garçon, il avait une contrariété. Laquelle ? Et pourquoi n'était-il pas avec les autres, là-bas, sous la ramade, riant et plaisantant à découvrir les monceaux de victuailles que Feli avait entassés dans ses grands paniers ?

Et pourquoi aussi, de cet homme que je n'avais jamais *vu*, qui n'était pour moi qu'une voix, je cherchai soudain la main et, la trouvant, la serrai ?

– Bryan, quelque chose ne va pas ?

Il ne me répondit pas. Délaïde venait nous chercher, annonçant, en fanfare, que Feli nous avait fait la surprise de sa dernière et sublime invention, une bouillabaisse en gelée.

Il n'y avait pas que la bouillabaisse, il y avait, offert par Théo et digne des cuisines des palaces de Nice, un loup accompagné de cette sauce verte qui ne contenait pas moins de treize herbes de Provence dont nous ne saurions jamais tous les noms, c'était un secret que Feli avait juré, à ceux qui le lui avaient révélé de ne jamais dévoiler.

Mais nous ne nous régalions pas dans l'atmosphère si détendue de la cuisine du domaine. Et je me demandais pourquoi.

Sylvère Garlande, qui dut ressentir, lui aussi, ce rien de contrainte qui planait au-dessus de nos têtes, mit la conversation sur les violettes. Il y en avait un gros bouquet au centre de la table. Comme je croyais qu'elles ne poussaient qu'en hiver et jusqu'au printemps, ce fut Marie-Estelle qui me dit que celles-ci, dites des « quatre saisons », étaient fort accommodantes et vivaient aussi bien à l'ombre qu'au soleil, au froid comme au chaud.

J'y étais ! C'était Marie-Estelle qui jetait ce léger froid sur le déjeuner. Je venais de sentir dans sa voix comme une fêlure. J'avais bien dans l'oreille les mots affectueux avec lesquels elle m'avait accueillie et aussi ses exclamations de surprise à découvrir le contenu des paniers. Il y avait à ce moment-là chez elle une joie que je ne retrouvais plus maintenant. Quelque chose l'avait assombrie. Mais quoi ?

Ce fut quand elle s'adressa à Bryan pour lui demander de s'occuper du vin que je sentis de la dureté dans sa voix. Elle n'aimait pas ce garçon et il l'avait senti.

Et on parlait toujours violettes...

Je me risquai à dire que les Grecs de l'Antiquité les appréciaient. Pindare signalait quelque part qu'elles étaient l'emblème de la cité d'Athènes.

Bryan avança qu'en Angleterre on les appelait « *Heart's ease* » ou « Repos du cœur ». Ce que Sylvère Garlande contredit : c'était la pensée sauvage que l'on appelait ainsi. Une de ses amies, une Anglaise, le lui avait affirmé, Repos du cœur n'avait rien à voir avec la violette.

On entendit alors Auréline trancher assez aigrement. Cette dame n'y connaissait rien, la pensée était une *viola* elle aussi.

– Tu as sûrement raison, concéda le docteur, c'est toi l'horticultrice. Alors, dis-nous, elle penche ou elle ne penche pas la tête, la violette ?

– Elle la penche. C'est pour ça qu'on dit qu'elle approuve. Et de là à raconter qu'elle est timide...

– Tu n'y crois pas, à cette timidité ?

Ce fut Aurèle qui intervint :

– Lisez Alphonse Karr. Il dit à peu près : « Timides, les

violettes ? Allons donc ! Elles inclinent la tête pour protéger leur pollen de la pluie. Ou pour d'autres raisons d'elles seules connues. Mais, par ailleurs, elles paradent, par millions, à tous les corsages des femmes ! Si vous appelez cela de la modestie. »

Marie-Estelle, que le vin de la Gaude – du vignoble de son mari ! – paraissait avoir remise un peu en gaieté, nous parla de sa visite au musée de Vienne. Elle y avait vu une aquarelle d'Albrecht Dürer représentant un bouquet de violettes. Au XVe siècle, la manière d'assembler ces fleurs était identique à ce qui se faisait de nos jours : même centre de corolles entouré d'une couronne de feuilles.

On se leva de table sur un banal « tout a été dit et fait bien avant nous ! », que personne ne parut écouter. Sauf Délaïde, prête à pérorer là-dessus à l'infini.

Marie-Estelle nous fit un café, dont Sylvère Garlande dit qu'il était cent fois supérieur à ceux servis dans les meilleurs hôtels et restaurants de la ville.

Auréline, qui était à côté de moi, murmura avec amertume : « Et Dieu sait s'il les connaît ! »

Marie-Estelle m'avait apporté un fauteuil et une couverture sous la ramade. Mais je n'avais pas l'intention de faire une sieste. Je voulais bavarder avec elle.

Et, bien entendu, Délaïde arriva !

Comme nous n'étions que toutes les trois – les autres parcourant le territoire des oliviers et des violettes –, elle se hâta de demander :

– Alors, comment le trouves-tu ?

– Qui ?

– Lui, Bryan.

– Délaïde, cesse de me parler de ce garçon.

Et j'ai entendu le petit soupir excédé que Marie-Estelle n'avait pu réprimer.

Délaïde, elle, paraissait ne se rendre compte de rien et insistait :

– Pourquoi ? Ne va pas me dire qu'il n'est pas mieux que bien, ce jeune homme.

– Cesse de rêver. Jamais, tu m'entends, jamais ton « honorable », comme tu dis, ne pensera, même une seconde, à épouser ma fille.

– Mais qu'est-ce qui te permet de dire ça ?

Exaspérée – je l'entendais pianoter nerveusement sur la table –, Marie-Estelle négligea de répondre et me parla de ma vie chez mon oncle :

– Est-*il* gentil avec toi ? Tu sais que la moitié des terres t'appartient et que tu peux exiger…

– Il me traite très bien. J'aime vivre au Domaine des Demoiselles.

– Le Conseiller lui a même dit…

Délaïde ne put finir sa phrase ; d'une voix glaciale, Marie-Estelle lança :

– Quand cesseras-tu d'appeler Martial de ce nom absurde ? Rien ne t'autorise à ridiculiser leur père devant ses enfants. Je ne veux plus entendre, jamais, employer ce stupide surnom.

Délaïde laissa passer un temps. J'aurais parié qu'elle avait l'air d'« une », comme on dit ici, qui aurait reçu un coup de bâton sur la tête.

Pendant une longue minute on a entendu le chardonneret chanter dans un olivier, avant un timide :

– Mais ça t'amusait, autrefois.

– Eh bien, ça ne m'amuse plus.

Si j'avais demandé qu'on ait une idée pour faire taire Délaïde pendant le trajet du retour, on n'aurait pas pu inventer mieux que cette algarade de Marie-Estelle, qui nous l'a rendue muette pendant les vingt-huit kilomètres nous séparant de Nice.

Pauvre Délaïde ! Sa grande amie de toujours l'avait pourtant embrassée sur les deux joues au moment du départ. Elle lui avait même dit, voyant sans doute son visage ravagé :

« Allons, allons ! Ne fais pas attention, je suis un peu nerveuse en ce moment. »

Mais Délaïde était, une fois de plus, contrariée.

Sylvère Garlande devait passer voir un malade sur le chemin du retour. Auréline rentra avec nous dans la voiture de sir Edwin.

Une surprise nous attendait à notre arrivée. Feli nous informa, importante et fière d'avoir pris la communication téléphonique, que le Maître ne reviendrait que dans une semaine. Pourquoi ? Il n'avait pas jugé nécessaire de le dire.

En m'aidant à monter l'escalier, Auréline me chuchota qu'elle avait à me raconter « beaucoup de choses ». Elle m'entraîna dans sa chambre. L'horloge du vestibule sonnait neuf heures quand j'y pénétrai et dix quand j'en sortis.

Les « choses » en question étaient les souvenirs que Sylvère avait évoqués pour Auréline pendant le trajet de Nice à Tourettes.

– Il m'a demandé si j'étais contente de passer toute une belle journée avec ma mère. J'ai répondu qu'une journée, même belle, ce n'était pas suffisant, que je voudrais être avec elle tous les jours. Et que je souffrais de cette situation. J'avais un père et une mère, pourquoi fallait-il que je ne puisse vivre avec les deux réunis ? Et, là-dessus, il m'a parlé de sa famille. Une vraie confidence. La révélation d'un secret que personne ne savait et qu'il m'a dit à moi, à moi seule, comme on parle à quelqu'un en qui on a confiance, peut-être même à quelqu'un qu'on aime… un peu.

« Et j'ai su l'histoire des parents de mon docteur.

« Elle, Migueline, vivait à Valensole où son père, Auguste Mallard – un veuf n'ayant que cette enfant –, cultivait la lavande. Lui, Charles-François Garlande, était notaire à Cannes.

« Ils n'auraient jamais dû se rencontrer. Les versants des plateaux de Haute-Provence parfumés de lavande et d'austérité n'ayant rien à voir avec la Croisette aux odeurs d'iode et de luxe. Mais les cousins Garlande, les parfumeurs de Grasse, avaient décidé d'acquérir les plus belles terres à lavande. Et les plus belles étaient celles d'Auguste Mallard. Qui ne voulait pas les vendre.

« Charles-François se dit que s'il réussissait à convaincre le vieil entêté, lui, le plus jeune notaire de la Côte, sa réputation serait faite.

« Il s'y employa. Il allait, périodiquement, humer le parfum des lavandes brassé dans l'air pur des collines. Il frappait à une porte qui, tout d'abord, s'entrouvrait à peine, laissant juste entendre un retentissant “Non et non !”, puis livrait passage à Auguste ne pouvant résister au bonheur de montrer ses fleurs en disant : “Et pourquoi je me séparerais d'elles contre des sous en papiers qu'on me donnerait en échange ?” Alors, Charles-François proposait de beaux louis d'or bien brillants. Et Auguste rétorquait : “Et qu'est-ce qu'elles sentiraient ces pièces, même belles comme le soleil ? Jamais aussi bon que mes lavandes ! Sentez, sentez, respirez-moi ça, jeune paperassier que vous êtes.”

« Mais Charles-François ne renonçait pas. Il avait promis les lavandes aux cousins et ils les auraient.

« Il échafaudait plan sur plan, sans jamais se décourager.

« Ce qu'il ignorait, c'était que la jolie Migueline, à voir si souvent “le paperassier”, rêvait de lui et l'aimait. Elle admirait sa constance et son courage à affronter ce grand vieillard armé de son fusil qui voulait garder ses terres, mais aussi sa fille. Il l'expédia, celle-là, un beau matin, chez une cousine, à Brignoles, pour ne plus la voir nouer des rubans dans ses cheveux dès que l'ennemi arrivait, caracolant sur son cheval bai.

« Par chance, la cousine brignolaise était sentimentale. Elle pleura avec Migueline et prévint Charles-Francois que sa bien-aimée était chez elle. Car le jeune notaire s'était découvert amoureux lui aussi. “Venez, lui écrivit-elle, on vous attend.” Il vint.

« Et l'année suivante vint aussi le petit Sylvère.

– Lorsque le terrible Auguste apprit la chose, imagine un peu, Anicia, ce qui se passa. La pauvre Migueline pensait que son père allait la tuer. La cousine disait : “J’y passerai aussi.” Elles tremblaient d’effroi toutes les deux quand Auguste arriva *sans fusil.* Son premier mot fut de demander si c’était bien un garçon. Comme elles pleuraient trop pour répondre, il hurla : “Enfin, tu m’as fait un héritier, oui ou non ?”

« Et il a emmené Migueline et Sylvère sur son haut versant de lavande. Il les a enfermés là pendant six mois.

« Le pauvre Charles-François en devenait fou de rage. Il voulait sa femme et son fils. Et le vieux lui répondait : “Elle n’est pas ta femme, et je ne veux pas d’un gendre paperassier. Quant à l’enfant, il est à moi. J’en avais toujours voulu un pour mes lavandes. Je l’ai, je le garde.”

– Et ça a fini comment ?

– Si le vieil Auguste n’était pas mort d’un coup de sang, un matin, à voir les gendarmes venus lui dire qu’il séquestrait sa fille, jamais Migueline n’aurait épousé Charles-François Garlande, et Sylvère serait resté un enfant naturel.

– Et les lavandes ?

– Bien sûr, ils les ont vendues aux cousins Garlande de Grasse… Anicia, dis-moi, tu crois que le docteur parle de ce secret à ces femmes qui se jettent sur lui, malades ou pas malades ?

– Sûrement pas.

– Ça veut dire qu’il a de l’estime pour moi ?

– Je le pense.

– Alors, qu’est-ce que tu crois ?

Que pouvais-je croire ?

Il m’intéressait, ce beau docteur – puisqu’on me disait qu’il était beau. Qu’y avait-il de vrai dans ce qu’on racontait sur lui ? Était-il un bellâtre collectionnant les aventures dans une ville cosmopolite qui se prêtait complaisamment à ces petits jeux amoureux ? Était-il, au contraire, victime de son physique et de son charme et, simplement, un bon praticien s'arrangeant, comme il le pouvait, des assiduités de quelques étrangères névrosées ? C'était ce dernier cas de figure que je préférais. Il m'était nécessaire de croire en celui qui veillait sur moi. Sa vie privée m'importait peu. Je lui souhaitais d'être heureux, avec Auréline si possible, puisqu'elle y tenait tant.

Il me restait douze heures à passer dans l'attente de la visite chez l'ophtalmologiste. Difficile de penser à autre chose qu'à ce rendez-vous.

J'ai ouvert ma fenêtre et je me suis assise face à l'amandier dont je pouvais en étendant le bras atteindre une branche. Plus d'amandes. Elles avaient été cueillies quinze jours auparavant. Cueillette en musique. Notre joueur d'harmonica accompagnait Bryan dans le répertoire des chansons de son collège, quand, brusquement, silence partout. Il m'avait fallu quelques secondes avant de comprendre que le Maître était arrivé, posant un éteignoir sur la gaieté des cueilleurs. Et cela m'a amenée à penser ce que Marie-Estelle devait ressentir, elle aussi, auprès de son mari.

J'avais adoré cette journée passée avec elle. J'ai aimé l'entendre rire en me disant qu'elle courait après ses épingles à cheveux qui s'enfuyaient de son chignon comme les oiseaux de leur nid. Ce qui l'a conduite à me dire aussi qu'elle avait vu, à Paris, au jardin des Tuileries, un merle en cage. Une dame âgée l'amenait prendre l'air auprès du bassin où les enfants faisaient voguer leurs petits voiliers. Parce qu'il aimait la jeunesse, son merle, et que ça le changeait de n'être pas toujours en compagnie d'une vieille femme.

Marie-Estelle avait la passion des oiseaux. Elle avait été

tentée par un perroquet, quai de la Mégisserie. Elle était entrée trois fois chez le marchand, n'arrivant pas à se décider à l'acheter. Elle savait qu'elle aurait trop de chagrin si le beau cacatoès n'aimait ni la Provence ni les oliviers. Elle avait pensé à demander à l'oiseleur de l'engager comme vendeuse, mais ses violettes l'attendaient. Et, sans qu'elle s'en doute, son petit chardonneret qu'elle avait trouvé avec une patte cassée sur la première des trois marches de l'entrée.

– Il m'attendait, lui aussi, tu ne crois pas ?

Elle a une voix veloutée, faite pour les confidences.

Je sais qu'elle est belle, ma mère me le disait. Je me l'imagine pulpeuse et dorée.

Les aveugles devraient avoir le droit de toucher ceux qui les entourent comme à colin-maillard, pour se faire une idée de ce qu'ils sont. Si j'avais passé ma main sur le visage de Marie-Estelle, ou sur son bras, je suis sûre que j'aurais senti une chair ferme, chaude, affectueuse.

Je crois que j'aimerais vivre dans son village haut perché, avec elle, parmi ses oliviers et ses violettes. Elle me raconterait des choses un peu folles, me ferait de grandes, d'immenses tartines de confiture parfumée… et serait bien capable de s'en aller pendant des heures, Dieu sait où, en m'oubliant complètement. Puis elle réapparaîtrait, pour illuminer de tout l'or de sa journée l'ombre triste où elle m'avait laissée. Et le soir, en regardant étinceler les lucioles dans le parfum des orangers, je lui dirais que c'est ainsi que je m'étais imaginé la sérénité des campagnes grecques où se délassaient mes héros de l'Antiquité.

Dans cette chambre où je dors, elle se réfugiait pour fuir un mari sombre, ombrageux, jaloux et, peut-être, trop amoureux.

Je suis certaine que si je touchais la main de cet homme qui, pourtant, vit parmi les fleurs, aime la musique et semble avoir du goût pour les beaux objets, je la sentirais sèche et froide, mais il ne me la tend jamais.

Ces deux êtres sont devenus pour moi des personnages de

roman évoluant dans un soleil triomphant entre roses, œillets et violettes.

Ils se sont aimés. Et désaimés.

Est-ce la douceur de ce climat qui les empêche de s'entre-déchirer, comme tant de couples désunis, en batailles stériles et sans vainqueur jamais ?

Étonnant qu'ils se tolèrent à quelques kilomètres l'un de l'autre. Il l'a laissée libre de vendre ses immeubles et d'acheter ses territoires fleuris sans exercer ses pouvoirs maritaux. Quant à elle, la voilà qui se mettait à défendre qu'on l'affublât d'un surnom ridicule !

Mais il continuait à dire qu'elle était morte pour lui. Et elle s'ébattait, joyeuse d'être seule et libre, en chantant avec les oiseaux.

J'avais tort de redouter ou d'espérer. Il ne s'est rien passé de nouveau. L'ophtalmologiste était un vieux monsieur à bésicles et barbichu, mais guilleret. Il était assisté de son confrère niçois et utilisait son cabinet et ses instruments. Il disait – pour me détendre sans doute – que ce pays ravigotait et qu'on pouvait tout en espérer. Il venait de lire que la devise d'un célèbre gouverneur de Nice était : « Il faut tenir », et c'était ce qu'il me conseillait de faire aussi. Parce que son diagnostic était le même que celui de Paris : rien ne paraissait empêcher que je récupère la vue un jour ou l'autre. Rien ne précisait non plus que ce serait dans un an ou dans cinq. Et je ne pouvais m'empêcher d'ajouter : ou jamais !

Je m'étais fait accompagner d'Auréline. Elle m'avait dit :

– J'ai mis ma robe verte qui va si bien avec mes yeux et une rose de couleur corail à mon col.

Pour une visite chez un médecin, c'était peut-être trop élégant, ce à quoi elle avait répondu :

– Quand tu vas enfin voir – et je suis sûre, moi, que cela ne va pas tarder –, tu te rendras compte de l'élégance des femmes de nos rues. Pas seulement les hivernantes françaises ou étrangères, mais les Niçoises elles-mêmes. Nous voulons, quand nous sortons en ville, être aussi belles que le paysage.

Délaïde, dont l'oreille devait traîner par là, avait approuvé et ajouté que c'était comme lorsqu'on allait au théâtre. Par courtoisie, on se mettait en beau pour honorer les acteurs. À Nice, on honorait aussi la fête de la rue ensoleillée.

Il y a des moments où notre Délaïde a des mots heureux qui en rachètent beaucoup d'autres qui le sont moins.

Mais le docteur n'a pas dû remarquer la tentative d'élégance d'Auréline qui est revenue déçue.

J'étais dans mon fauteuil, dans la cuisine, à écosser, comme Marie-Estelle, des haricots secs, quand Auréline y est venue boire un verre d'eau fraîche. Feli a poussé un hurlement.

– Petite, qu'est-ce qui t'arrive ? Tu as les bras et les mains gonflés de partout ?

– J'ai trié des oignons de jacinthes. Ceux de la grande caisse qu'on avait égarée et qui n'ont pas été plantés en temps voulu.

– Et pourquoi tu as fait ça ? Tu le sais que leur poussière donne le prurit, tu le sais, malheureuse ? Il faut appeler le docteur tout de suite. Et à la figure, tu n'as rien, au moins ?

– Non, je me l'étais protégée.

J'étais certaine qu'il n'y avait dans la voix d'Auréline, aucune inquiétude. Et j'y sentais même un peu de gaieté.

Elle se pencha vers moi et me dit :

– Il va être obligé de venir me soigner. Et il va m'étendre une pommade sur les bras et les mains, pour me montrer comment je dois faire. Je le sais parce qu'il a déjà guéri des ouvrières d'ici qui n'avaient pas voulu croire à cette poussière, presque invisible, des oignons de jacinthes.

Et elle riait, en continuant à se gratter.

Le docteur Garlande, prévenu par téléphone, ne vint pas. Il se fit envoyer Théo et lui remit l'ordonnance à faire exécuter à la pharmacie ainsi que la médication à suivre.

Et j'ai entendu, pour la première fois, une colère d'Auréline. C'était bruyant. Elle claquait les portes, malmenait le rideau de perles de bois de la cuisine, cassa une gargoulette tant elle la reposa à terre avec force. La malheureuse Mlle Bertillon, dont c'était le jour de couture, en entendit de raides. Tout le vocabulaire abrupt des ouvrières des cultures de fleurs y passa.

Feli me disait, compatissante :

– C'est que ces démangeaisons, mademoiselle Anicia, il faut vous dire qu'elles sont comme si un chat vous griffait et regriffait toujours aux mêmes endroits.

Bryan avait apporté des bandes taillées dans de la toile d'une grande finesse. Il expliquait qu'il recommandait à son valet de chambre de garder les très vieux draps hors d'usage dont la douceur faisait d'excellents bandages en cas de besoin.

Auréline le remercia à peine du bout des lèvres. Décidément, son flirt avec lui me paraissait bien fini.

Je pensais que mon oncle donnerait quelques jours de repos à sa fille. Il n'en fut rien.

– Il est dur avec tous, comme il est dur avec lui-même, soupira Feli.

Pauvre Auréline ! Elle souffrit durant plus de trois semaines. C'était moi qui pansais deux fois par jour ses bras et ses mains. Et elle pleurait, pendant que j'appliquais la pommade, puis les bandes de fine toile de Bryan. Elle pleurait de douleur mais de désespoir aussi. Elle me parlait peu, sauf pour me dire, parfois : « Tu vois, il ne m'aimera jamais », ou : « Un jour il épousera l'une de ses étrangères, et moi je continuerai à faire des fleurs, pour qu'il puisse lui en offrir. »

Ce fut une période où elle se rapprocha de Sarah dont elle comprenait mieux la triste existence d'enfant toujours souffrante. Délaïde en donna plus d'ampleur à ses rêveries anglaises. Puisque cette pauvre jeune fille devrait vivre dans le Midi pour sa santé, quel meilleur avenir pourrait-elle y avoir que de devenir la femme d'Aurèle ? Elle envisageait de demander à Bryan si le titre d'honorable pouvait s'étendre, dans un cas comme celui-là, au mari. J'eus beaucoup de peine à la dissuader de poser pareille question.

– Mais pourquoi ? Je ne fais aucun mal en voulant m'instruire.

À bout d'arguments, je disais :

– Délaïde, vous aimeriez qu'Aurèle épouse une pauvre petite malade ?

Et j'entendais :

– Mais chez nous, tout se guérit ! Vous la verrez dans six mois ou un an, la petite Sarah, elle se redressera comme une fleur que le soleil caresse après la pluie.

J'attendais ma visiteuse du matin avec impatience. J'aimais l'entendre me parler de Marie-Estelle et de Martial.

Elle arriva avec sa rose-de-compagnie, une Mabel Morisson d'un blanc très pur, me dit-elle.

J'aurais voulu, au toucher, reconnaître les couleurs. Idée folle, mais que j'avais souvent. Il aurait dû y avoir dans cette rose quelque chose pour me mettre sur la voie.

– Mademoiselle Célestine, si vous avez en main deux roses différentes, et si vous fermez les yeux, vous devinez laquelle est rouge et laquelle est jaune ?

– Forcément !... Mais c'est parce que je connais leurs formes, leurs tailles, leurs tiges, leurs épines et la qualité de leurs pétales. Alors je sais aussi comment elles s'appellent et ça m'indique leur couleur... C'est drôle que vous me posiez cette question, parce que M. Martial me disait souvent, autrefois, que tant qu'il ne saurait pas donner leurs noms à des roses les yeux fermés, il ne saurait rien d'elles. Il les aimait, les fleurs, vous savez. Même s'il leur avait préféré la musique. Et encore, on ne peut pas parler de préférence, puisqu'un jour il m'a dit que les fleurs et la musique étaient les deux plus belles expressions du bonheur... Il n'est pas comme on le croit maintenant, M. Martial. Ce n'est pas l'homme dur, autoritaire qu'on dit, c'est seulement un homme malheureux.

– Mais qui ne rend pas heureux ceux qui l'entourent.

– Vous pouvez, vous, donner des sous quand vous n'en avez pas ?

– C'est son mariage qui l'a transformé ?

– Pardi ! Je l'ai vu, moi, quand il a rencontré Mme Marie-Estelle. Je l'ai entendu chanter, oui, chan-ter dans les œillets. Je le vois encore, il était parmi les fleurs, nu-tête et il cueillait, il cueillait... Comme je passais près de lui, je lui ai dit : « Une belle journée, monsieur Martial » Il m'a répondu : « La plus belle, Célestine, la plus belle ! » Et après, quand il se promenait avec sa promise, pour qu'elle voie et sente tout, si vous l'aviez vu ! C'était du bonheur de paradis qui brillait dans ses yeux. Et il était comme un roi qui montre ses trésors à sa reine. Et qu'il l'aimait, sa reine ! Mes ouvrières disaient en riant qu'il allait l'user tant il l'embrassait.

– Et vous savez ce qui s'est passé après ? Quand ils ont été mariés ?

– J'ai essayé de comprendre. On parlait d'eux partout, aux emballages comme dans les cultures. On disait des choses que j'aurais préféré que les ouvriers ou mes femmes n'aient pas vues. Parce que je n'aimais pas qu'ils en rient, tous... Un jour, celui qui pelletait du sable, pour y coucher les bulbes de freesias, avait vu M. Martial gronder Mme Marie-Estelle parce qu'elle avait un maillot de bain échancré, et qu'elle restait trop sur la plage à courir au bord de l'eau.

« Et, une autre fois, on avait entendu le patron en colère parce que Mme Marie-Estelle passait trop de temps avec Justin, le vannier. Un beau gars qui avait des yeux doux comme la soie et qui aimait travailler avec la femme du patron. Il disait qu'elle avait des idées aussi jolies qu'elle et qu'il irait au bout du monde pour la satisfaire, alors, évidemment...

– Mais elle, elle s'intéressait à ce Justin ?

– Pensez-vous ! Elle ne voyait que ses brins d'osier. Mais elle disait partout que son vannier avait des mains vives, légères, magiques. Elle disait même, attendez que je me souvienne… elle disait « des mains futées » de sorcier.

– Avec mon oncle, elle était comment ?

– Je ne sais pas. Mais, souvent, elle venait m'aider à ouater des roses et elle pleurait. Si je lui demandais pourquoi, elle me disait : « Il est méchant. » Et aussi, elle ajoutait : « C'est, peut-être de ma faute. » Moi, je peux vous le dire, s'il était méchant, c'était malgré lui. Tenez, un jour, elle avait laissé tomber l'œillet qu'elle avait à son corsage, un Pauline Borriglione rose saumon, je le voyais de loin, mais je ne pouvais pas me tromper. Et lui, M. Martial, l'a ramassé et devinez ce qu'il a fait ? Il l'a embrassé et mis dans son portefeuille. Alors, vous le voyez, qu'il l'aimait !… Mais peut-être qu'il ne savait pas le lui dire.

– Je pourrais avoir, demain, à la place d'une rose, un Pauline Borriglione, mademoiselle Célestine ?

– Hélas, non, nous n'en faisons plus depuis que Mme Marie-Estelle est partie.

Théo, notre mystificateur maison, est toujours imprévisible. Tantôt il arrive en tapinois – sans doute parce qu'il a, encore une fois, la conscience lourde – tantôt en vainqueur, si la pêche a été bonne, et là toutes les perles de bois de mon rideau carillonnent sa victoire.

Ce matin-là, il se faufila, sans déclencher la moindre petite chanson et il vint me glisser à l'oreille :

– Ça y est ! Je l'ai !

Ce qu'il avait, c'était Mirabelle II.

Ou plutôt une promesse de chatte rousse aux yeux verts. Le minuscule chaton qu'il sortit de sa poche, âgé de deux jours au plus, tenait à l'aise dans le berceau de ma main.

Théo exultait. Il avait suivi une énorme mère tigrée qui l'avait intéressé parce qu'elle avait, par-ci par-là, quelque poils roux qui étaient peut-être une espérance. Et il avait eu raison ! Elle la lui avait faite, la Mirabelle II. Et nous allions l'élever ensemble. Il fallait qu'elle s'habitue aussi à moi pour venir occuper, plus tard, son coussin sous ma travailleuse.

– Où allons-nous la cacher ? Délaïde nous verra.

– Elle ne vient jamais dans ma cabane de pêcheur, c'est là que nous allons aller, tout de suite, je vous emmène.

Pour épouser Feli, Théo avait dû renoncer à vivre dans sa petite maison de bois au bord de l'eau. Deux pièces à peine. L'une pour lui, l'autre pour son attirail de pêcheur, ses filets, ses casiers à langoustes, ses nasses à girelles, ses lignes à la traîne.

Il offrit son matelas de varech à notre bébé. Et ce fut Auréline, mise dans la confidence, qui apporta le biberon et se prit de passion pour le remplaçant de Mirabelle. Parce que Mirabelle II, hélas, était un garçon !

Ce qui ne refroidit pas notre enthousiasme collectif. Nous décrétions d'ailleurs que Délaïde serait incapable de s'apercevoir que son chat avait changé de sexe.

Feli, sans l'avouer, était fière de son homme. Quand il le voulait, celui-là, il était quand même bon à quelque chose, disait-elle. Et je l'entendis confier à Anaïs que ce qu'il avait imaginé là, son Théo, toute cette histoire, pour éviter une crise, peut-être fatale à Délaïde, c'était du beau dévouement.

Anaïs, dans un soupir, conclut :

– Ah ! le Bon Dieu fait bien les choses, quand Il veut.

Et Feli, comme si un frelon venait de la piquer :

– Quoi ? le Bon Dieu ? C'est mon Théo, tout seul, qui les a eues les idées pour bâtir cette affaire !

Un pistou qui s'annonçait succulent et nous enrobait de son arôme de basilic, bouillottait sur le feu. Mlle Bertillon préféra se taire et en espérer deux pleines assiettées.

Auréline adorait le bébé chat. Ce fut une diversion à sa mélancolie. Je m'occupais de la petite bête pendant qu'elle travaillait dans les fleurs, mais tôt le matin, elle emmenait Mirabelle II à la recherche des coquillages, et tard le soir, elle s'en chargeait à son tour. Le dimanche, nous emportions des livres à la cabane de Théo et nous avions de longues séances de lecture, soit assises sur la plage au soleil, soit partageant le matelas de varech de notre enfant et lui apprenant les bonnes manières chat.

Je laissais Auréline choisir seule les romans. Il n'était pas question pour elle d'un autre genre de littérature. Et nous absorbions la presque totalité des ouvrages d'une nouvelle collection qui plaisait à ma lectrice. Livres d'un format inhabituel et d'un jaune éclatant de tournesol.

Elle avait ses auteurs préférés, Lucie Delarue-Mardrus, Myriam Harry, Claude Farrère. Nous nous attendrissions ensemble sur les amours malheureuses de jolies jeunes filles ou jeunes femmes, évoluant dans des décors exotiques.

C'était la fin de l'automne. J'entendais la mer s'agiter parfois, et parfois aussi les tamaris, ne sachant peut-être toujours pas, comme le pensait Délaïde, s'ils devaient pencher vers l'eau ou vers la terre.

Nous nous entortillions dans de grands fichus de laine blanche que Feli nous avait confectionnés voyant mon peu de dispositions pour l'art du tricot, même exercé avec des aiguilles de jade. Et nous croquions les gros grains – que je savais dorés – du muscat de la treille plantée au temps des demoiselles anglaises, du moins l'affirmait-on.

Ce que j'apprenais, dans ma nuit qui s'éternisait, c'était à jouir d'un certain plaisir de la lenteur à vivre bien accordé à l'automne, saison où tout paraît s'assoupir, quoi qu'en dise Auréline.

Un soir, elle me décrivit l'arc-en-ciel qu'elle regardait avec bonheur. Et comme j'avais dit qu'Iris devait être bien belle avec son écharpe aux sept couleurs, elle m'offrit, le lendemain, un collier de fleurs d'iris qu'elle me passa autour du cou. Elle avait souvent de ces gentillesses inattendues et affectueuses.

Je me mis, un matin, en quête de coquillages moi aussi. Je prenais une poignée de ces petites choses enduites de sable humide et, assise ensuite sur le matelas de varech de la cabane de Théo, je les triais au toucher. Le jour où je sentis la douceur et la rondeur de ce qu'Auréline appelait un porte-bonheur, je criai de joie à en effrayer Mirabelle II.

Et l'hiver nous surprit, Auréline, le chat et moi, sans que nous l'ayons senti arriver. Nous étions repues de belles histoires romanesques et exotiques. Auréline disait : « Bêtises que tout ça, ces choses-là n'arrivent jamais. » Mais elle y croyait quand même… tout en me disant : « Ne me demande plus de lectures. » Je ne faisais pas remarquer que je n'avais rien demandé.

De mon coin de cuisine, et par la porte ouverte maintenant aux seules heures ensoleillées, m'arrivait, à travers les fils de perles de bois, le bruit lointain des travaux dans les champs de fleurs ou sous les hangars.

Mon oncle m'avait déconseillé d'aller seule jusqu'à ce centre de l'activité du domaine, craignant que je m'y égarasse. Mais j'y avais fait une brève incursion au bras d'Aurèle. Sans la renouveler. Je souffrais de ne pas voir ces étendues de roses ou d'œillets dont les senteurs me disaient combien elles m'auraient éblouie.

Et, sous les hangars où se faisaient les emballages des fleurs coupées, je n'avais pas envie de sentir à nouveau sur moi les regards curieux de ceux que je savais occupés à emmailloter de papier de soie ou de brins de coton les envois les plus fragiles. Je m'étais dit, ce jour-là, que ce pays, trop plein de belles choses à voir, était le dernier où je devrais habiter. La grisaille du nord de la France et de sinistres corons m'eussent mieux convenu, me répétais-je… sans y croire.

Je me contentais alors d'entendre, de sentir cette activité, du fond d'un fauteuil, en sirotant en guise de goûter un lait travesti par Feli. Et Bryan venait souvent me tenir compagnie en attendant qu'Aurèle, son travail fini, vînt le rejoindre. Il prétendait que la vie d'un être humain était pour lui comme ces goûteux melons de Cavaillon dont on découpe les tranches ; celle qu'il dégustait en ce moment était l'herborisation dans les champs de Basse-Provence.

Ce qui poussait tout seul – il appuyait sur ce « tout seul » avec émerveillement – le comblait de bonheur. Il m'énumérait chaque plante récemment découverte, me la décrivait avec minutie, y ajoutant toujours un insecte et une goutte de rosée comme dans les natures mortes aux fleurs du XVIIe et du XVIIIe siècle.

Il me disait aussi :

– Anicia, imaginez, aux premières heures de l'aurore, dans la prairie qui s'éveille à peine, un liseron bleu qui ouvre sa clochette toute grande pour nous offrir la pureté blanche de son cœur. Une libellule passe, entend le son de la clochette bleue et se hâte de venir saluer la fleur, elle sait qu'au premier rayon du soleil la clochette se refermera et cachera à nouveau l'immaculé de son cœur. Un jour, vous pourrez voir ça, nous vous emmènerons, Aurèle et moi, herboriser avec nous.

Un jour... oui, peut-être, mais comme il tardait à venir ce bienheureux jour ! Comme j'en avais assez qu'on me raconte et me raconte le beau de la vie des autres !

Ce fut le temps où je me décidai à tenter de me raconter moi-même. De mes années d'études si denses, si serrées, qui m'avaient coupée du monde réel pour me faire entrer dans celui de cette Antiquité où je me perdais toute, je devais bien arriver à retrouver de doux moments.

Dans la petite musique de mon rideau de perles de bois, par un matin ensoleillé et caressé d'une brise légère – et pourtant on était en décembre ! –, je plongeais dans ma onzième année. Celle où je m'essayais à ce latin qui m'ouvrait sa porte sur une rose. Et je me récitais mon *Epitomae Historiae Greciae.*

Musae novem erant sorores...

J'en étais à compter sur mes doigts, comme mes petites élèves, 1 - Clio, histoire, 2 - Melpomène, tragédie, 3 - Thalie, comédie, quand mes perles m'annoncèrent Bryan. Il était le seul à se servir de ses deux mains pour écarter le rideau et à doubler ainsi sa chanson.

J'avais toujours mes doigts en l'air.

– Vous comptez les jours qui nous séparent de Noël, Anicia ?

– Je compte les neuf muses d'Apollon – comme faisaient mes enfants de sixième, qui avaient toujours peur d'en oublier une.

– Oh ! venez plutôt voir et compter celles de notre petit temple !

Il s'arrêta court. Il avait encore oublié ma nuit. Tous, ici, me disaient que lorsque je ne mettais pas mon bandeau, on pouvait difficilement croire à ma cécité.

Pourquoi donc, pour la première fois, n'ai-je pu retenir mes larmes, alors que j'étais parvenue, jusqu'à maintenant, à ne me laisser aller à mon chagrin que le soir, dans mon lit, comme s'il me fallait les doubles ténèbres de mes yeux et de la nuit pour m'y cacher ?

Mais pourquoi Bryan étouffa-t-il aussi un sanglot, lui qui m'offrait toujours le réconfort de sa gaieté ?

Lorsque nous nous sommes repris, avec deux semblants de petits rires à la fois tristes et confus, notre voisin m'a proposé de m'emmener jusqu'à son temple.

Nous sommes partis bras dessus, bras dessous.

En cours de route, le cher garçon m'a dit qu'il me fallait, pour plus tard, des souvenirs heureux – oui, heureux ! – de mon temps de cécité. Je vivais, il en était convaincu, une expérience plus enrichissante que je ne le croyais et je devais me mettre en mémoire quelques repères. La visite aux neuf muses en serait un.

Il avait son histoire, ce temple. Sir Edwin, au cours d'un voyage en Algérie – dont il espérait que le soleil serait bénéfique à lady Alexandra son épouse –, était passé à Cherchell, dans le département d'Alger. Séduit par la beauté du site, il y avait acheté quelques acres surplombant la mer. Non pour y construire une maison, mais pour le seul plaisir, pendant son séjour, d'avoir ce morceau de terre d'Afrique à lui, pour y venir rêver un peu.

Ils y passaient chaque jour quelques heures, sa femme et lui. Et un matin, allongée sur sa couverture et laissant errer distraitement sa main dans l'herbe, Alexandra y avait découvert une pièce de monnaie romaine du temps de Juba II, roi de Mauritanie.

Ce n'était là que le début de leurs trouvailles. Car à cet emplacement, face à la mer, avait jadis été élevé un petit temple à Apollon, sir Edwin était persuadé que les fouilles, qui avaient duré plus de deux ans, avaient prolongé d'autant la vie de sa femme, passionnée par chaque morceau de statue mis au jour.

Mais lady Alexandra n'avait pu voir la reconstitution du temple, elle était morte dès la sortie de terre de Terpsichore, la neuvième et dernière muse retrouvée. Sir Edwin, lui, avait vu arriver dans le port de Nice, les tartanes, chargées à Cherchell, qui lui apportaient les morceaux de son temple.

Des rosiers grimpants, que Bryan me disait être tous de variétés et de couleurs différentes, enlaçaient chaque muse. Il me précisait qu'Erato était drapée de rouge cuivré, Polymnie du blanc le plus pur, Calliope d'un jaune abricoté superbe... Et il ajoutait que le difficile était de ne nuire en rien à l'élancé et à la grâce de la statue, tout en laissant la plante choisir où elle voulait aller, sans trop la contrarier pourtant, en se contentant de limiter ses ardeurs ascensionnelles et de folle luxuriance. C'était tout un art que d'arriver à l'accord parfait pierre-plante. Il avouait s'y complaire avec passion.

Il avait, à cet usage, et toujours dans la poche de son gilet, un petit sécateur, en or et en ivoire, digne à la fois de ces belles dames et de ces belles fleurs. Il me le mit dans la main et me dit en riant :

– Vous allez couper, là où je vais vous l'indiquer, une

petite branche qui nuit à la perfection du nez de Melpomène… qui la doit à un réparateur de génie.

Puis il me fit toucher le bouquet de roses thé – qui lui avait, paraît-il, donné un mal fou à faire éclore là – pour dissimuler le moignon de Thalie dont on n'avait jamais pu retrouver la main à Cherchell.

Nous en étions à admirer le cordon de roses roses qui barrait la poitrine d'Uranie quand le docteur Garlande nous rejoignit. Il venait d'ausculter Sarah.

Inquiet, Bryan l'interrogea. Sylvère le rassura puis me dit :

– Vous avez l'air, dans votre robe blanche toute simple et toute droite, de la vestale chargée de l'entretien du feu de ce petit temple.

Je l'écoutais à peine. Je me disais que mes jeunes élèves se seraient amusées, en faisant une ronde ici, à énumérer les noms de ces muses qu'elles avaient souvent du mal à retenir tous. Comme j'aurais aimé, moi aussi, vérifier mille choses en Grèce ! Mon père m'avait promis un séjour là-bas pour fêter mon agrégation… Et puis la guerre, et sa mort à Verdun, et le temps qui passait… jusqu'au jour où ma mère avait décidé que nous devions enfin aller chez Cook organiser ce voyage tant et tant de fois remis… et l'accident place de la Madeleine… Mais maintenant, j'avais là, *devant moi*, un temple grec, *un vrai*, et je ne pouvais pas le voir !

Alors je pleurai à nouveau.

Le docteur m'obligea à m'asseoir sur une marche, s'empara de ma main et fit son diagnostic : j'avais trop pris sur moi depuis mon arrivée ici. L'héroïsme a ses limites. Je devais me laisser aller. Pleurer était très bon. Crier, rouspéter, aussi.

– Anicia, dites-moi, là, tout de suite : « Docteur j'en ai marre, marre et marre ! Et cessez de me raconter, tous, que ça va aller bien, parce que vous n'en savez rien. » Alors, je vous répondrai, en criant aussi, que vous n'en savez rien non plus. Et que tout est possible, *tout*, vous entendez ? Oui, je crierai, moi aussi. Parce que c'est mon rôle de crier plus fort que vous.

Bryan était allé chercher de ce sirop de menthe que Feli avait appris à Mme Bec-Figue à réussir à la perfection et qui était un souverain calmant dans les grandes émotions.

Je riais quand il est revenu. Il m'a lancé un joyeux : « À la bonne heure ! » Il avait apporté pour le docteur et lui – qui n'avaient aucun émoi à apaiser – un vin de noix, dû à la révélation d'un autre secret de famille de Feli.

J'étais toujours assise, un verre à la main, sur ma marche de pierre avec maintenant un homme assis, lui aussi, à ma droite, un autre à ma gauche. Deux amis et le parfum des roses. Que demander de plus à la vie ?

Avant de partir, Sylvère voulut savoir comment allait Auréline. Et si elle apprenait à se méfier un peu plus des oignons de jacinthes.

J'ai dit qu'elle était mélancolique. Il me répondit, avec une légèreté qui ne me parut pas très naturelle :

– C'est de son âge, ça lui passera. Elle a l'exubérance de sa mère et tout est excessif chez elle. Savez-vous que je l'ai connue toute jeune Marie-Estelle ? Nous avons eu treize ou quatorze ans presque ensemble. Je crois même que j'étais un peu amoureux d'elle. Mes camarades et moi allions, à la sortie du lycée, regarder la vitrine de sa mère, et nous disions, que sa fille était aussi belle que les plus belles roses du magasin. Comme c'est loin tout ça !

Délaïde, qui était allée à Nice se faire soigner une dent, en est revenue rayonnante et excitée.

– Anicia, ma fille, c'est à peine croyable, mais le destin nous rattrape toujours ! Devine qui j'ai rencontré à la pâtisserie ? Parce que, après ce qu'il m'a fait, ce boucher de dentiste, j'avais besoin de la récompense d'un petit éclair au chocolat. Et qui je vois là, qui achetait des gâteaux, le cousin ! Le cousin-des-marrons ! Ne me dis pas que tu ne te rappelles plus l'histoire qui m'a marquée au fer rouge, cette nuit de folie du mariage de la cousine. Bref, ce semble-assassin, je ne peux pas dire que je l'ai reconnu à la minute. Il me rappelait bien quelqu'un, cet homme-là, mais je ne savais pas trop qui. C'est quand la pâtissière lui a donné, gros comme le bras, du M. Esclapon par-ci et du M. Esclapon par-là, que je l'ai remis. *Boudiou*, qu'il avait grossi ! Alors, je me suis tâtée, je saluais ou pas ? Et puis j'y suis allée de mon « Bonjour cousin ! ». Pour être surpris, il l'a été. Et comme lui, forcément, il ne me remettait pas du tout, vu que je ne devais même pas faire un mètre à la toise à cette époque, je lui ai rappelé son mariage et la suite. Alors il a éclaté de rire et a dit à la pâtissière qu'il avait l'air de bien connaître :

– Celle-là, quand elle n'était pas plus haute qu'un sac de marrons, j'ai failli la tuer. Un jour, je vous raconterai pourquoi.

Là-dessus, il m'a invitée à prendre un autre éclair au chocolat, si c'était ça que j'aimais. Lui, il s'est fait mettre trois babas au rhum dans une assiette, il a commandé deux verres de porto et m'a emmenée m'asseoir à une petite table. Figure-toi qu'il m'a dit, à peine son premier baba englouti, que j'avais été un signal d'alarme dans sa vie et qu'il n'avait pas su le voir. Quand je l'avais arraché – écoute bien ça – à son lit de noces, il aurait dû comprendre que c'était ce qu'il fallait faire : fuir. Et n'y pas revenir. Parce qu'elle lui avait noirci, cette femme, sa belle jeunesse. Jalouse, avare, autoritaire, elle avait tous les défauts. Il s'excusait de me dire ça, parce que c'était ma cousine, mais, Dieu garde, elle était impossible. D'ailleurs, il l'avait quittée et laissée à ses marrons. Elle était morte un jour en les pesant. Lui, il était maintenant un grand manitou au Grand Théâtre de l'Opéra. Une vie de rêve dans le luxe et les distractions. Avec sa chipie, jamais moyen, autrefois, d'aller au spectacle, désormais il y était chaque soir. C'était lui qui organisait les séries d'opéras, d'opéras-comiques, de ballets. Tout ! Il s'occupait de tout et donnait des billets de faveur à qui il voulait. Il m'en donnerait, il me devait bien ça, m'a-t-il dit, pour m'avoir secouée pendant sa nuit de noces, alors qu'il aurait dû me remercier… Tu en reviens, de ça ? Et regarde, j'ai rapporté deux places d'orchestre pour aller à un ballet la semaine prochaine. Et même pendant les fêtes du carnaval et à la mi-carême, nous aurons des faveurs. Tu vas te faire faire une jolie robe par Anaïs et moi pareil, pour honorer le cousin qui a les plus belles relations de la terre. Songe qu'avant cette horrible révolution en Russie il était à tu et à toi, enfin presque, avec messeigneurs les grands-ducs. Il connaît même des rois. Et les comtes et les barons, il en a tant comme spectateurs, que des fois il n'a plus assez de fauteuils dans son Grand Théâtre pour les asseoir tous. Alors, tu penses qu'il ne les regrette pas, les marrons de Saint-Tropez… Bref, on se fera belles, par courtoisie, et on s'en ira écouter des opéras. Tu la vois, la suite du destin ? Voilà qu'il me tombe sous la main quelqu'un pour m'aider à te distraire. Et puis l'opéra, c'est si beau.

Noël est arrivé avec juste un peu de froid mistral pour nous rappeler qu'on était en hiver.

Aurèle et Auréline s'attristaient de ne pouvoir être auprès de leur mère cette nuit-là. La gaieté de la maison finit par les consoler. Feli préparait son souper de gala, et Théo l'entrée de Mirabelle II dans la salle à manger pendant le repas, « en dessert de supplément », disait-il. Notre chat était enfin à point : même taille et mêmes rondeurs que la disparue grâce à une suralimentation méthodique et raisonnée. Théo avait été conseillé par un ancien vétérinaire des colonies, habitué de son Café des Amis.

Il était dans les rites familiaux qu'à ce souper, avant le départ à la messe, tous assistent. Feli et Théo mais aussi Pamphile, et Mlle Célestine arrivée guillerette en disant :

– Monsieur Martial, je peux vous annoncer que six wagons de fleurs, pas un de moins, sont partis hier rien que pour Paris ! C'est officiel. Mon beau-frère le chef de gare me l'a confirmé. Ça reviendrait à dire que nous revoilà, enfin, nous, de l'horticulture niçoise, comme avant-guerre !

De notre guerre, Aurèle avait enchaîné sur celle des Deux-Roses en Angleterre. Il expliqua à Mlle Célestine que les soldats, jadis, y arboraient à leur chapeau l'insigne de leurs clans respectifs, soit une rose rouge, soit une rose blanche, et que les fleurs, tombées avec les combattants vaincus, jonchaient le champ de bataille.

Mlle Célestine en fut toute retournée.

– Ah ! par exemple ! des roses faire la guerre ? Oh ! pauvres d'elles !

Délaïde venait de voir Mirabelle II, elle s'écriait :

– Ah ! je savais bien qu'elle ne résisterait pas aux bonnes odeurs du souper de Noël ! Alors, rouleuse, d'où tu viens encore ?

Théo ne bronchait pas. Je me l'imaginais, l'air indifférent, mais le fond de l'œil égayé… Ou alors, se redressant sur sa chaise, fier de lui, Après tout, c'était bien, ce soir-là, la réhabilitation du mensonge.

Et Feli devait, en allant et venant de ses fourneaux à notre table, rire sous cape, glorieuse de son homme. Si l'histoire des départements pouvait être enfin oubliée, c'était ce soir-là ou jamais.

Mirabelle II fut une parfaite Mirabelle Ire du nom. Un seul couac. La vraie avait adoré le nougat, la fausse le dédaignait. Délaïde en était perplexe, mais les humains changeaient bien, eux, pourquoi pas les animaux.

– Prends le cousin-des-marrons, me dit-elle, il était méchant. Il est devenu gentil. Il était maigre, il est gros. Il ne fréquentait que des épiciers et le voilà serrant les mains des rois. Mirabelle est comme le cousin, je trouve qu'elle est devenue plus distinguée. Note qu'elle commence à se faire vieille, pauvre d'elle, et que peut-être ses dents ne peuvent plus trop se mâcher les amandes.

On avait dû fermer les portes. Notre élève – nous le craignions – aurait envie d'aller retrouver son cher matelas de varech. C'était un chat de pêcheur qu'il faudrait habituer aux raffinements d'une maison bourgeoise.

C'était en tout cas un chat dégourdi. Il sut profiter de l'arrivée de la délégation du personnel du domaine venant apporter au Maître le panier de fruits confits offert en remerciement de la gratification de Noël.

J'aurais voulu voir l'attitude de mon oncle pendant ce souper. Voir son regard quand il me parlait.

Il m'avait fait asseoir à sa droite et, contrairement à l'habitude, participa à la conversation générale. Mais, tout d'abord, il m'expliqua que ce *gros soupa* de Noël était chez lui un composé de deux rituels, le niçois et le marseillais.

– Ton arrière-grand-mère était d'une famille de savonniers de Marseille et l'homme qu'elle a épousé, cultivateur du comté de Nice. Ajoute à cela que notre Feli est une pure Niçoise et qu'elle fait – mine de rien – pencher la balance du côté de son berceau. Ce qui revient à te dire que ce qui couvre cette table est à peu près deux tiers niçois et un tiers marseillais.

Et mon oncle se préparait à me commenter chaque plat déposé sur la grande table dont je savais qu'elle était recouverte des trois nappes blanches obligatoires éclairées des trois bougies rituelles, quand Auréline claironna :

– Ma mère et sa mère étaient des Niçoises de souche, elles aussi.

– Ce qui fait, compléta Aurèle, que le tiers marseillais n'est plus tout à fait un tiers.

J'imaginais qu'ils avaient dû comploter tous deux pour introduire, même si fugitivement, la présence de leur mère à ce repas de la nativité.

Sans relever le propos, leur père laissa passer quelques secondes. Il se souvenait peut-être que le souper de Noël devait se faire sous le signe du partage charitable de ce que Dieu octroyait aux uns avec ceux qu'Il n'avait pas pu gâter autant. Aussi ne releva-t-il pas le propos de ses enfants, et commença son énumération des sept plats « maigres » du festin. J'en perdis deux ou trois, Délaïde me murmurant que « cette vérité dans la bouche des petits », c'était bien envoyé, et courageux, et affectueux. Marie-Estelle en aurait une grande satisfaction quand elle apprendrait la chose.

– Ta mère, lorsqu'elle n'avait que quatre ou cinq ans, me disait mon oncle, était très friande de la tarte aux blettes de

Feli. Elle n'aurait jamais voulu en laisser le moindre morceau. On lui rappelait alors que « les petites âmes de la maison » avaient le droit de s'en délecter, elles aussi, quand nous quitterions la table, sans la desservir, pour la leur laisser. Et, un soir, elle se cacha sous les trois nappes dont la première tombait jusqu'à terre et la dissimulait tout à fait. Elle guetta la venue des *armeto.* Elle s'endormit en les attendant. Quand elle s'éveilla, elle dut juger qu'on avait assez donné leur chance de se restaurer à ces gourmandes. Elle mangea le reste de la tarte et eut le front de dire qu'elle avait vu les fillettes – elle était persuadée que les petites âmes en avaient l'apparence – faire leur festin... Savais-tu cette histoire ?

Mais voilà, tout à coup, que Mlle Célestine qui avait peut-être trop mangé ou trop bu, devenait toute blanche, me disait Délaïde, ajoutant : « Jésus ! Elle va passer ! »

À l'instant même, mon oncle appela chez Sylvère Garlande. On lui donna le numéro de téléphone du restaurant où le médecin soupait. On put le joindre et il promit d'arriver aussi vite que le voudrait bien sa vieille voiture qu'il n'avait pas encore remplacée.

Délaïde s'étonnait que l'on dérangeât le docteur pour une *estomaga.* Une tisane de marjolaine ou un petit verre de *sauvo-crestian*, bénéfiques tous deux en cas d'indigestion, auraient suffi. Mon oncle la fit taire, sèchement. Puis je l'entendis parler sur un tout autre ton à Mlle Célestine que l'on avait fait allonger sur la méridienne, devant la cheminée. Il lui répétait – et en m'approchant je compris qu'il lui tapotait aussi doucement la main – que tout irait bien si elle restait sagement au calme, en attendant le médecin.

Et elle disait, tranquillement :

– Oh ! je n'ai pas peur, j'ai l'habitude. Il y a longtemps que j'ai le cœur qui bégaye un peu, pauvre de lui.

Comme j'étais arrivée près d'eux, mon oncle avança un fauteuil et me fit asseoir. Et il continua à parler. Sa voix se fit joyeuse pour dire :

– Sais-tu, Anicia, que lorsque nous étions enfants, ta mère et moi, notre chère Célestine nous gâtait bien souvent de douceurs, de *doucouletta*, comme nous disons ici. Son frère, Anselme, était employé chez un confiseur et lui apportait des débris de fruits confits, invendables mais aussi savoureux que les fruits entiers. Ta mère adorait les morceaux d'abricot, moi de poire. Nous nous en régalions à longueur d'année, sauf dans le temps de Noël et du Jour de l'An, parce que c'était la presse au magasin et qu'Anselme y travaillait jour et nuit... Dis-moi, Célestine, n'aurais-tu pas, toi aussi, un peu trop veillé ces temps-ci ? T'ai-je jamais refusé les aides que tu me demandais ?

– Les aides ! Comme si vous ne saviez pas que celles que vous appelez des « esstras », il faut tout leur apprendre. Si vous aviez vu comment elles me les avaient emballés les envois de camélias pour Paris ! J'avais dit : papier de soie et ouate, les deux ensemble. Misère ! c'est comme si je leur avais parlé en chinois... Il a fallu tout recommencer.

– Pourquoi ne m'a-t-on rien dit ?

– Là-bas, où on sait que vous allez, après le travail, on ne veut pas vous déranger... Vrai, pour nous, c'est sacré ce que vous y faites, et on n'irait vous chercher que s'il y avait le feu ici.

Je n'eus pas le temps de me demander de quoi il s'agissait, mon oncle me précisa, après un instant de silence, qu'il passait presque chaque soir une heure ou deux, parfois trois, à Sainte-Réparate où les orgues étaient remarquables.

Ainsi, il n'avait jamais renoncé, comme on le croyait, à sa musique. Il disait – et je le sentais ému – qu'à l'avenir il ne faudrait pas hésiter, puisqu'on avait découvert, ses rendez-vous à la cathédrale, à venir le chercher en cas de besoin.

Le docteur arrivait, je lui avais cédé ma place, sans trop m'éloigner, et je l'entendais parler, gaiement lui aussi, à Mlle Célestine. Il lui dit qu'elle avait été déraisonnable encore une fois, entêtée qu'elle était à malmener toujours son pauvre cœur. Et une petite voix répondait :

– Bast ! Je sais que vous allez me faire une piqûre et que ça ira mieux après.

– Je vais vous la faire, votre piqûre de camphre, mais vous me promettez de vous reposer.

– Monsieur le docteur, mes fleurs ne peuvent pas attendre.

– Elles attendront quand même.

– Pauvres d'elles, leur vie est déjà si courte. Et vous savez bien que moi, si je ne m'occupe pas de mes roses ou de mes œillets, si je ne sens pas leur parfum de vie, ce sera comme si j'arrêtais de respirer… Je vais vous dire ce que je lui ai demandé à notre Jésus, né de cette nuit, c'est de mourir, un beau matin, au milieu de mes fleurs.

– Pour le moment, vous allez vivre, et *longo mai*[1], mais je vais vous surveiller comme vous surveillez vos emballages, je vais vous mettre dans du coton, vous aussi… n'est-ce pas, Martial ?

– Comptez sur moi pour la surveiller aussi.

La douceur de cette soirée, ce n'était pas tant les treize desserts auxquels nous n'avions pu goûter, mais l'affection de ces deux hommes pour cette vieille demoiselle qui avait donné son cœur aux fleurs. Elle ne devait pas mourir, pas encore ! Elle était l'une de ces « petites âmes » du domaine qui veillait sur les fleurs, comme les *armeto* veillaient sur la maison.

La pensée qu'elle pourrait cesser de venir écarter le rideau de perles de bois de la cuisine pour me dire de sa voix joyeuse : « Bien le bonjour, mademoiselle Anicia ! Je viens juste m'asseoir une minute pour vous apporter la compagnie d'une belle rose, une Perle des jardins ce matin, d'un jaune si canari qu'on croirait qu'elle va chanter, elle aussi », me mit les larmes aux yeux. Et comme je lui disais que, pendant son

1. Longtemps encore.

repos, ce serait moi qui irais la voir chez elle, conduite par Théo, j'avançai ma main jusqu'à son visage. La joue, que j'effleurai d'une caresse, me révéla une peau fine, mais si ridée… Était-elle donc si vieille, ma vieille amie ?

Avec un petit rire, elle me dit :

– Plissée comme celle d'un coquelicot, hein ? Seulement moi, je ne me défroisserai plus au soleil…

Auréline s'était rapprochée aussi de la méridienne où se reposait Mlle Célestine. La tentation avait dû être trop forte d'être au plus près de Sylvère, et elle y avait cédé. Mais il lui parla à peine et, dès qu'il eut refermé sa trousse – refusant le verre de muscat offert –, il partit. Non sans avoir, toutefois, entraîné mon oncle dans la pièce à côté dont j'entendis la porte se refermer sur eux. Il devait vouloir parler de la malade.

La voiture de Sylvère Garlande démarrait dans son habituelle quinte de toux, quand Théo crut devoir annoncer à la cantonade qu'il savait, lui, pourquoi le docteur était si pressé. De belles dames l'attendaient pour finir de souper avec lui à l'hôtel Excelsior-Régina. Et surtout une de Paris et qui…

– Tu fatigues Mlle Célestine, avec tes bêtises. Tu peux pas te taire, *balista*[1] que tu es ! dit Feli.

Nous nous étions remis à table. Je pensais que mon oncle voulait montrer à Mlle Célestine, toujours allongée devant le feu, qu'on avait l'esprit en repos, aucune inquiétude à son sujet et de l'appétit pour aborder les treize desserts. Il les énuméra avec une gaieté qui s'adressait plus à sa vieille ouvrière qu'à moi.

– Pourquoi treize ? Comme tu le devines, j'imagine, un pour chacun des douze apôtres et le treizième pour le Messie.

Il commença par celui qu'il disait être le plus honoré : l'assiette de ces dattes qui avaient nourri la Vierge Marie pendant sa traversée du désert. Puis les noix, noisettes,

1. Conteur de balivernes.

amandes, figues et raisins secs, suivis des fruits frais ou confits, des nougats – noirs et blancs –, des dragées et des calissons pour en arriver au Maître-Dessert, la Pompe de Noël, pétrie de froment et parfumée d'eau de fleur d'oranger.

Il avait oublié les papillotes. Mlle Célestine les lui rappela. Et il me dit, avec ce rire heureux que je découvris ce soir-là.

– Ta mère qui avait peur du petit pétard qu'elles contenaient, ces jolies papillotes rouges à dessins dorés, me les échangeait contre ma part de nougat blanc.

Nous avions fait honneur aux traditionnels desserts. Feli avait préparé deux figues sèches fourrées de noix pour Mlle Célestine qui la remerciait en disant :

– Ma pauvre, je crois que même ce « nougat de capucin » que j'aime tant, il ne passera pas ce soir. Mais je vais l'emporter pour demain.

Mon oncle la reconduisit chez elle en voiture. Elle n'habitait qu'à deux kilomètres du domaine. Pourtant, je n'entendis l'auto rentrer au garage que bien tard dans la nuit. L'indisposition de Célestine nous ayant privés de messe de Noël, était-il allé jouer de l'orgue à Sainte-Réparate ?

Ce fut la petite fille qui recherchait chaque matin des coquillages avec Auréline, qui vint à l'aube, heurter à la porte et crier que la demoiselle du Maître était endormie sur la plage et qu'elle ne se réveillait pas, même si on la secouait.

Feli faisait son récit pour la troisième fois. Une pour son maître, une autre pour Aurèle et celle-ci pour Délaïde et moi, les dernières levées.

– Quand j'ai entendu qu'on frappait si fort à la porte, j'étais prête à me fâcher et à lui dire ce que je pensais de sa façon de vivre, à mon marchand d'herbes sauvages, parce que je croyais que c'était lui. Vous me direz qu'il s'en cultive ici, et de bonnes, des herbes, je ne dis pas non, mais rien qui vaille celles des collines. Bref, ce n'était pas lui, mais la petite qui tapait à en casser le heurtoir jusqu'à ce que j'ouvre mes persiennes et lui montre ma tête encore en bigoudis, vu que c'était dimanche et qu'il fallait qu'on aille à la messe pour rattraper le minuit de la veille auquel on n'avait pas pu assister à cause de Mlle Célestine. Et je lui ai dit de faire moins de charivari, le Maître dormait encore et vous aussi, mademoiselle Anicia. Alors elle m'a crié que si on se retardait trop, Mlle Auréline serait peut-être morte quand on arriverait sur la plage. Jésus ! On y est allés, à peine habillés, Théo et moi, comme si on se sauvait de la maison qui flamberait. Et ce qu'on a trouvé là, ça nous a retourné le sang. Auréline était couchée sur le sable humide, toute recroquevillée avec sa robe du souper de Noël pas plus épaisse que l'aile de la libellule. Elle grelottait, et en même temps elle était bouillante de fièvre. Une vraie pitié de désespoir. Théo s'est penché pour la prendre dans ses bras et la porter dans sa chambre. Et qu'est-ce qu'il a vu ? La Mirabelle II qui avait dormi tout contre la petite. Si vous voulez mon avis, mademoiselle Anicia, et si Dieu veut que notre Auréline se guérisse, ce sera grâce à cette brave bête qui lui a tenu un peu chaud sur le devant, parce que dans le dos, Jésus, elle l'a pris, le froid ! Dieu garde ! Qu'est-ce qui nous arrive là ? quel grand malheur !

Et le docteur Garlande était chez nous encore une fois. Soucieux, et sans son sourire habituel, me chuchotait Délaïde, ajoutant qu'il avait dû juste prendre le temps de s'habiller à moitié. Il était sans chapeau et sans cravate, lui si élégant.

Pneumonie. Le mot terrible avait circulé du haut en bas de la maison, et jusqu'aux champs de fleurs, prononcé à voix basse et avec effroi.

Nous ne savions pas encore ce que pensait mon oncle. Rien, à ma connaissance, n'avait filtré jusqu'à lui de l'amour de sa fille pour Sylvère Garlande.

Car Aurèle et moi n'avions aucun doute, cet acte de désespoir d'Auréline ne s'expliquait que par sa passion pour le docteur.

– Que crois-tu ? me demandait Aurèle. Elle a voulu mourir ?

– Je pense plutôt qu'elle a voulu attirer l'attention de Sylvère... Il faut attendre qu'elle puisse nous raconter.

– Si elle le peut jamais.

Il se reprochait d'avoir abandonné sa sœur pour aller finir la veillée de Noël avec Bryan et Sarah. Sir Edwin leur avait servi punch sur punch et ils avaient fait un bridge tous les quatre, pendant que...

Il pleurait. Je tentais de le consoler en affirmant que j'étais plus fautive que lui. Auréline m'avait fait des confidences et je n'avais cru qu'à moitié à ce qu'elle appelait « le grand amour de sa vie ». Je l'avais même supposée, sur quelques affirmations de Délaïde, amoureuse de Bryan.

– Oh ! ça, absolument pas !

– Que dirons-nous à ton père, s'il nous interroge ?

Aurèle pensait que nous n'avions pas le droit de parler du secret de sa sœur sans son consentement. Nous dirions donc que nous ne savions rien. Et d'ailleurs, c'était vrai. Pourquoi Auréline avait-elle voulu passer une nuit dans l'humidité et le froid ? Elle seule le savait.

Mon oncle ne nous interrogea pas. Il était redevenu peu liant et peu causant. L'effort qu'il avait dû faire pour rassurer Mlle Célestine, il ne le renouvelait pas pour nous.

Mais le docteur, lui, m'avait prise à part le lendemain matin. On ne décide pas de passer une nuit d'hiver et sans vêtements chauds sur une plage sans raison, me dit-il.

J'avais suggéré qu'Auréline avait peut-être un chagrin d'amour que nous ignorions.

– Ah ! avait dit Sylvère.

Sans plus.

– Docteur, peut-elle en mourir ?

– Du chagrin d'amour, ou de sa pneumonie ?

Il essayait de retrouver son ton habituel, mais n'y parvenait pas.

– La première, je m'efforce de la soigner, mais pour l'autre je ne peux pas grand-chose... Vous avez une idée, vous, de qui il s'agit ?

J'avais dit ne pas en avoir. Et le docteur était parti avec un petit soupir.

Et puis, le lendemain, il m'a demandé de faire quelques pas avec lui dans le jardin. Nous nous sommes assis au soleil, sur le banc des vieux Romains, et c'est lui qui a parlé.

Il était très inquiet. Il ne savait pas comment la maladie allait évoluer. Il tentait tout ce qu'il pouvait pour pallier le pire. Il allait même appeler un grand confrère en consultation. Dès maintenant, il fallait prévenir Marie-Estelle. On n'avait pas le droit de la laisser dans l'ignorance de la gravité de l'état de sa fille. Martial était d'accord. Il acceptait que sa femme – après tout, elle l'était toujours – vienne s'installer dans la petite maison de Délaïde et voie Auréline autant qu'elle le voudrait. Ils conviendraient de leurs heures respectives de visite à leur enfant.

Le docteur irait lui-même chercher Marie-Estelle et la ramènerait. Elle n'avait, à Tourettes, ni voiture ni téléphone. Il allait partir dans un moment, mais il avait, avant, une ou deux questions à me poser. Il espérait que j'avais un peu d'amitié pour lui et que je lui répondrais franchement.

Il ne m'avait pas crue lorsque je lui avais dit, la veille, ne rien savoir des peines de cœur de ma cousine. Et, tout à trac, il me demanda :

– Est-ce moi qui suis cause de ce drame ?

Alors j'ai dit ce que je savais. Mais qui n'était pas suffisant pour expliquer un tel acte de désespoir. Que s'était-il passé le soir de Noël ? Cela, je l'ignorais, lui aussi. Il se reprochait de ne pas y avoir attaché assez d'importance quand, à plusieurs reprises, Auréline avait tenté de lui faire comprendre qu'elle l'aimait. Il n'avait pu qu'en rire et s'efforcer de ne pas prendre la chose au sérieux. Il ne se pardonnerait jamais d'avoir été si peu perspicace, d'avoir cru qu'elle verrait enfin que ce n'était là que rêve d'adolescente en quête d'affection. Et, surtout, en quête d'elle-même.

J'ai murmuré que nous avions tous quelque chose à nous reprocher dans cette triste affaire. Et j'ai ajouté qu'Auréline ne pouvait pas mourir. On ne mourait pas, ici, d'une histoire d'amour. Tout ce qui nous entourait – que je ne voyais pas, mais que je sentais – l'interdisait. Auréline allait vivre, et bien rire, plus tard, en cherchant ses coquillages sur cette même plage où elle avait tant désespéré. Oui, j'étais sûre qu'elle en rirait.

En attendant, je pleurais, certaine que Sylvère avait du mal à se retenir d'en faire autant.

Il se leva et me dit :

– Si seulement elle avait compris à temps qu'elle ne m'aime pas, moi, mais qu'elle aime l'amour qu'elle attend.

Nous vivions dans l'anxiété ce moment extraordinaire, imprévisible hier encore, qu'allait être l'arrivée ici de Marie-Estelle dans une maison qu'elle avait quittée quinze ans auparavant, un matin, pour aller s'asseoir à même le sol d'un wagon de fleurs en partance pour Paris.

Malgré l'inquiétude et la tristesse qui pesaient sur la maison, on ne pouvait empêcher l'agitation qu'une telle arrivée suscitait. Elle étouffait, par instants, notre chagrin libérant une certaine excitation. Feli, qui devait se reprocher aussi des bouffées de curiosité, pensa s'absoudre en disant :

– La vue de sa mère, sûr, va lui faire du bien à la petite. Il le fallait, qu'elle revienne, Mme Marie-Estelle. On ne pouvait pas continuer à la séparer de son enfant.

Il nous manquait quelque chose. Quoi donc ? Tout simplement le bavardage de Délaïde. Où était-elle passée celle qui devait installer Marie-Estelle chez elle ?

On la chercha. Sans la trouver.

Pamphile nous renseigna. Il l'avait vue partir à bicyclette.

Et partir où ? À Nice, lui avait-elle dit, faire une course urgente.

Quelle course ? grogna Feli. C'était Théo qui les faisait toutes. Même réassortir des fils aux échantillons de tissus que lui confiait Anaïs, le jeudi. Et on pouvait dire qu'il s'en tirait toujours bien, savant qu'il était des couleurs, grâce à celles de ses girelles qui les lui avaient apprises.

La suite, on la sut par Mlle Célestine qui avait pris, sur la ligne du téléphone des commandes de fleurs, un appel d'un certain M. Esclapon. Il demandait Mlle Délaïde. Il avait la grippe et personne pour le soigner, parce que sa femme de ménage avait la grippe aussi, et même sa concierge. Il était seul, perdu, et il appelait à l'aide. Alors Mlle Délaïde, prévenue par un ouvrier qu'elle, Célestine, avait envoyé jusqu'à la maison, était vite partie pour l'assister.

Délaïde, quand son Auréline était au plus mal, et que sa chère Marie-Estelle arrivait, était à pédaler sur la route de Nice pour voler au secours du cousin-des-marrons !

Le comique vient toujours chatouiller le tragique pour le faire rire un peu. Parce que, malgré notre anxiété et notre chagrin, nous avons ri – selon la formule de Feli – d'un œil, pendant que l'autre pleurait.

J'étais assise auprès du lit d'Auréline lorsque Marie-Estelle est entrée dans la chambre.

Il pénétra avec elle un parfum d'air frais et de fleurs. Cette femme, je me l'imaginais déesse apparentée à Cérès ou Proserpine, cheveux au vent, et folâtrant parmi ses violettes, ou charmant des oiseaux. Et je me mis à croire au pouvoir magique d'une telle présence. Quand elle m'embrassa, avant de se diriger vers sa fille, je sus que nous étions sauvés. L'une des « petites âmes de la maison », leur reine même, était de retour chez elle et tout irait bien.

Ce qu'elle fit alors, je ne le vis pas, mais je l'entendis, le sentis. Elle s'allongea sur le lit à côté de sa fille puis elle la prit dans ses bras et la berça en lui parlant tout bas.

Un souffle de bonheur passait soudain dans cette chambre qui n'avait, depuis deux jours, été imprégnée que d'angoisse et de tristesse.

La porte s'ouvrit soudain et quelqu'un entra. C'était *lui.*

Le silence fut dans la pièce comme une autre présence, lourde, mystérieuse et terrible à la fois.

Qu'ils parlent, qu'ils se disent ne serait-ce qu'un banal bonjour, mais qu'ils le brisent, ce silence !

Je n'avais pas entendu Marie-Estelle bouger. Elle était

donc toujours allongée sur le lit avec sa fille endormie dans ses bras.

Mais lui ? Où était-il ? Que faisait-il ?

Un homme et une femme vivaient, dans cette chambre, un moment fatidique de leur vie.

Que se disaient leurs regards ?

La tension, née de l'affrontement muet de ces deux êtres, était oppressante au point de donner envie de crier.

Se haïssaient-ils ? S'aimaient-ils encore ? Ou étaient-ils indifférents l'un à l'autre ?

Alors il se passa une étrange chose, je fus sûre de percevoir leur souffrance et elle m'étreignit le cœur. Et je sus que j'aimais Marie-Estelle et Martial.

Vint le moment où je l'entendis, lui, marcher vers la porte.

Lorsque le bruit de ses pas décrut dans l'escalier, j'entendis le petit sanglot de Marie-Estelle.

Feli avait installé Marie-Estelle dans la petite maison gardée par Aldébaran et lui avait servi une *socca* et un verre de vin muscat. C'était ce qu'elle prenait, autrefois, quand son mari s'absentait et qu'elle dînait seule.

Marie-Estelle était à nouveau auprès de sa fille avec laquelle elle dormirait.

Lorsque Délaïde revint, à la nuit, Feli, qui lui avait gardé son souper au chaud, la servit sur un coin de table de la cuisine. Une Feli muette et se gardant bien de poser la moindre question. Elle attendait. Ce ne fut pas long, Délaïde se répandit vite en explications : Ah ! les pauvres hommes célibataires, quelle pitié de les voir abandonnés de tous dès qu'ils étaient dans le malheur. Fréquenter le plus beau monde de la ville et se retrouver seul pour supporter 39,6 degrés de fièvre sans une âme charitable pour vous donner même un verre d'eau et alimenter le feu ! Et quel feu ? Il n'y avait ni bûches ni charbon là où il y aurait dû en avoir. On se demandait à quoi s'occupait la souillon qui était payée pour veiller à la santé d'un homme dont la ville de Nice avait tant besoin et qui avait des responsabilités pires qu'un ministre.

Alors, qu'est-ce qu'elle avait fait, elle, sa cousine ?

On ne le lui demandait pas, mais on le sut.

Eh bien, elle s'était retroussé les manches, et, quand elle

avait quitté l'appartement de M. Esclapon, le haut responsable du choix des programmes du Grand Théâtre de l'Opéra reposait dans un lit aux draps propres, après avoir pris un bouillon de poule qui l'avait ragaillardi. La température de la chambre, avec un bon feu, était montée et celle du malade avait baissé, il ne transpirait plus que d'un petit 38 quand elle avait, sans bruit, refermé la porte sur M. Arsène Esclapon endormi.

Sans bruit aussi, Feli laissa tomber sa pierre de cent tonnes sur tout ça qu'elle réduisit en poudre.

– Auréline, elle, a toujours 40 de fièvre.

Une pause, éloignant un moment l'angoisse qui pesait sur la maison, nous venait de Pamphile et de Célestine.

Ils arrivaient chaque matin aux nouvelles, chargés de fleurs. Lui, avec ses « estropiées » du jour. Elle, sa rose ou son œillet de compagnie.

Et je me disais que ces deux braves, comme les appelait Feli, avaient le sentiment d'apporter ici dans notre cuisine, ce qu'ils avaient de plus beau à donner, oubliant leur cœur, plus beau encore.

Puis Sylvère arrivait. Et il restait longtemps au chevet d'Auréline. Ses élégantes clientes devaient en pâtir. Je le sentais à la fois nerveux, inquiet, et désolé de son impuissance à venir à bout de cette fièvre persistante et de l'état d'abattement de sa malade.

J'entendis – par deux fois – Marie-Estelle le réconforter. « Je sais qu'elle va guérir », lui disait-elle.

Il ne répondait pas. J'aurais aimé voir si son regard s'éclairait alors à celui de Marie-Estelle. Pourquoi n'aurait-il pas cru en elle, comme moi ?

Un matin, où il ne la vit pas au côté de sa fille, il s'inquiéta. Où était-elle ?

Elle était partie, avant l'aurore, au Mas des Violettes,

y chercher son chardonneret. On avait besoin de lui ici. Et lui, seul là-haut, dépérissait.

Elle revint avec son oiseau boiteux et le mit dans la main d'Auréline qu'elle referma sur lui.

– Eh ! la petite a souri ! nous hurla Délaïde, arrivant en trombe dans la cuisine, ajoutant haletante : Et la fièvre a baissé, c'est sûr !

Elle avait baissé, en effet.

Marie-Estelle repartit un matin de janvier. Avec son chardonneret, et un bouquet d'iris de Suze d'un bleu qu'elle me dit, en m'embrassant, être celui de mes yeux.

J'étais pénétrée encore du pouvoir presque magique de cette femme, je m'entendis lui demander :

– Reverront-ils bientôt ?

– Mais bien sûr, ma chérie, très bientôt.

Et je la crus.

Je pouvais maintenant monter les escaliers à toute allure et les gravis, ce matin-là, riant et me demandant si je ne les redescendrais pas sur la rampe. Et j'entrai en trombe chez Auréline, assise sur son lit et prenant son chocolat.

– Ta mère m'a dit que je reverrais bientôt.

– Il faut la croire. Elle est une fée.

Et pourquoi ne l'aurait-elle pas été ? Pourquoi n'aurait-il pas existé des êtres qui ont en eux plus que les autres ?

– Tu sais, me dit Auréline, je lui ai tout dit.

– Tout quoi ?

– Ce qui s'est passé ce soir-là. Dieu ! quelle bête histoire !

Ainsi, dès la fin de notre souper de Noël, Auréline avait pris sa bicyclette pour aller voir, à l'Excelsior-Régina, avec qui avait dîné Sylvère, et s'il était vrai que cette Parisienne, dont on accolait son nom au sien, était entrée dans sa vie pour de bon.

Elle avait attendu longtemps devant la porte de l'hôtel. Et elle avait vu le docteur monter dans sa voiture avec la femme. Elle les avait suivis. Pas de trop près, et servie par une nuit sombre.

Ils étaient allés chez lui. Là encore, elle avait attendu longtemps. La femme allait peut-être repartir. Mais, non, elle était restée.

– Alors j'ai compris qu'il devait l'aimer, elle. Mais, en même temps, je me disais qu'elle n'était peut-être qu'une passade dans sa vie et que j'aurais une chance, si seulement je pouvais le voir souvent, d'arriver à le convaincre que je l'aimais… Il ne faut surtout pas croire que j'aie voulu mourir, je voulais seulement être un peu malade pour qu'il vienne me soigner. Je voulais avoir quelque chose de plus grave que le prurit des oignons de jacinthe.

Et elle s'était allongée sur le sable, avec Mirabelle II venue la rejoindre. Elle n'avait pas senti le froid pendant qu'elle se répétait : « Il sera bien obligé de venir me soigner et alors je lui dirai… », et son refrain l'avait endormie !

Elle riait, et elle ajouta, riant plus encore :

– Mais ce n'est pas tout.

Elle attendit quelques secondes. Sans doute me regarda-t-elle avant de continuer et de m'assener :

– Je crois… je suis même sûre que je ne l'aime plus. Ma maladie m'a guérie de mon amour pour lui. Quand j'ai repris mes esprits, après la fièvre, tout d'un coup, comme ça avait commencé, ça s'est fini. Tu peux imaginer que je l'ai regardé, *lui*, en me disant que j'avais dû être un peu folle, et que *je ne l'aimais pas* ? Tu comprends ça ?

Plus tard, elle me demanda où j'en étais avec mon Armand Duval.

Au point où nous en étions, je lui avouai tout, moi aussi.

Elle n'a pas ri. Elle m'a dit, avec un grand sérieux, que ce que j'avais fait là était une preuve d'affection qu'elle n'oublierait jamais. Et nous avons parlé de l'amour en femmes au cœur encore libre, après que je lui ai avoué n'avoir jamais eu, à Paris, que quelques flirts sans importance. Comme je lui demandai si elle pensait, comme Maeterlinck, que l'amour était « la forme la plus divine de l'infini », elle a réfléchi un moment. Puis m'a dit en riant que cette définition lui confirmait qu'elle n'aimait pas, mais pas du tout, au sens le plus noble du terme, son beau docteur.

Là-dessus, elle agita sa clochette pour redemander du chocolat.

– Après de pareilles aventures, nous en avons besoin, tu ne crois pas ?

Impossible de refuser le chocolat chaud parfumé à la cannelle de Feli. Et surtout accompagné de ces *cassa-dent* qu'il fallait laisser tremper dedans pour les ramollir et faire mentir leur nom.

Mais celui-là n'avait pas pour moi son velouté savoureux habituel. Je n'aimais pas imaginer que Marie-Estelle s'était détachée de son mari aussi facilement que sa fille de Sylvère Garlande. Il me faudrait interroger encore Célestine. Son pauvre cœur bégayant, comme elle disait, avait compris beaucoup de choses qu'elle ne m'avait pas encore révélées. J'avais même l'impression qu'elle faisait dévier notre conversation quand je posais des questions trop précises.

J'attendais ma Célestine avec impatience. Elle ne m'avait pas encore donné sa rose du jour, que je lui demandai :

– D'après vous, pourquoi Marie-Estelle est-elle partie si subitement ? Il a dû se passer quelque chose ?

La question devait l'embarrasser. Elle prit le temps de me dire qu'elle m'apportait, ce matin, une Reine d'or, une rose jaune chamois, « une gloire de pétales », disait M. Martial. Et elle n'était pas seulement plus que belle, elle était solide et bonne voyageuse. Elle arrivait jusqu'à Saint-Pétersbourg, autrefois, tout en fraîcheur, comme si elle venait d'être cueillie. Il y avait, avant cette révolution de malheur, une princesse russe pour qui c'était la seule fleur de la bonne couleur assortie à ses zibelines et à ses dentelles anciennes. On savait ça par la secrétaire de la dame qui passait les commandes.

Puis elle m'a demandé l'autorisation de prendre un verre d'eau pour avaler sa pilule. Le docteur Garlande exigeait qu'elle le fasse à heures fixes et la grondait si elle n'obéissait pas, me précisa-t-elle en riant. Et, brusquement, elle a pris la décision de me répondre enfin :

– Je me suis souvent dit que, sans cette affaire avec Justin, elle serait encore là avec ses enfants et avec nous Mme Marie-Estelle. De ce Justin, je vous ai parlé, mais je ne vous ai pas dit le pire. C'en était un habitué à avoir toutes les filles qui lui passaient sous l'œil. Et il a cru qu'il allait avoir aussi Mme Marie-Estelle, la femme du patron ! Il lui jetait des regards pleins d'amour dès qu'elle était à travailler avec lui. Et elle, elle ne les comprenait pas, ou même ne les voyait pas. J'ai toujours pensé que Mme Marie-Estelle voyait des choses que nous ne voyions pas, nous, mais ne voyait pas toujours ce qu'elle avait devant les yeux. Alors, Justin est devenu comme fou. Il la guettait partout et un jour... Il faut que je dise d'abord qu'à cette époque, où j'étais plus jeune, j'aimais aller sur la plage à l'heure d'arrêt du travail pour la collation. Je m'installais à l'ombre d'un tamaris pour manger mon pain bagnan. Souvent, je regardais Mme Marie-Estelle qui courait, comme elle aimait le faire, sur le bord de la mer. Elle disait que c'était bon pour ses chevilles. Elle était en maillot de bain, je me souviens même qu'il était vert. C'était sa joie de lancer des gerbes d'eau autour d'elle, et c'était bien du plaisir de la regarder. Elle avait ses longs cheveux qui couraient eux aussi derrière elle. Parce qu'elle enlevait ses épingles. Elle les déposait sur une pierre plate, toujours la même, qu'elle appelait sa table de toilette de plage en riant. Elle riait de tout dans ces moments-là. Une fois où elle m'avait vue, on avait partagé mon pain bagnan. Et elle disait que c'était son plus délicieux repas depuis longtemps. Mais elle s'était vite sauvée, après m'avoir dit, inquiète, qu'il fallait qu'elle se dépêche. Son mari n'aimait pas qu'elle s'absente plus d'une demi-heure. Il n'aimait pas non plus qu'elle vienne sur la plage sans lui. Bref, ce jour dont je veux vous parler et où j'étais encore là, sous mon tamaris, elle courait dans l'eau comme une bienheureuse, quand j'ai vu, avant elle, le Justin qui arrivait, en courant aussi, et l'attrapait par la taille sans qu'elle ait pu se rendre compte de ce qui lui arrivait. Alors il l'a fait tomber sur le sable, il s'est jeté sur elle et il a tiré sur le maillot vert pour lui découvrir la poitrine... elle était preque nue et elle se débattait en criant, et je criais aussi en allant vers eux, sans savoir ce que je pourrais faire. Mais M. Martial est arrivé avant moi, sans que j'aie vu d'où il sortait. Alors là, mademoiselle Anicia, ç'a été terrible, ils se sont battus, les deux hommes. Ils étaient grands et solides et de forces égales. Et ça a duré. Elle, j'essayais de l'entraîner plus loin, mais elle voulait rester pour leur dire d'arrêter, d'arrêter... Elle tremblait, elle pleurait...

– Ne pleurez pas, vous, mademoiselle Célestine.

– C'est que vous ne savez pas comme c'était horrible, rien que d'y repenser j'en suis encore toute retournée... Je croyais que je ne raconterais jamais ça à personne. Je vous l'ai dit, à vous, je ne sais pas pourquoi. Peut-être, excusez-moi de vous rappeler ça, peut-être parce que vous êtes malheureuse, vous aussi...

– Et après, que s'est-il passé ?

– M. Martial a eu le dessus. Il a laissé le Justin comme mort au bord de l'eau. Il y avait du sang, là où la mousse des vagues est si blanche. M. Martial en était plein aussi. Et elle, elle essayait de l'essuyer avec sa serviette de toilette, mais il l'a repoussée si fort qu'elle est tombée. Elle sanglotait. Et il est parti sans s'occuper d'elle. Elle s'est relevée et l'a suivi. Après, bien sûr, je ne sais pas ce qui s'est passé. J'ai seulement appris, par Mlle Délaïde qui est venue pleurer auprès de moi, qu'il y avait eu une dispute terrible entre eux. Elle était allée coucher dans la chambre de l'amandier et son mari en avait enfoncé la porte dans la nuit. Il n'aimerait pas, M. Martial, que je vous aie raconté tout ça. Vous n'en parlerez pas ? Bien sûr, il m'avait vue là, au bord de l'eau, et un jour, bien plus tard, après son départ, nous avons parlé, un jour où il me paraissait tellement triste. J'avais beau lui dire le contraire, il était persuadé qu'elle avait été coquette avec ce Justin de malheur, et il me répétait lui avoir défendu d'aller sur la plage où les ouvriers pouvaient la voir, et me répétait encore qu'elle ne l'écoutait jamais. Il faut dire qu'il lui défendait tant de choses, le pauvre, dans la crainte de la perdre.

– C'est comme ça qu'il l'a perdue !

– Peut-être.

– Et ce Justin, qu'est-il devenu ? Il était blessé ?

– Oh ! cette racaille-là, ça ne meurt pas comme ça. Il est reparti et on ne l'a plus revu.

– Et, avec le temps, mon oncle n'a jamais pardonné ?

– C'est un orgueilleux.

– Vous n'avez pas été surprise qu'elle abandonne ses enfants ?

– Elle devait savoir que, si elle les emmenait, il la poursuivrait. Et puis, je vous l'ai dit, elle avait perdu sa sensibilité.

Célestine partie, je respirai sa Rose d'or. On me la disait jaune chamois. On aurait pu aussi bien me raconter que c'était une rose bleue, qu'est-ce que ça changeait pour moi ? J'étais triste. Si triste pour Marie-Estelle. Et lui, lui qui l'avait tant aimée ? Comment pouvait-il ne pas pardonner ? C'était donc vrai que « l'amour est destiné à mourir de l'idéal qui l'a engendré » ? Quelle Marie-Estelle idéale s'était forgée Martial ?

Délaïde m'avait dit, avec un rire grinçant :

– Je suppose que le Conseiller va me déconseiller d'aller voir si Arsène va mieux et me conseiller de remplir ici les tâches pour lesquelles je suis payée. Mais j'irai quand même.

– Allez voir Arsène, si vous y tenez, mais cessez d'appeler mon oncle de ce surnom stupide.

Elle était sans rancune, la pauvre fille. Elle me répondit sans aigreur qu'elle ne savait pas ce que nous avions tous, en ce moment, ici. Sûr, ça ressemblait à de l'énervement. Et elle ne comprenait pas pourquoi. Auréline était guérie et se faisait les joues de plus en plus roses chaque jour. La culture d'hiver des anémones donnait des récoltes de paradis comme si les anges en déversaient de là-haut à *gourgouleta*, et Pamphile avait réussi un nouvel œillet de fantaisie jaune d'or qui s'appellerait « Auréline Desroches ». Alors pourquoi Aurèle avait-il l'humeur aussi noire que l'encre du calamar ? Et Feli et Théo qui s'envoyaient des mots coupants comme des couteaux ! Quant à M. Martial Desroches (nom prononcé avec emphase), celui-là, au moins, il était parti en emmenant sa figure de contrarié. Pourquoi était-il allé à Paris ? Sûrement pour que l'air glacé du Nord lui refroidisse le souvenir qui devait le brûler de la bêtise de sa fille. Pauvre pitchoune, ce n'était pas de sa faute si un bel homme lui avait fait les yeux doux.

– Délaïde, vous savez bien qu'elle s'est monté la tête toute seule !

– Tu ne vas pas me dire qu'il lisait les lettres qu'elle t'adressait pour autre chose que pour se faire remarquer d'elle et empêcher qu'elle voie que ce beau jeune homme anglais était bien beau.

– Délaïde, il faut cesser de penser à ça.

– Et pourquoi ? Ce n'est pas parce que M. Desroches n'a même pas été capable de dire un petit mot d'amabilité à Marie-Estelle, quand il l'a revue après quinze ans d'absence, que tous les hommes sont sans sentiment. Tu reconnaîtras que notre voisin anglais était plus qu'attristé par la maladie d'Auréline. J'ai compté ce qu'il lui a fait comme cadeaux : les fruits confits de chez Auer – les meilleurs de la ville –, le châle en cachemire des Indes, souvenir de sa grand-mère, et les chocolats. Pour ce qui est de la bague, avec ce qu'ils appellent chez eux des forguette – je ne sais pas quoi… enfin, des myosotis de chez nous, tu veux que je te dise ma pensée ? Il a demandé à Sarah de l'offrir à Auréline pour que ce ne soit pas trop intime. Tu vois ce que je veux dire ? Ce qu'il voulait, c'était la voir au doigt d'Auréline et ça n'avait pas d'importance si ce n'était pas lui qui la lui avait donnée.

Incorrigible Délaïde ! Certes, Bryan avait été aimable, affectueux même, mais comme l'aurait été un frère.

Et elle était allée voir le cousin-des-marrons. Elle en était revenue surexcitée :

– Devine, Anicia, devine un peu ce qu'il a fait pour moi, Arsène, en remerciement. Non, tu ne peux pas imaginer, parce que c'est trop co-lo-ssal. Écoute ça.

J'entendis que l'Illustre – *dixit* Théo – organisait, entre mille autres choses d'importance, le char du Grand Théâtre de l'Opéra pour le corso fleuri du carnaval. Et il le voulait en violettes, ce char, vêtements des figurants et du cocher compris. Plus, des centaines de bouquets à lancer au public. C'était l'idée de M. Esclapon, cette unité. Il trouvait très distingué, très élégant, de ne pas mélanger sept, huit ou plus encore, de variétés de fleurs. Et qui allait les lui fournir, ces violettes ? Toutes les Alpes-Maritimes et tout le Var en faisaient et lui en enverraient des tonnes.

– Alors, tu devines ce que j'ai fait ?

Je devinais.

– Et il m'a dit qu'il me devait bien, en remerciement de mon dévouement, de donner la préférence à mon amie Marie-Estelle, dont je lui avais parlé en lui tenant compagnie, pendant sa grippe. Bien sûr, comme elle n'était pas encore une horticultrice connue, et qu'en fait, dans sa petite exploitation, elle avait moins de frais généraux que ses confrères plus conséquents, il faudrait qu'elle lui consente un prix raisonnable. Mais ça, c'était un détail. L'essentiel était que Marie-Estelle allait devenir fournisseur du Grand Théâtre. Tu vois ce que je veux dire ? Comme ceux qui ont comme clients les rois, les reines et les altesses et mettent ça sur leur papier à lettres dans un bel écusson. Et voilà ! C'est pas beau, ça ? Tu la vois, la joie de Marie-Estelle ?

Je la voyais. Brave Délaïde !

Auréline avait repris son travail. Elle chantait à tue-tête dès son réveil, ou bien se taisait pendant de longs moments. Elle expliquait ces deux attitudes contradictoires. Elle était heureuse d'avoir à nouveau le cœur libre et léger, alors elle chantait. Mais elle était inquiète, un peu, de ce que lui préparait son destin, alors elle réfléchissait. Et, de cette réflexion intense, plusieurs résolutions avaient jailli.

Tout d'abord, révision complète de son genre de vie.

– Explique-moi, Anicia, pourquoi, alors que nous vivons dans l'une des villes les plus fréquentées par quantité de gens venus du monde entier, nous les ignorons, nos hivernants ? Nous négligeons cet apport humain inestimable, enrichissant, divertissant et même, sentimentalement inappréciable.

Je n'ai pas eu à expliquer, elle continuait :

– Alors j'ai décidé de parler à mon père et de lui demander à être payée, comme ils le sont tous ici, à l'exception d'Aurèle et de moi. Si j'avais, enfin, un peu d'argent pour m'habiller mieux et, un jour peut-être, pour m'acheter une petite automobile, je pourrais me distraire, connaître des gens intéressants, vivre, pour tout dire. As-tu seulement une idée de ce que l'on peut faire ici en se remuant un peu ? En plus des fêtes de carnaval, qui vont débuter le mois prochain et durer jusqu'au printemps, et des représentations théâtrales, il y a encore quantité de divertissements. Du tennis – avec des tournois internationaux – aux grandes régates, en passant par le plus passionnant, les arrivées en rade de Villefranche des escadres française, anglaise, américaine, avec leurs séries de réceptions qui vont des après-midi dansants aux dîners, soupers et bals. Alors voilà, je veux profiter de tout ça. Si tu calcules combien d'officiers – beaux, par définition, comme dans les romans que nous lisions – il peut y avoir, fournis par chaque escadre, la tête te tourne comme si tu avais déja valsé avec eux toute la nuit. Bref, j'ai décidé de changer de vie.

– Si ton père le veut bien.

– Qu'est-ce qu'il dira devant le fait accompli : sa fille enlevée, et emportée vers l'Amérique ou l'Angleterre, par un bel enseigne de vaisseau ?

– Et ta mère ?

– Ma mère, qui s'est enfuie d'ici dans un wagon de fleurs ? Que veux-tu qu'elle dise… sinon que je lui ressemble.

Nous en étions là, lorsque Délaïde est arrivée revenant de Nice, une fois de plus, et très excitée. Le cousin-des-marrons avait passé commande de ses quintaux de violettes à Marie-Estelle. Mais il avait dû serrer les prix… enfin, sur ordre de la direction, parce qu'il n'était quand même pas tout à fait le seul à décider. Alors, une question grave se posait : qui aiderait Marie-Estelle aux cueillettes pour limiter les frais ? Elle avait pris sur elle de dire : *Nous.*

Ce « nous », c'était Aurèle, Auréline, Bryan, Délaïde et moi.

Je ne disais pas non, mais serais-je utile ?

On y avait pensé. Je pourrais faire les bouquets pour la bataille de fleurs. C'était possible, même sans y voir, à condition de compter fleurs et feuilles.

Bryan contacté avait dit que ce serait une « merveilleuse expérience ». Nous irions là-haut, conduits par lui en voiture, et pendant deux ou trois jours, plus s'il le fallait. Il se chargerait des pique-niques.

Il ne tenait pas en place. Sa conception d'une fête étant que la préparation en était le moment le plus passionnant. Et il préparerait.

En attendant, et pendant que poussaient les violettes à l'ombre des oliviers ou des orangers, je continuais à occuper ma place, chaque matin, dans la cuisine, après le départ d'Aurèle et d'Auréline pour les champs de fleurs. Pamphile, parfois, s'attardait à siroter sa « goutte de café » qui pouvait aller jusqu'à trois bols, bien pleins.

Il me décrivait ses estropiés du jour. Des narcisses à corolle double, la seconde en forme de clochette s'étalait sur la première aux pétales étoilés. C'était me disait-il, des Soleils d'or d'un suave parfum. Il avait apporté ceux qui, cueillis la veille, trop avant dans la matinée, n'auraient pas bien voyagé. Et aussi des giroflées. D'elles, il ne me disait pas la blancheur des fleurs ni le velouté des feuilles, comme Célestine. Mais il leur décernait un bon point dû à leur caractère accommodant. Elles se satisfaisaient du voisinage de la mer. Elles n'avaient qu'un seul défaut. Elles n'aimaient pas être arrosées au milieu du jour, en plein soleil, ça déplaisait à leurs feuilles, elles s'attrapaient alors le *meunier* qui les faisait blanches comme de la farine.

Et il ajoutait :

– Je leur dis toujours, à mes jeunes, n'arrosez que dès la rosée évaporée, et jamais plus tard que huit heures, huit heures et demie. Ils disent « oui, oui », mais ils n'en font qu'à leur tête. Pour eux, je suis un vieux fada radoteur. Si M. Alphonse Karr, mon ancien Maître, voyait, le pauvre, comme la mentalité a changé ! Quand je pense que, de son temps, on ne lui parlait que le chapeau à la main... Maintenant, si le mistral n'enlève pas le *capéu*, il reste vissé sur la tête de tous. Même, peut-être, que certains dorment avec, qui sait...

Le vieux Pamphile parti, Feli à son ménage, Délaïde virevoltant de droite et de gauche – quand elle n'était pas à pédaler vers Nice –, j'attendais la visite de Célestine et de ses fleurs de compagnie. Elle me les offrait maintenant avec une réflexion sur le temps qu'elle avait dû se faire en trottinant des salles d'emballage jusqu'à notre cuisine. Peut-être pour que nous ne reprenions pas nos conversations sur Marie-Estelle. Elle devait regretter ce qu'elle m'avait dit, et nous parlions donc prévisions atmosphériques. Du soleil, elle disait « il ». Un jour de grisaille, elle remarqua avec sérieux – mais peut-être y avait-il un peu d'ironie dans son regard : « Eh, il se repose ! Il en a bien le droit, lui aussi, parce que peut-être ça le fatigue de briller, à la longue. » Ou bien, elle le traitait de paresseux : « Il nous a oubliés, ce feignant. » Parfois, elle lui en voulait : « Sur notre toit en ferraille, il tape si fort qu'il nous faut asperger nos roses, il nous les escagasse. » De la pluie, elle disait : « Et celle-là ? Elle attend la fin du monde pour se décider à nous arriver ? »

Un matin, où je lui demandai ce qu'elle allait faire de son dimanche, je la fis rire. Elle avait un joli rire tout fleuri de jeunesse, d'innocence et de confiance. Une confiance que j'associais à celle merveilleuse, poignante même, que nous lisons dans le regard d'un bon chien qui nous aime.

– Quel dimanche ? Elles ne connaissent pas le calendrier, les fleurs ! Vous ne pouvez pas leur dire : « Demain matin je vais à la messe et demain après-midi au cinéma, et vous ne me verrez pas. » Qu'est-ce que vous voulez qu'elles comprennent à ça, elles qui vivent leurs petites heures comme nous vivons nos grandes années ? Elles sont pressées, on ne peut pas leur dire d'attendre, comme ça, debout dans leur terre… Je ne sais pas si vous avez remarqué ça, mais de tout ce que le Seigneur a créé de vivant, elles sont les seules, les plantes, à rester immobiles. Des fois, je me dis que ça doit être terrible une vie sans pouvoir bouger… Et les arbres, si longtemps, des cent ans et plus, toujours à la même place ? Alors, c'est juste, n'est-ce pas, que nous bougions pour nos fleurs, même le dimanche ?

– Et votre cœur, vous y pensez ? Le docteur vous a bien recommandé de vous reposer.

– Vous voulez que je vous dise ? Je me reposerai quand je serai dans la terre, à mon tour, comme elles. Et je vais vous dire encore que je n'en ai pas peur, de cette terre. Si leurs racines y sont heureuses, pourquoi moi je ne le serais pas, hein ? Regardez ces jacinthes roses… Ah ! excusez-moi, j'oublie, à les voir si grands ouverts, vos beaux yeux, qu'ils ne voient pas… Oui, je vous disais que ces jacinthes roses qui sont si belles et qui sentent si bon, elles sortent de cette terre où nous finirons tous, cette bonne terre qui les a faites si belles, alors pourquoi nous, elle nous accueillerait pas aussi bien ?

Théo reniflait les fleurs de Pamphile et de Célestine en maugréant qu'on finirait par m'asphyxier avec tout ça « qui me prenait mon oxygène ». Il avait eu, récemment, au Café des Amis, une conversation scientifique avec le beau-père de l'un de ses partenaires à la manille, arrivé à Nice pour y passer son temps de retraite et qui était un savant. Sûrement un Illustre qu'on apprécierait bientôt en ville. Et il disait, ce spécialiste, que garder des fleurs – surtout la nuit – trop près de soi, c'était dan-ge-reux. Parce qu'il fallait savoir que les plantes vous fabriquent un poison mortel, le gaz carbonique. Si ça m'intéressait, la prochaine fois qu'il pourrait aller faire une manille au Café des Amis, il me rapporterait plus de détails sur la question. Mais, déjà, il pouvait me dire qu'il nous fallait, au moins, six mètres cubes d'air à consommer par heure et par personne pour vivre, et qu'il valait mieux ne pas avoir à les partager avec les plantes. Il ajoutait, en confidence :

– Si ça se présente, dans la conversation, ce serait bien que vous fassiez remarquer à Feli, comme ça, en l'air, que mes relations du Café des Amis sont, scientifiquement, très importantes.

Je promettais. J'aimais bien notre illustre affabulateur, et ses retours de pêche, avec son panier plein dont il me disait : « C'est pas beau ? Sentez-moi ça, c'est tout le parfum de la mer et qui en vaut bien d'autres. » Et si sa Feli s'extasait sur la grosseur d'une rascasse ou d'un congre, il ajoutait, faussement modeste : « Oui, c'est majestueux. » Qualificatif qu'il avait dû glaner au Café des Amis et qu'il associait aussi à la *socca* ou à la *pissaladeria* de son épouse.

Auréline commença à entrer dans sa nouvelle vie, en attendant d'avoir le courage d'aller parler à son père, en faisant couper ses cheveux aussi courts que ceux de son frère. Elle avait aimé, lorsqu'elle était, comme lui, à attendre qu'ils repoussent après leur typhus, se sentir la tête légère. L'ébouriffé qui lui revenait, les mois passant, elle n'en voulait plus. Et, d'ailleurs, c'était la mode d'avoir la nuque tondue.

Délaïde dit : « Si c'est pas malheureux ! » Ce que Feli répéta avec chagrin.

– Et tu devrais bien faire comme moi, me conseillait Auréline. Avec deux guiches, une sur chaque joue, tu cacherais ta cicatrice et tu serais épatante.

J'attendrai, pour être épatante, de pouvoir me regarder dans un miroir.

Le docteur n'était plus revenu nous voir et nous savions, par Anaïs, que la Parisienne était repartie pour Paris et qu'en ce moment on ne parlait de personne d'autre.

– Ça ne durera pas, dit Auréline, en riant. Avec le carnaval qui arrive et la folie qu'il déclenche en ville, il y en aura des floppées, de Parisiennes, et d'Anglaises, et d'Italiennes, et même d'Américaines, qui vont se jeter sur le beau M. Garlande.

Et il arrivait, ce temps de carnaval. Célestine me disait :

– On dirait qu'ils ont compris, nos champs de fleurs, qu'on va avoir besoin de couper et de couper par milliers pour prouver que le plus beau corso fleuri, c'est toujours ici qu'il se passe. Vous pouvez le sentir, dans l'air, que ça pousse, que ça sent la vie qui jaillit de partout. Et si vous allez en ville, vous sentirez aussi du surexcité dans la rue, rien qu'à voir les gens qui courent comme si le mistral les poussait, parce qu'ils ont peur de n'avoir pas le temps de se préparer pour la fête.

– Et s'il pleut, ces jours-là ?

– Jamais ! Mais si ça arrivait, eh, ce serait bien fait pour eux ! Et *elles*, ça les rafraîchirait un brin, les pauvres qui sont en mascarade sur tant de chars.

Mlle Célestine n'aimait pas du tout le temps de carnaval.

– Jésus, je l'aurais vu dans la rue, qui sait si je l'aurais reconnu, disait Feli, à la fois stupéfaite et désolée en levant les bras au ciel. Mais pourquoi il a fait ça ? Elles étaient si belles, ses moustaches ! Dieu garde, sans vouloir manquer de respect, je dirais que comme ça, tout rasé, il a l'air tout nu.

Voilà donc quelque chose que je ne verrai pas, le jour où mon nerf optique se décidera à guérir : les moustaches de Martial Desroches, du Domaine des Demoiselles. Moustaches dont Célestine disait qu'elles étaient « d'un seigneur ». Sans doute pour en avoir vu de semblables sur le visage de quelque prestigieux Français ou étranger, Promenade des Anglais.

Aurèle et Auréline, en revanche, trouvaient cette ablation crânement moderne. Bryan, lui, hésitait à se prononcer. Son père arborait depuis toujours une superbe barbe à l'Édouard VII et il aurait eu, disait-il, beaucoup de mal à l'imaginer sans elle.

Passée cette surprise de taille – avec ou sans jeu de mots –, pourquoi ce voyage à Toulouse ? Car c'était là qu'il était allé, et non à Paris comme on l'avait cru.

Toulouse ? s'interrogeait Feli, avant de nous annoncer préfecture de Haute-Garonne, sous-préfectures : Muret, Saint-Gaudens... Elle nous épargna les chefs-lieux de canton, se souvenant tout à coup d'avoir trouvé, en défaisant la valise de son maître, et dans les poches de son costume « habillé », les talons de billets pour l'Opéra.

Indignation de Délaïde :

– Et pourquoi aller à Toulouse quand on a ici, direct de Paris, ceux du plus grand Opéra de France invité par Arsène et qui nous arrive par le train bleu ?

Du cousin aux marrons, justement, il fallait parler. Sa Majesté Carnaval XLVII arrivait en sa ville de Nice le 15 février, et M. Esclapon voulait ses violettes pour les 13 et 14. L'équipe familiale devrait donc s'accroupir sous les oliviers dès le 12.

La difficulté serait d'obtenir l'autorisation d'arrêter le travail ici. Aurèle s'en chargea et nous raconta l'entrevue avec son père.

Encore sous le coup de la surprise – assez encourageante – de la disparition des moustaches, il avait abordé la chose d'un ton léger. Après tout, ce qu'il demandait n'était qu'une petite faveur.

Cela avait quand même fait sursauter le patron.

– Trois jours ? En pleine presse de carnaval ? Tu es fou !

– Maman aussi est en pleine presse.

... Puis :

– Tu auras besoin de ma voiture pour aller là-haut ?

– Non. Bryan nous emmènera. Il vient nous aider.

– Bien !

Et ça s'était terminé là, sans un mot de plus.

Ouf ! disait Aurèle, dont j'étais sûre qu'il lui avait fallu un certain courage pour affronter son père.

Et je lui avais fait remarquer que, tout de même, il s'humanisait, le maître du domaine, depuis quelque temps.

Bryan avait organisé notre transport avec enthousiasme.

Il avait tout prévu – jusqu'à la crevaison possible d'un pneumatique et le temps nécessaire à son remplacement –, sauf les trépignements de Sarah qui voulait nous accompagner, alors que le docteur Garlande le lui avait interdit. On promit à la jeune fille, pour la calmer, qu'elle participerait au déjeuner. Son frère viendrait la chercher pendant la pause. Parce qu'il y en aurait une, surtout pour les novices comme Bryan à qui Aurèle prédisait un lumbago à coup sûr.

– Tu verras ce que c'est que d'être accroupi pendant des heures, genoux en terre, en maudissant la générosité de la Nature !

Mais Bryan était serein. De l'efficacité de son entraînement quotidien – il pratiquait plusieurs sports – il était sûr.

Nous étions partis à la fin de la nuit pour être dès l'aurore au travail.

Marie-Estelle nous reçut avec embrassades, café bouillant, tartines longues comme les avant-bras de nos hommes et fleurant le beurre frais ou la confiture de framboises.

Le petit déjeuner avait été joyeux et chardonneret-boiteux était venu picorer des miettes dans ma main.

Je pensais n'être que d'une piètre utilité. Mais je m'aperçus vite, assise devant une grande table où l'on avait répandu un premier panier de fleurs et un second de feuilles, que je pouvais fort bien faire mes bouquets de violettes. J'en ai ressenti une petite joie.

De ces petites joies, ma vie était faite désormais. Parvenir à me laver, m'habiller et me coiffer seule, me tenir assez convenablement à table et, surtout, sentir de l'affection, de la tendresse dans un geste ou une intonation de voix. Et puis, il y avait le vent et la mer. Ouvrir mes volets sur ces deux-là, derrière le rempart de mon amandier, était l'aventure de ma journée. Guerre ou paix entre les souffles de l'un et les flots de l'autre ? De quelle humeur étaient les belligérants ? Allaient-ils, jaloux à coup sûr de la précellence des parfums de nos champs, les balayer avec rage ?

Mais ce qui me manquait, c'était une autre musique que celle de l'air et de l'eau. J'aurais aimé être conviée, parfois, à venir écouter les grandes orgues de Sainte-Réparate… sans avoir à le demander, ce que je n'osais faire, parce qu'il me semblait que j'aurais entendu là le chant d'un cœur palliant un quotidien de vie pesant, et ne voulant d'autre présence que celles des hautes voûtes de la cathédrale… à moins que ce fût celle de Dieu.

La matinée avait passé sans que je m'en aperçoive. Sarah, amenée par Bryan, m'avait aidée et obtenu de prolonger d'une heure ou deux sa présence au mas.

Elle avait le travail bavard. J'avais vaguement retenu que la vieille bouquetière à qui elle achetait ses fleurs, à Covent Garden, serait intéressée d'entendre que sa cliente avait « bouqueté » elle aussi, sur place, à l'endroit même où les fleurs poussaient et lui arrivaient encore vivantes, ou presque.

J'écoutais à peine. Toujours assise devant la grande table. Prendre les fleurs d'un côté, les feuilles de l'autre, le petit lien au milieu.

Violet à droite, vert à gauche, violet, vert, violet, vert…

– Sarah ! JE LES VOIS ! je vois le violet, je vois le vert ! Sarah, JE VOIS !

Et je *vis* aussi la petite Sarah, rose, blonde, affolée, appelant Bryan. Et je *vis* Bryan, grand, brun, riant, pleurant, et repartant appeler les autres.

Et ils étaient là, tous, autour de moi.

– Vous lui pompez l'air, disait Délaïde.

Mais ils ne me pompaient rien, on ne pouvait rien me prendre, on me donnait au contraire. Ils m'offraient leur apparence. De tels cadeaux !…

Marie-Estelle – oh ! qu'elle était belle ! – posa un baiser sur chacun de mes yeux. Ce ne fut qu'à ce moment que je pleurai de bonheur !

Auréline se demandait si je pourrais supporter la lumière lorsqu'il faudrait allumer. Délaïde proposait des lunettes noires. Aurèle décida qu'il nous fallait l'opinion du docteur. Bryan offrit d'aller le chercher. Il partit et, dans sa hâte, oublia d'emmener Sarah pour la déposer chez lui en passant. Elle se garda bien de rappeler sa présence ici. D'ailleurs, elle se sentait indispensable. N'était-ce pas elle *la première* qui avait su que je voyais ? Elle toussait, mais elle disait que, pour une fois, c'était de joie.

Je ne regardais personne, je n'écoutais pas non plus. Mes yeux étaient posés sur la table, sur mes mains, entre fleurs et feuilles. Ces violettes ! Je ne cessais de les contempler, c'était par elles que j'étais revenue à la vraie vie. Par elles que j'étais à nouveau *moi.*

Qu'avais-je été, pendant cette épreuve de presque un an ? Une autre. Et, de cette autre, je venais de me dépouiller... Je me sentais neuve parmi ces êtres que j'allais découvrir et qui m'étaient à la fois familiers et inconnus.

– À quoi penses-tu ? me demanda Marie-Estelle.

Du fond de mon cœur jaillit une réponse qui ne m'étonna pas :

– À vous ! À vous, Marie-Estelle, du Mas des Violettes.

Et c'était vrai.

Bryan et le docteur étaient arrivés. Le premier avec du champagne, le second avec des chocolats – une énorme boîte, de plus de trois kilos –, envoi d'une cliente un peu folle ; il s'était muni aussi de lunettes noires qu'il me conseilla de porter aux lumières vraies ou artificielles. Et il ajoutait, en riant, que, s'il avait écouté notre ami anglais, on se serait arrêté partout, en ville, pour m'acheter ce qu'il y avait de plus beau dans les vitrines des magasins. Mais Sylvère voulait être au plus tôt auprès de moi. Il craignait que je me demande si la vue m'était définitivement revenue ou non et tenait à me rassurer. Le professeur qui m'avait examinée, à Cannes, avait été formel, je ne risquais pas de me retrouver dans le noir.

La grande salle du mas était à la fois salle à manger et salon. Ou plutôt, selon Marie-Estelle, réfectoire et dortoir. Parce que les conversations d'après-déjeuner finissaient toujours par endormir même les plus bavards – rosé de Provence aidant – et que les après-dîners ne se prolongeaient vraiment que dans le confortable. Aussi y avait-il, en plus des sièges habituels, quatre divans où des compagnies entières de coussins s'offraient aux petites siestes et aux veillées.

Il y avait aussi un grand miroir. Il faisait face à l'une des trois fenêtres de la pièce. Marie-Estelle disait qu'il n'était là que pour entretenir le combat singulier entre son néflier et son avocatier aussi beaux l'un que l'autre et s'efforçant chacun de s'offrir un peu plus de reflet de lui-même.

Ce miroir, il fallait que j'aie le courage de l'approcher. De quand datait le dernier regard que j'avais, comme toujours, vite et en courant presque, lancé à une glace ? Pour retarder encore le moment d'aller voir ce que j'étais physiquement devenue, j'essayais de me souvenir…

Nous allions partir, ma mère et moi chez Cook pour combiner notre voyage en Grèce. Elle était vêtue de noir, comme toujours depuis la mort de mon père, quatre ans auparavant. J'avais, moi, un chapeau rouge. Un feutre appelé cloche, relevé sur le front. Ma mère avait soupiré. Elle détestait le rouge. Je m'étais regardée, une seconde, dans le miroir de l'entrée, trouvant que cette couleur m'allait bien.

Après cette dernière image de moi, plus rien.

Et maintenant ?

Alors j'allai vers le miroir et les deux feuillages d'un vert luisant qui s'y confrontaient.

J'avais fermé les yeux en arrivant face à ce que j'étais devenue. Je n'avais pas encore osé les rouvrir, quand j'entendis Marie-Estelle qui m'avait suivie, me dire :

– N'aie pas peur. Regarde-toi. Tout va bien.

Tout n'allait pas si bien, mais ç'aurait pu être pire.

Mes yeux – ce que j'avais de mieux je crois – étaient intacts. Plus grands même, me semblait-il. Et toujours du même bleu de pervenche. Mais, sur ma joue droite, quelle balafre ! Cicatrisée, certes, mais si visible, de la tempe au menton. S'atténuerait-elle jamais ?... Quant à mes cheveux, là où ils avaient été fauchés, ils avaient bien repoussé, mais ils faisaient, dans mon blond foncé, comme un grand ruban blanc...

– C'est joli, ce ruban blanc qui part du dessus de ta tête pour aller jusqu'à ta nuque ! me dit, d'un ton joyeux, Marie-Estelle.

J'étais contente qu'elle se soit fait la même réflexion que moi. Elle ajouta :

– Remplume-toi encore un peu et on te dénichera un homme qui trouvera ta cicatrice intéressante et ta mèche blanche très intellectuelle.

J'ai jeté un dernier coup d'œil au miroir. Sur fond de grandes feuilles aiguës et cirées du néflier bien vert, de ciel bien bleu, un peu à la manière de ces portraits de facture italienne avec paysage en deuxième plan, et en présentant celle que j'appellerai désormais ma bonne joue, je n'étais pas trop mal. Ouf !

Le dîner fut une fête.

Ils voulaient tous me servir. Bryan disait :

– Le souper de Louis XIV ! Moi, debout, passant les plats, la serviette à l'épaule, et vous tous contemplant Anicia dans sa gloire.

Mais ils avaient trop faim pour attendre un deuxième service. On remit le rituel versaillais à un autre soir.

Ce fut, à les voir assis autour de la table débarrassée de ses violettes, que je pensai les découvrir enfin, à mon aise, ceux auprès de qui j'avais vécu depuis mon arrivée ici en m'efforçant de les imaginer.

Marie-Estelle n'avait pas voulu allumer la suspension à pétrole, elle craignait que sa lumière trop vive ne m'éblouisse. Deux candélabres, encadrant une jatte débordante de fleurs, laissaient la grande salle dans l'ombre, éclairant seulement la table et les visages.

Dans le halo des bougies, ceux qui m'entouraient me paraissaient presque irréels. J'allais de l'un à l'autre, sans parvenir à attacher mes regards plus ici que là, remarquant, au passage, le regard amical de Bryan derrière ses lunettes. Ou les chevelures identiques d'Aurèle et d'Auréline. Ou l'air de petite souris blanche de Sarah emmitouflée dans ses lainages neigeux. Ou encore la laideur sympathique de Délaïde et ses jolies dents à l'émail impeccable, si semblables à des amandes émondées, et dont Aurèle disait qu'elle les avait eues en prix de consolation.

Sylvère, que je vis sourire dans ma direction, me dit qu'ils seraient tous là demain puis les jours à venir et – il l'espérait bien ! – des années et des années encore. J'aurais donc le temps de vérifier s'ils correspondaient, ou non, à l'idée que j'avais dû me faire d'eux.

Il avait raison. Mais d'une seule je ne pouvais m'empêcher de vouloir, tout de suite, scruter l'apparence : Marie-Estelle.

Son histoire, racontée par Délaïde, puis par Célestine, m'avait donné, dans ma nuit, une héroïne de roman pour compagne. Et voilà que je l'avais enfin *devant mes yeux ouverts*, ce personnage romanesque.

Qui résisterait au désir de voir jaillir des pages qui les enserrent Jane Eyre ou la duchesse de Langeais ?

Pour mes deux narratrices, Marie-Estelle était belle, éprise de liberté, vulnérable et insensible, aimante et indifférente à la fois. Pour elles encore, et pour ses enfants, elle était une victime. Pour Feli, une ingrate. Pour moi, la femme dans tout son mystère.

Elle présidait sa table avec une dignité nonchalante, la tête souvent appuyée au dossier haut et droit d'une sorte de cathèdre.

À la lumière des bougies, son visage apparaissait d'une blancheur nacrée. Et si beau !

Je me sentais redevenir aussi lyrique qu'aux temps où la mythologie grecque me transportait d'allégresse. Cette « blancheur à faire pâlir les étoiles » ?... Mais c'était Séléné ! Celle qui, là-haut, régnait la nuit, parcourant le ciel sur son char d'argent, attelé à ses deux chevaux neigeux.

Était-ce une femme ressemblant à Marie-Estelle que j'avais, jadis, rêvée sœur du Soleil et amoureuse du bel Endymion ?

Je la regardais fascinée, elle m'allait au cœur par d'émouvants chemins : le modelé, tout de tendresse, de sa chair nacrée sur ses traits si fins, la pureté du dessin de ses sourcils, le pulpeux plein de douceur de sa bouche et le frémissement de ses narines délicates.

Les hommes qui l'avaient aimée avaient dû raffoler de ses longues et lourdes paupières qu'elle soulevait avec une sorte de paresse voluptueuse pour libérer le vert doré de son regard.

Ce regard, fixé sur moi, était d'une tendresse toute maternelle. Qu'avait-il été pour d'autres ? Pour ce mari qu'elle avait fui ? Pour – peut-être – des amants de passage ? J'avais trop attendu de mes yeux des réponses définitives aux questions que je me posais sur elle. Il me fallait plus encore que ma vue retrouvée pour comprendre une femme comme celle-là.

Quel âge avait-elle ? Le calcul était facile. Elle avait eu Aurèle à dix-huit ans, il en avait dix-neuf, elle en avait donc trente-sept.

Fleur et fruit à la fois, dans l'opulence de sa beauté, voilà ce qu'elle était, voilà ce que je voyais ce soir-là, à la lueur des chandelles en décidant qu'elle serait ma mère, ma sœur et ma meilleure amie.

Comme elle relevait une longue mèche de cheveux couleur de feuilles d'automne, je vis sa main, brunie et griffée par endroits. Une main qui me parut être le lien entre cette belle personne et la nature qu'elle avait choisi de servir. Une main dont j'eus envie qu'elle prenne la mienne pour me conduire là où je devais désormais aller.

Comme nous nous levions de table, elle me dit :

– Imagine-toi qu'ici, à Tourettes, il y a eu, la nuit de Noël, un lâcher de roitelets dans l'église. Je les ai comptés au sortir de la cage où le sacristain les tenait en attente des douze coups de minuit. Ils étaient treize, comme nos desserts. Douze pour les apôtres, plus le treizième pour Jésus. Et j'ai fait treize vœux : Un, que tu voies le soleil. Deux, la lune. Trois, la mer. Quatre, les fleurs. Cinq, les oiseaux. Et ainsi de suite, jusqu'au dernier : l'homme que le destin t'accordera.

Je me suis jetée à son cou. Les deux gros baisers que j'ai plaqués sur ses joues m'ont offert son parfum en retour. Il était comme elle, de fleur et de fruit à la fois.

Ce n'était pas trente-sept ans qu'elle avait,ma belle, ma délicieuse tante, c'était à peine quinze, seize au plus !

J'ai décidé, ce soir-là que je l'aimerais toujours, que nous vieillirions ensemble, parmi les fleurs, et que ses enfants, ses chagrins, ses bonheurs, tout cela serait mien aussi.

Au milieu de la nuit, je me réveillai en sursaut. Dieu ! mes yeux voyaient-ils toujours ?

Ils voyaient.

Je me rendormis après avoir décidé que cette famille qui m'avait redonné goût à la vie, j'allais tout faire pour son bonheur.

Et je le verrais – ô joie ! *je le verrais*, vraiment ! – ce bonheur.

À l'exception de Bryan et de Sarah, tous avaient couché au mas. Sylvère avait voulu rester avec nous pensant que j'aurais peut-être besoin de lui au cours de cette première nuit de recouvrance de ma vision – comme disait notre ami anglais, qui tirait quelque vanité de son vocabulaire français.

Habitué à traiter des patientes trop fortunées et trop gâtées par la vie, sujettes à de fréquentes crises de nerfs à la mesure de leur grand genre, et criant de douleur au contact du petit pois écrasé sous trois matelas, notre docteur avait craint pour moi une nuit mouvementée.

Rose, le réveil à l'aurore. Or, le lever dans le soleil. Bleue, la vue du ciel au-dessus de ma tête. Verts, les arbres qui m'accueillaient... Infinie beauté des couleurs. Pourquoi, avant mon malheur, ne m'étais-je pas étonnée plus de l'enchantement dans lequel elles nous font vivre ?

Et j'ai choisi de mettre une robe mauve, pour le plaisir d'y assortir un bouquet de violettes, lorsque j'aiderais à leur cueillette.

J'ai descendu l'escalier pour gagner notre réfectoire avec cette envie – traînée depuis l'enfance – de le faire sur la rampe, et en riant. Et en pensant aussi que le café, qui sentait si bon la vie heureuse, je le verrais dans tout son noir, et les confitures de leur beau rouge et les grands bols de

Marie-Estelle de leur blanc crémeux. Et que tout cela allait être offert *à ma vue* !

Les autres étaient déjà sous les oliviers. Il n'y avait plus qu'Auréline et Sylvère assis à table. Lui, buvait du café. Elle, dévorait avec allégresse les immenses tartines maison.

La veille, le peu que j'avais vu d'eux m'avait prouvé qu'ils n'étaient, ni l'un ni l'autre, tels que je me les étais inventés. Et ce matin, dans la grande pièce aux murs de pierre ocrée, ils m'apparurent encore plus différents de mes imaginatives fantaisies. Je le leur dis en riant.

– Raconte ! Raconte-moi comment tu croyais que j'étais, s'écria Auréline.

– Laissez-la d'abord prendre son petit déjeuner.

– Oh ! vous me vouvoyez, maintenant, docteur ?

C'était au tour de ma jolie petite cousine de rire. Mais Sylvère ne parut pas tenir compte de sa remarque et me demanda comment j'allais.

Le mieux du monde. J'étais heureuse, affamée, et je voulais cueillir des violettes.

Il me sourit gentiment et dit que je n'avais plus besoin de lui désormais. Plus personne d'ailleurs, ici, n'avait besoin de sa présence.

Je fermai un instant les yeux, pour tenter, comme hier encore, de tirer d'une voix tout ce qu'elle recelait. Il y avait de la tristesse dans celle-là. Et pourquoi ?

Sylvère se leva. Je le trouvai moins grand que je ne l'aurais cru. Il était beau, c'était indéniable. Il avait un profil net, très dessiné, de soyeux cheveux sombres et souples et qui auraient bouclé s'il ne les disciplinait pas autant. Mais son charme était surtout dans son regard brun, chaud, mi-caressant, mi-ironique.

C'est dans ce regard, soudain traversé par une fugitive désespérance et posé sur Auréline, qu'une fulgurante vérité m'apparut. Sylvère Garlande aimait Auréline !

Auréline qui, elle, ne l'aimait plus. Ne s'apercevait de rien, annonçait qu'elle partait cueillir avec les autres et lançait un bref « Au revoir, docteur ! ». Puis revenait, en courant, pour m'annoncer qu'elle ne me tenait pas quitte, et qu'à genoux sous les oliviers je serais très bien pour lui raconter comment je me l'étais imaginée. Sûrement mieux qu'elle n'était. Ce qui lui donnerait des idées pour s'améliorer, et alors on lui demanderait – à genoux ! – d'accepter d'être la vedette d'un film... Je devais, maintenant que je le pouvais, aller voir jouer *L'Atlantide*, c'était... C'était à se mettre à genoux devant cette actrice qui s'appelait Brigitte Helm... et à lui offrir toutes les violettes de la terre... cueillies à genoux !

Elle était repartie, toujours courant et riant.

– Comme elle est jeune ! soupira Sylvère.

Le territoire de Marie-Estelle était une longue et large pente dévalant du haut d'une colline jusqu'à l'arrière de son mas. C'était un escalier dont chaque énorme marche, délimitée par un mur de pierraille, se divisait en une douzaine d'allées bordées chacune d'une rivière de violettes. Vus de loin, ces gradins avaient l'aspect d'une cascade de fleurs et de feuilles à l'ombre d'oliviers centenaires.

En plus du contingent familial, il y avait une quinzaine de femmes qui cueillaient. Des vieilles de Tourettes qui se louaient à la journée pour « dire leurs prières à genoux », comme le répétait la plus âgée qui ajoutait en avoir tant dit de ces prières, qu'elle avait dû en assourdir le bon Dieu.

Elles étaient gaies, riaient et chantaient. Elles avaient des tabliers clairs sur leurs robes foncées et entre elles, ici et là, de grands paniers plats paraissaient flotter dans les allées, dans l'attente de leur fret parfumé.

Marie-Estelle était parmi elles à s'égayer aussi et à cueillir tout autant.

Délaïde, Aurèle, Auréline et Bryan que je rejoignais avaient un secteur à eux, mais ils faisaient de fréquents abordages dans les rivières des autres. Comme Bryan avait fait rire aux larmes les petites vieilles avec des histoires saugrenues, Marie-Estelle l'avait renvoyé dans son coin.

Il ne cueillait pas, il avait décidé qu'il était plus utile en distrayant qu'en picorant des fleurs. Dans le cadre de ses « expériences passionnantes », il avait déjà assisté à une cueillette de roses à Grasse, sur les terres des parfumeurs Garlande. On y racontait des histoires comme aux veillées. Il avait entendu là deux sœurs, en duo, qui portaient les jolis prénoms d'Honorade et de Lazarie [1]. S'il avait été le grand Barnum, il les aurait engagées, tant leur numéro était au point. Et il tentait de les imiter, parce que, s'il le voulait, il pouvait fort bien avoir l'accent, lui aussi. Alors Marie-Estelle qui l'entendait, cria : « Non ! par pitié, qu'il se taise, on en est encore secoué de rire ici ! »

Mais ce grand échalas à lunettes qu'était notre Bryan se lança alors dans « les horizons joyeux ouverts à M. Micawber visitant la Provence ». Le héros de Dickens, d'après lui, envisageait de faire venir des cargaisons entières de misérables petits Londoniens, vagabonds, orphelins, courant dans les ruisseaux d'eaux sales de leur ville, pieds nus et en haillons, pour les déverser ici, dans les champs de fleurs. Ils ne demanderaient, ces enfants, que du soleil, de la fougasse, des olives et des figues, en échange de leur travail. Ainsi serait résolu le problème que posaient ces rejets d'une humanité souffrante, entachant d'opprobre le paysage des rues de Londres et la conscience de ses habitants.

Et il racontait ça avec cet accent du Midi qu'il était si fier d'imiter, mais qui, mêlé à son accent anglais, devenait cocasse.

Délaïde, qui préférait la grandeur de l'Angleterre à son paupérisme, me disait : « Il est un peu fada, tu ne trouves pas ? » Elle paraissait avoir cessé de le destiner à Auréline, et même, de s'intéresser de trop près à « ses petits ». Elle me répéta par trois fois au cours de la matinée : « Ils n'ont plus besoin de moi, maintenant... et toi non plus. Alors, je vais servir à quoi ? » Mais cela ne semblait guère l'attrister, ce qui m'étonnait.

1. Voir *Dans un grand vent de fleurs*, *op. cit.*

M'étonnait aussi le soin qu'elle avait apporté à sa toilette. Elle cueillait les violettes habillée comme pour aller à la grand-messe le dimanche. Je le savais parce que j'avais reconnu, ici, le bruit que faisait sa robe de soie noire quand elle quittait ma chambre en me disant : « Je m'absente seulement une heure et demie à peine, pas plus. Mais il faut bien que j'aille prier pour toi. » Et elle avait aussi le chapeau. Celui des sorties importantes. C'était inattendu cette grosse petite dame ainsi harnachée, à genoux sur un torchon pour ne pas se salir et cueillant des violettes.

Je la regardais en souriant, et elle rougit un peu, je me demandai pourquoi. Je le sus très vite. On entendit le klaxon d'une voiture montant la côte de Tourettes et arriva M. Arsène Esclapon en personne, venant jeter un coup d'œil sur ses violettes !

Ainsi, notre Délaïde attendait son cousin-des-marrons sans nous l'avoir dit, mais en s'y étant préparée ! Quelles conclusions en tirer ?

Il était superbe, Arsène, s'il était admis qu'un bel embonpoint était signe de prospérité, il nageait dans l'opulence. Il était vêtu d'un complet de drap noir, le linge bien blanc, le chapeau melon crânement orienté, et l'énorme chaîne d'or barrant son gilet faisant de lui un Grand Commandeur du Haut Luxe de Nice.

M. Esclapon paraissait préférer s'adresser – commercialement parlant – aux hommes. Il avisa Aurèle, s'enquit de la récolte de ce deuxième jour de cueillette et de l'heure à laquelle il pouvait compter la recevoir dès le lendemain matin pour terminer la décoration de son char. Il prit dans ses grosses pattes quelques fleurs, daigna en respirer le parfum, puis les passa à sa boutonnière. Il avait une spectaculaire chevalière d'or à l'annulaire sur laquelle le soleil jeta des étincelles qui éclaboussèrent de leur mépris les pauvres petites violettes.

Comme Marie-Estelle s'avançait vers lui, il enleva enfin

son melon. Le port majesteux de la « Dame du Mas » et l'importance du mas lui-même en imposaient sans doute quelque peu à M. Esclapon du Grand Théâtre de l'Opéra.

Marie-Estelle confirma ce que venait de dire Aurèle et offrit un rafraîchissement, espérant – je l'aurais juré – qu'il ne soit pas accepté. Arsène n'était pas un représentant du genre qu'elle affectionnait le plus.

Je la regardais, debout près de son fils. Leur ressemblance n'était pas dans les traits mais dans l'attitude. Ils avaient tous deux – ainsi qu'Auréline – une façon bien à eux de porter, haut dressés, leurs cous ronds et leurs têtes élégantes. Peut-être, à le constater, quelque chose parut passer dans le regard du cousin-des-marrons. Quelque chose qui aurait pu ressembler, d'assez loin, à une surprise un brin admirative. Mais ce fut bref, et M. Esclapon en revint à ses moutons. Pas tellement les violettes – ça, c'était réglé – mais l'enlèvement de Délaïde.

Il avait besoin d'elle !

Parce qu'il déménageait, Arsène. Il n'en pouvait plus, soupirait-il, de l'étroitesse de son petit appartement gardé par crainte des innombrables soucis amenés par un changement de domicile. Mais, depuis qu'il s'était retrouvé une cousine pleine de complaisance, il commençait à penser qu'après tout il n'y avait pas que les hivernants – et peut-être, désormais, des estivants – qui avaient le droit de louer de belles villas aux jardins fleuris.

Délaïde écoutait. Dans l'émerveillement. Cet homme, qui n'avait plus rien à voir avec les marrons de Saint-Tropez, et brillait de tout l'éclat des fêtes de Nice, dont l'Illustre Comité comprenait ces messieurs de l'administration municipale, les autorités civiles et militaires et – avant cette effroyable révolution – Leurs Altesses messeigneurs les grands-ducs de Russie –, cet homme avait besoin d'elle pour emménager dans une villa qu'avaient habitée avant lui des comtes ou des barons !

– Délaïde me donne le courage de me lancer dans les

complications d'un déménagement. Elle m'a promis de m'aider et va surveiller la mise en place de mes affaires.

Ils papillonnaient, les petits yeux noirs de Délaïde, et, comme elle souriait de toutes ses dents si blanches et si brillantes, elle en était presque jolie. Et puis, elle avait le chapeau, son plus beau, garni de perles de jais qui étincelaient au soleil presque autant que la chevalière et la chaîne du cousin.

Lorsqu'ils furent partis, Aurèle résuma la situation :

– Il va la faire trimer comme une esclave et il lui offrira, tout juste, une boîte de fruits confits… que quelqu'un lui aura sans doute offerte… Je me demande même s'il va l'inviter à dîner ce soir ou lui faire faire une omelette, pendant qu'il chaussera les pantoufles qu'elle lui aura apportées avec déférence. Et, le déménagement fini, il ne la ramènera même pas chez elle, comme la fameuse nuit des marrons et des loups. Il lui dira de prendre le tramway, avec ses fruits confits… si toutefois il lui offre au moins ça ! Ceux qui, comme lui, marchandent à mort le prix des fleurs, je les connais bien.

Fermer les yeux, sentir l'odeur de la terre humide mêlée au parfum des violettes, la respirer à pleins poumons, puis rouvrir les yeux et *voir.* Voir le bonheur couler en rivières de fleurs dans l'ombre des gardiens géants aux fruits noirs et aux feuilles d'une lumière cendrée.

Je laissais ruisseler, dans un panier, une poignée de violettes gardée un instant dans le creux de mes mains comme une eau fraîche et parfumée, quand Marie-Estelle, venue cueillir à côté de moi, m'a dit avec une gravité souriante :

– Tu es heureuse ?

J'étais dans une plénitude d'enchantements. Je sentais sourdre en moi une telle gratitude envers la terre entière, les fleurs, les oliviers, le soleil, j'étais dans un enivrement si grand, que je pus à peine lui répondre par un signe de tête. Elle m'a demandé :

– Et que vas-tu faire de ta vie ?

C'était une question que je ne m'étais pas posée. Peut-être parce que tout me paraissait réglé ici. J'ai dit que je ne savais pas.

– Personne n'a encore pris une place particulière dans ton cœur ?

– Si... vous tous.

– Tu voudrais rester ici ?

– Au Mas des Violettes ou au Domaine des Demoiselles ?

– Où tu voudras. Tu es chez toi partout.

Il y a eu un petit silence. Le temps pour quelques olives de tomber et de se perdre sous les feuilles de violettes, et Marie-Estelle me demanda ce que je pensais de ses enfants.

– Très beaux tous les deux. Et courageux.

Et je dis combien j'avais appris à apprécier la patience d'Aurèle à faire la comptabilité de l'entreprise familiale, alors qu'il rêvait d'être peintre et que Bryan l'y encourageait…

Elle m'interrompit pour me dire :

– Oh ! Bryan…

J'avais déjà remarqué, une ou deux fois, que son regard se durcissait dès que l'on parlait du jeune Anglais. Je tentais de rappeler les qualités de notre ami. Il était intelligent, cultivé et peignait lui-même avec talent. Elle ne répondit pas.

Après le dîner, Marie-Estelle, à nouveau enjouée, nous dit que puisqu'elle était enfin seule avec ses *trois* enfants – Bryan était reparti dîner avec son père et sa sœur –, nous allions faire une petite veillée en quatuor.

Dans le feu de noyaux d'olives, nous avions grillé des châtaignes que nous épluchions distraitement, plus par amusement que par faim. En fait, le seul qui en mangeait était le chardonneret de Marie-Estelle. Elle lui en avait émietté une dans le creux de sa main.

Nous étions plus ou moins somnolents, lorsque Marie-Estelle secoua nos quiétudes en demandant à Aurèle et Auréline ce qu'ils pensaient de leur père.

Ils répondirent qu'ils s'en accommodaient. Et ce fut tout. Marie-Estelle insista :

– Je voudrais savoir comment vous le jugez.

Ces questions, je le voyais, déplaisaient à Aurèle. Il répondit qu'il n'avait pas à le juger.

Auréline ajouta qu'il s'humanisait un peu. Il venait de leur accorder, enfin, un salaire.

– À notre demande, bien sûr ! ajouta-t-elle.

Je ne voyais pas où Marie-Estelle voulait en venir. Elle oui, parce qu'elle continuait :

– Est-il affectueux, tendre avec vous ?

Ces deux qualificatifs réveillèrent tout à fait les jeunes gens. Affectueux, tendre, leur père ? En savait-il la signification, de ces mots ?

Alors Auréline demanda tout à coup :

– Mais, grand Dieu, pourquoi l'as-tu épousé ?

La réponse nous suffoqua, lancée d'une voix claire dans le crépitement des flammes :

– Parce qu'il était beau, bon, et qu'il ne ressemblait à personne. À aucun de ces messieurs snobs, et si épris d'eux-mêmes, qui envahissaient la boutique de ma mère.

– Mais il était aussi terriblement ennuyeux ?

– Pas à cette époque.

– Et… tu l'as aimé ?

La réponse mit un temps à venir. Le chardonneret nettoyait son bec sur la main de Marie-Estelle qui le caressa en répondant :

– Non. Je n'ai pas su l'aimer. Je crois bien que je ne savais pas, pas du tout, comment il fallait aimer. Je dois vous le dire, cet homme qui, lui, m'aimait, je l'ai détruit. J'ai plus fait de bien dans ma vie aux fleurs et aux oiseaux qu'à un être qui avait confié son destin à mon égoïste petite personne.

– Mais pourquoi nous a-t-il dit que tu étais morte ?

– Je l'étais, pour lui.

– Mais nous ? Nous qu'il empêchait de te voir ?

– Il était prisonnier de son mensonge, au début.

– Et plus tard ?

– Plus tard il s'était fait une vie dont je n'étais plus. J'étais vraiment morte pour lui.

L'horloge sonna minuit dans notre silence.

Ni Auréline ni Aurèle ne commentaient cet aveu. Et moi, encore moins.

Avec un soupir, Marie-Estelle nous dit qu'il était temps de nous coucher. C'est alors qu'Aurèle a bondi de son fauteuil, s'est donné un instant la contenance d'aller triturer les grignons d'olives dans la cheminée et a lancé à sa mère :

– Ah non ! tu ne vas pas nous laisser avec des demi-confidences et les questions que nous n'allons cesser de nous poser. Maintenant, il faut que nous sachions tout. Tout ce qu'on nous a toujours caché, tout ce qui nous a fait une enfance pas comme les autres et pleurer si souvent.

Avec un autre soupir, Marie-Estelle répondit qu'elle venait de s'accuser du désastre qu'avait été son mariage et de ses conséquences sur ses enfants.

Auréline, qui paraissait émue et excitée à la fois, s'élança à son tour :

– Mais enfin, tout le monde sait, tout le monde dit qu'il t'a torturée, presque séquestrée, qu'il était jaloux, autoritaire… méchant, comme nous disions quand nous étions petits.

– Il n'a été tout cela que parce que je ne l'aimais pas assez et que ça le rendait…

– Fou ! Dis-le et cesse de t'accabler alors que tu n'as été qu'une victime.

– Non. La victime, c'était lui. Il réagissait et me punissait. Et je le méritais. Voilà ! Vous savez tout.

– Et qu'est-ce qu'on va en faire de tout ça ? demanda Aurèle, pensivement.

Marie-Estelle ne répondit pas.

Moi, j'aurais aimé, pour comprendre, avoir vu les regards échangés dans la chambre de l'amandier auprès d'Auréline inconsciente.

Le docteur Garlande avait informé de la bonne nouvelle tout le monde au domaine. On m'accueillit, le lendemain matin – lorsque Bryan nous y ramena –, comme une héroïne.

Un immense panier plat, semblable à ceux que nous venions de remplir de violettes, m'attendait, débordant d'oreillettes, ces pétales de froment parfumés à la fleur d'oranger, frits dans l'huile et saupoudrés de sucre. Je les adorais et Feli, en mon honneur, avait étalé si finement sa pâte avant de la découper que sa montagne de gâteaux formait une énorme fleur dorée qu'un peu de neige avait bénie, comme elle disait.

Et pourtant, malgré le plaisir que lui faisait notre retour, elle était tout estrancinée, notre Felippa. Tandis qu'elle m'embrassait, pour la troisième fois, et en me disant : « Quelle bénédiction ! Quelle bonté de Jésus ! » ou : « Il s'est enfin décidé, le Bon Dieu, à vous rendre ce qu'il vous avait pris ! », je lui demandai, en chuchoterie, ce qui n'allait pas. Elle m'a montré son Théo d'un coup de tête rageur.

Bon ! Qu'avait-il encore fait ?

Nous devions l'apprendre très vite. Feli, quand elle était dans ses désolations, avait besoin de les exposer au soleil. Elle apostropha son mari :

– Toi, viens un peu ici, devant Mlle Anicia qui te voit

maintenant. Tu n'as pas honte, sous ses yeux revenus, d'avoir fait ce que tu as fait ?

L'histoire, comme l'avait dit plus tard Aurèle, valait son pesant de confettis – de ces confettis qui s'amassaient en ce moment même, par sacs entiers, en ville et en vue des batailles du carnaval.

Et, tout d'abord, la raison. Il y en avait toujours une pour justifier les mystifications théodoriennes. Ainsi, le Grand Concours de billard de l'année qui se déroulait au Palais de la Jetée allait avoir lieu. Or la nouvelle relation de Théo au Café des Amis, cet homme remarquable, aux connaissances scientifiques uniques, stupéfiantes, et qui honorait ses partenaires de manille au point de leur exposer ses travaux, était aussi un spécialiste des carambolages. Il avait invité ses nouveaux amis à venir s'initier à ce jeu de savante adresse. Mais, pour Théo, cela voulait dire obtenir de sa femme la permission de minuit. Elle ne l'avait pas refusée, pour la subtile raison qu'il ne la lui avait pas demandée. Jamais, avant de monter ses coups, il ne signalait un besoin de liberté qui aurait alerté l'adversaire. Alors il avait dit, en l'air, avec sa maestria aérienne qui avait fait ses preuves :

– J'ai vu ton cousin, le secrétaire de la mairie, il t'embrasse bien mais, pour être dans les complications et les embarras, il y est, et pas qu'un peu, pauvre de lui ! Parce qu'il s'est passé un événement que personne, même un savant spécialiste de ce genre de choses, qu'on pourrait dire royales, n'aurait pu prévoir. Et personne non plus n'a eu de pressentiment, même M. le maire qui est informé des déplacements de tous les Illustres de la terre. Je vais te dire ce secret, mais tu le garderas bien, parce qu'il est si grandiose qu'il pourrait nous amener, qui sait, une autre guerre. Et ton cousin le secrétaire m'a fait jurer le silence. Mais à toi je ne peux rien cacher. Figure-toi…

Et la pauvre Feli avait dû se figurer que l'arrivée de Sa Majesté Carnaval, quarante-septième du nom, avait déclenché, chez les autres majestés d'Europe – les vraies –, des envies de venir voir ce cousin excentrique – qui ne sait que les rois sont tous cousins ! – et de découvrir un peu de quoi il avait l'air. Il lui fallait se figurer aussi que les souverains ne sont pas ce qu'on croit, des bienheureux qui vivent dans la soie, la dentelle, l'or et les diamants. Entre leurs reines et leurs ministres, ils ne pouvaient jamais faire ce qu'ils voulaient. Alors, ils s'étaient téléphoné et mis tous d'accord : ils allaient s'offrir une petite fantaisie de quarante-huit heures à Nice, et assister, incognito, comme on disait, à l'arrivée de leur *cousin* niçois.

– Songe un peu, Sa Majesté Carnaval de chez nous s'offrait des corsos fleuris, des batailles de fleurs, des bals masqués, et eux, les autres rois de Belgique, d'Italie, d'Espagne – six en tout –, ils n'avaient que de vraies guerres et de la responsabilité royale à en veux-tu en voilà. Alors c'est décidé, ils arrivent à six ! Mais, complications : il faut compter avec les anarchistes ! Tu vois d'ici celui qui se dit : « D'un coup, j'en tue six ! » Un vrai casse-tête pour les autorités. Qui pourrait certifier qu'il n'y aura pas une bombe dans un char, bien cachée sous les roses, ou des couteaux dans les bouquets des batailles de fleurs ?

Et le cousin secrétaire de la mairie avait eu alors l'idée de recruter des hommes de confiance, de bonne conduite et de bonnes manières, pour aider la police et faire garder de près cette brochette de majestés que les anars pouvaient s'offrir toute rôtie. Il avait demandé à Théo d'en être, de cette garde d'entière confiance.

– C'est ton cousin, Feli. Dans cette situation délicate et même alambiquée, comme dirait mon ami le scientifique s'il était au courant, on ne peut pas laisser un parent sans lui tendre la main. Et, en même temps, c'est une faveur. Qui sait si on ne me donnera pas une médaille pour me remercier ? Alors, pour commencer on va nous dire, demain soir, ce que nous devons faire pendant le séjour des rois. Des choses comme nous apprendre comment on parle à une Majesté, et des tas d'autres singularités royales.

Et Feli avait marché, une fois de plus. Théo les avait vus, les carambolages. Il pensait même, tant cela lui avait plu, à se mettre au billard un de ces jours.

Malheureusement, Feli, elle, avait vu le cousin et lui avait parlé. Il avait ri à en ébranler les murs de la mairie et dit :

– Eh bien ! si pareille aubaine nous arrivait, en souvenir de sa belle galéjade, je l'engagerais comme garde du corps royal, ton Théo !

– Mademoiselle Anicia, plus honteuse, plus humiliée que j'étais, en pleine mairie, on ne peut pas être. Il me déshonore, il me fera mourir dans les affronts, ce bandit !

Tout ça nous avait été raconté dans la cuisine, pendant que nous nous régalions d'oreillettes et de vin de rose – encore l'une des nombreuses spécialités de Feli.

Et Feli essuyait une larme – de rage – quand la porte s'ouvrit sur le maître du Domaine des Demoiselles. Il riait et disait – parce qu'il avait dû entendre tout ou partie de ce que nous appellerions plus tard « la suite régalienne et carnavalesque théodorienne » :

– Ma pauvre vieille, il faut t'y faire. Peut-être même être fière de l'inépuisable imagination de ton Théo.

Mais c'était vers moi qu'il se dirigeait. Son rire s'était transformé en un sourire que je ne lui aurais jamais prêté. Ouvert, joyeux. Un sourire d'homme heureux, ce qu'il me disait être depuis qu'il avait appris ma guérison.

Il me prit dans ses bras.

Mais à qui appartenaient-ils, ces bras ? Qui m'embrassait si affectueusement ? Celui que nous avions si sottement appelé « le Conseiller » avec Délaïde ? Celui dont Célestine disait : « C'est un seigneur » ? Ou un troisième personnage auquel je n'avais pas assez pensé : le frère de ma mère ?

On ne pouvait pas dire qu'il lui ressemblait. Je ne retrouvais aucun trait, aucune particularité qui leur soit commune. Et pourtant… cette pointe de malice à laquelle ma mère permettait parfois d'éclairer le bleu de ses yeux quand elle nous regardait, mon père et moi, « ses deux intellectuels », qui vivaient plus à Rome ou à Athènes que dans sa cuisine, son salon et peut-être même dans sa chambre, je venais de la voir briller dans l'œil de Martial Desroches, cet homme impressionnant, intimidant. Je me dis, dès cet instant, que j'étais fière qu'il soit de ma famille.

Il avait cessé de sourire parce qu'il me parlait de ce qui m'attendait ici. La découverte d'un univers que je n'avais pas pu m'imaginer vraiment et qu'il me demandait de parcourir avec lui.

– Veux-tu demain matin ? Dix heures, est-ce trop tôt ?

Je dis que je serais, dès sept heures, ici même, dans la cuisine, devant mon bol de café, et à sa disposition.

Il en parut satisfait. Il me sembla qu'il m'avait traitée comme une enfant gâtée, peu soucieuse de s'aligner sur les horaires des travailleurs du domaine et qu'il était heureux de voir que je n'étais pas de cet acabit-là. J'en fus heureuse aussi.

En nous quittant, il me demanda si je dînais ici ce soir. Où donc aurais-je pu aller dîner ? Mais je pensais soudain que je revenais de chez Marie-Estelle. Il pouvait me supposer désireuse d'y retourner.

Un élan de mon cœur me fit dire que j'aimerais rester ici, toujours. Un élan du sien lui fit répondre que rien ne pouvait lui faire plus de joie – ainsi qu'à tous au domaine – que de me voir vivre désormais parmi nos fleurs.

Mais, au fond de moi, je savais que j'avais envie d'être à la fois ici, et là-haut, à Tourettes. Je voulais la présence de Marie-Estelle et de Martial. Et plus que jamais, depuis que je l'avais vu, lui, ils étaient mes héros de roman vivants. Le mystère qui les entourait me passionnait. Et d'ailleurs, sans s'en rendre tout à fait compte, Feli et Théo, Pamphile et Célestine ressentaient la même curiosité affectueuse envers eux. Nous avions sans cesse envie de savoir ce qu'ils faisaient, ce qu'il allait leur arriver. Et j'étais sûre de ne pas être la seule à rêver qu'ils se réconcilieraient un jour.

Nous étions revenus très tôt du Mas des Violettes pour qu'Aurèle et Auréline puissent reprendre leur travail à l'heure habituelle.

Alors, Feli à son ménage, Théo à sa pêche, la cuisine était à moi. Et, en attendant la visite de Célestine, assise dans mon vieux fauteuil d'osier, je pensais à Marie-Estelle. Était-elle ravie de se retrouver seule dans son petit royaume ? ou triste de notre départ ? Je me posais ces questions tout en vérifiant si j'avais bien imaginé le décor de cette pièce du temps où je devais me contenter de ce qu'on m'en disait pour essayer de la « voir ».

Des tomettes rouges usées – d'un coloris où se mêlaient ceux de la chair d'abricot, de la pulpe d'orange, de la graine de grenade et de la peau de jujube – jusqu'aux poutres pain brûlé, j'inventoriais tout, pour en déduire qu'il y avait deux souveraines ici : la longue table de couvent restée, malgré son grand âge, d'une blondeur juvénile, et la jarre aux olives, matrone opulente et placide. Quant à la cafetière de Feli, à l'émail blanc décoré de roses rouges, à demeure sur le fourneau, elle était comme une fleur que celui-ci aurait mise à sa boutonnière.

M'étais-je représenté tout cela à l'identique ou me l'imaginais-je à le voir maintenant ? Je ne savais plus. Mais, pour ce qui était de la maîtresse des lieux, là, je m'étais trompée complètement. Pourquoi avais-je vu Feli petite, trapue et rougeaude ? Elle était mince et même sèche, plutôt élancée avec un visage mat, des yeux noirs inquisiteurs et une masse de cheveux bruns et crépelés.

Comment allait être ma délicieuse Célestine dont j'entendais les petits pas pressés approcher ? Je les appréciais tous, ceux qui m'entouraient ici, mais elle était plus près de mon cœur. Peut-être parce que je la sentais fragile.

Elle entra, apportant aujourd'hui non pas une, mais un énorme bouquet de roses. Rouges, éclatantes, provocantes. À croire qu'elles avaient servi de modèle pour la décoration de la cafetière de Feli.

Et elle ? Elle était une jolie rose pompon fanée. Si fanée que c'en était poignant. On devinait qu'elle avait dû être une mignonne créature toute blonde. Restait à peine le souvenir de ce blond grâce à l'artifice. Elle dut voir que je regardais ses cheveux et me dit, un peu confuse :

– Pour travailler, il faut essayer d'avoir l'air jeune. Sans ça, on vous remercie…

– Pas M. Martial ?

– Oh non, pas lui ! Mais vis-à-vis de tous les autres ici, il faut avoir l'air, n'est-ce pas ?

Elle attendrissait. Et penser que cette petite chose s'était élancée, jadis, sur la plage pour tenter de venir au secours de Marie-Estelle…

Elle disait :

– Vous savez, j'étais sûre que vous alliez guérir. Il le fallait, parce qu'ils ont tous besoin de vous ici. M. Martial le premier. Et déjà, je trouve qu'il est mieux. Il y a des jours où il paraît moins préoccupé et moins distant.

– Vous croyez que si Marie-Estelle l'avait voulu vraiment, il lui aurait ouvert sa porte… et son cœur ?

Elle disait, sérieuse, réfléchissant, qu'elle le croyait. Mais elle était sûre aussi que lui ne ferait guère un pas au-devant de Marie-Estelle.

– Pourquoi ?

– Parce qu'elle l'a blessé au plus profond de lui en partant comme elle est partie. Il ne pensait jamais qu'elle ferait une chose aussi grave, aller jusqu'à abandonner ses enfants parce qu'elle ne pouvait plus le supporter, lui. Ça, vous comprenez, c'était terrible. Pourtant, je suis sûre qu'il l'aime toujours. Il y a six mois à peine, un matin, une jeune femme est venue demander à acheter des fleurs. Mais nous ne faisons pas la clientèle particulière et Pamphile a refusé. M. Martial était à côté de moi et cette dame, nous ne la voyions, lui et moi, que de loin et de dos. Mais on aurait pu croire que c'était Marie-Estelle. Par hasard, mes yeux sont tombés sur les mains de

M. Martial. Elles tremblaient. Il était tout pâle. Je vous le dis, il ne l'a pas oubliée et ne l'oubliera jamais.

Elle partit là-dessus, pour retourner à ses emballages de fleurs.

Et maintenant j'attendais Théo. Je voulais aller jusqu'à la mer avec lui. Il revint de sa pêche et, comme s'il avait deviné mon envie, il me proposa de marcher jusqu'au bateau voir ce qu'il avait pris.

Il y avait un beau soleil, mais le vent venait de se lever et les crêtes des vagues étaient ourlées de blanc.

– Elle rouspète, me dit Théo, elle est comme Feli, jamais contente longtemps. C'est une femme, la mer, et pas commode, mais je sais la prendre par où il faut et on s'arrange tous les deux.

Il me montra ses girelles – de fines tranches d'arc-en-ciel –, me dit qu'on les appelait, parfois, des demoiselles, et que ça leur allait bien. Il avait aussi deux daurades roses dont il m'assura que j'allais me régaler.

– Ah ! c'étaient les poissons préférés de Mme Marie-Estelle, autrefois. Elle aimait les faire griller sur un feu d'aiguilles de pin sur la plage, et les manger, comme ça, avec ses mains, après avoir couru cueillir un citron dans le jardin. Mais le Maître n'aimait pas cette maniere de faire. Il voulait qu'elle déguste ses daurades à table, avec lui. Des fois, quand même, on arrivait, elle et moi, à faire notre dînette. Mais il fallait faire vite. Elle courait toujours, la pauvre, pour ses petits plaisirs qu'elle appelait « à la sauvette ». C'était comme pour la pêche qu'elle aimait tant. Elle aurait voulu y aller souvent, mais *il* ne voulait pas. Il faut dire qu'à l'époque j'avais un jeune avec moi, et beau garçon ma foi, alors…

Où que l'on aille, ici, on parlait toujours de Marie-Estelle.

Ce soir-là, pendant le dîner, je ne pus m'empêcher de le regarder, ce « M. Martial », chaque fois que cela était possible.

Il était très sobre, mangeant peu et buvant moins encore. Il nourrit toutefois la conversation et nous parla du carnaval qui causait la panique chez tous les horticulteurs, il fallait fournir tellement de fleurs, tout en servant la clientèle habituelle. Lui-même, après tant d'années passées dans ce métier, s'étonnait encore de cette folie de fêtes à base d'hécatombes de fleurs.

L'absence de Délaïde le surprit soudain. Il s'aperçut, seulement à la fin du repas, qu'elle n'était pas là. Je lui racontai le cousin-des-marrons réapparu par miracle, transformé en organisateur des réjouissances artistiques et musicales niçoises et retrouvant la cousine transformée, elle, en infirmière, déménageuse et admiratrice inconditionnelle.

Il riait. Ce qui le rajeunissait d'au moins dix ans. Et ce qui paraissait réjouir Feli qui faisait son service avec des petites ailes.

Mais la soirée, si bien commencée, se termina sur une note discordante.

Comme Auréline annonçait que Bryan allait participer au grand tournoi annuel de tennis, Aurèle ajouta qu'il ferait aussi les régates. Elles devraient avoir lieu dès l'arrivée de l'escadre de la Méditerranée, et il faudrait y aller parce que notre ami était aussi un excellent skipper. D'ailleurs, disait Aurèle, Bryan était un athlète complet.

Une expression à la fois ironique et presque cruelle envahit le visage de leur père, qui dit :

– J'aurais cru ce jeune homme plus épris d'occupations moins... viriles. Je l'imagine plutôt, comme un poète de son pays, ne pouvant supporter la chute d'un pétale de rose. Et même, je le crois romantique, au point de rêver mourir d'une piqûre, toujours de rose, comme un autre poète [1].

Le ton était déplaisant, sarcastique. Aurèle rougit, et sur son teint clair ce fut si visible que je détournai la tête. Mais je

1. Allusion à Tennyson et à Rilke.

revins à lui, j'attendais qu'il réagisse. Il devait défendre son ami.

Il y renonça. Il avait vu, comme moi, le regard de son père posé sur lui. Un regard dont la dureté m'étonna. S'il avait été aussi désagréable avec Marie-Estelle, pouvais-je encore espérer une réconciliation entre eux ?

J'étais assez triste en regagnant ma chambre. Cet homme, dont je me répétais qu'il était le frère de ma mère, me déroutait. Dire, comme Célestine, qu'il était dur parce qu'il était malheureux, n'excusait pas tout. Et son pauvre Aurèle qui admirait Bryan, à juste raison d'ailleurs, pourquoi le tracasser ainsi ?

J'ouvris la fenêtre et m'y m'accoudai.

Pauvre amandier, le dépouillement ne lui allait pas. Il était noir et tortueux, à le croire mort. Ses branches dénudées se tendaient désespérément vers moi. Il me sembla qu'il était à l'image du malheureux amour de Marie-Estelle et de Martial.

Trop de temps s'était écoulé. Cette grande passion d'un homme pour une jolie jeune fille était comme les cardinaux de la perse tendue sur les murs que ma lampe de chevet éclairait, ici et là : de rouges, ils étaient devenus gris.

Et cette chambre, je me l'étais imaginée tellement plus séduisante ! J'avais cru vivre ici environnée d'une nuée de beaux oiseaux s'élançant vers l'amandier qui leur tendait ses bras chargés de fruits veloutés. Mais ce n'était que la triste pièce où Marie-Estelle s'était réfugiée après le drame de la plage. Et cette porte qui la fermait avait été enfoncée par un homme jaloux et cruel.

Sur ce lit où j'allais me coucher, une femme, en sanglotant, avait décidé de s'enfuir…

Je jetai, avant de m'endormir, un dernier regard à l'arbre. Il paraissait aussi triste que moi. Et je m'entendis dire : « Que reste-t-il à faire ? »

Je m'éveillai avant l'aube. Je jetai un coup d'œil vers la fenêtre dont je ne fermais jamais les volets.

Il avait neigé ?

Je me levai et m'approchai des vitres.

La lune disparaissait tout juste. Son auréole couleur de perle s'atténuait et une soudaine illumination des branches de l'arbre éclairait à sa place.

C'était beau à en pleurer de bonheur : l'amandier avait fleuri !

Comme ça, d'un coup, dans la nuit, il avait éclaté en milliers de corolles blanches.

Ainsi, il m'offrait, en une apothéose de splendeur, un renouveau, une espérance, après que je lui eus demandé ce qui restait à faire pour aider Marie-Estelle et Martial.

Il me répondait à sa manière. Et je le comprenais : je devais faire quelque chose, comme il l'avait fait, lui. Quelque chose de superbe aussi.

Mais quoi ?

J'étais dans un état de surexcitation presque incontrôlable. Je m'habillai en hâte. Je devais parler à Délaïde. Il fallait qu'elle m'aide, Et peut-être aussi Célestine. Et pourquoi pas les enfants ? Nous devions décider d'une manœuvre pour rapprocher les deux entêtés dont nous voulions le bonheur.

J'allais bondir chez Délaïde quand je me souvins qu'elle n'était pas encore revenue au domaine. Et je me rappelai à temps que j'avais rendez-vous avec mon oncle.

Je dévalai l'escalier et atterris en bombe dans la cuisine. Il était déjà là, à finir son café en lisant son journal. J'avais conscience de mon excitation. Par chance, il l'attribua au plaisir que j'attendais de ma découverte des champs de fleurs. Et il me sourit. Ah ! que je l'aimais quand il me souriait si tendrement.

Aurèle et Auréline, à table eux aussi, me parurent un peu distants à mon égard. Trouvaient-ils que leur père me traitait mieux qu'eux – ce qui était vrai ?

Séparant la maison des cultures et des hangars qui abritaient le secteur des emballages, les réserves de graines, d'oignons, de rhizomes, et les outils, il y avait un grand jardin dont la famille avait toujours été fière. On y voyait tous les arbres que le littoral a acclimatés.

J'ai découvert mon premier mimosa, haut d'au moins douze mètres, et illuminé de ses petites boules jaunes qui embaumaient. À Paris, je n'en avais vu que des branches coupées sur l'éventaire de marchands de quatre-saisons. Comme j'écoutais avec intérêt ce que l'on m'expliquait de la façon d'avancer sa floraison pour les fêtes de fin d'année en faisant tremper les rameaux en boutons dans de l'eau tiède, j'entendis aussi que, si je ne voulais pas refaire de l'enseignement, et si travailler ici m'intéressait, il y aurait une place pour moi.

– Mais je ne suis pas horticultrice !

Martial rit de bon cœur en me disant :

– Je ne suis qu'un horticulteur d'occasion moi-même. Je ne sais pas faire pousser une plante… enfin, presque pas. Le vrai maître ici, c'est notre Pamphile. Moi, je me contente de diriger la marche de l'affaire, d'organiser, si tu veux, de tirer le signal d'alarme s'il y a trop de frais généraux, et de compter et recompter avec Aurèle.

– Aurèle prendra votre suite, le jour où vous voudrez…

– Revenir à la musique ? C'est ce que tu penses ?… Quoi qu'il en soit, Aurèle ne me succédera pas.

– Pourquoi ?

– Parce que je l'ai contraint, comme on l'a fait pour moi, à aller vers autre chose que ce qu'il aime.

– Il aime peindre.

– Il paraît le croire.

Le ton avait repris cette ironie que je détestais.

– Mais c'est vrai ! Et Bryan, qui s'y connaît…

– Oh ! Bryan…

Est-ce malgré moi que j'ai dit aussitôt que ce « Oh ! Bryan » était, en tous points, identique à celui de Marie-Estelle quand on lui parlait de notre ami anglais ?

À ma stupéfaction, mon oncle stoppa sa marche et me regarda, un instant, sans parler. Ses yeux m'interrogeaient avec intensité, presque avec une sorte de terreur. Puis il se reprit et dit simplement :

– Ah !

Il y eut un assez long silence, pendant que nous longions des allées bordées de pins, de palmiers, de cyprès et de caroubiers qui, tous, envoyaient vers le ciel d'un bleu si neuf les élans de leur verdeur centenaire. Et l'air de la mer, tamisé par leurs branches, m'arrivait chargé de senteurs balsamiques. Comme nous passions devant un pin d'Alep, d'une majesté superbe, j'entendis :

– C'est mon plus vieil ami. Son endurance à la sécheresse est une leçon éternelle.

Un peu plus loin, il dit encore :

– Ce qui m'aurait plu, à un certain moment de ma vie, c'eût été de rechercher, et de trouver, les moyens les plus pratiques, les plus singuliers aussi, pour économiser l'eau ici en toute saison.

– Pourquoi ne l'avez-vous pas fait ?

– J'ai laissé ce travail à d'autres, moi je n'avais pas assez l'amour des cultures et des jardins.

– Celui-ci est somptueux.

– Il ne me doit rien. Pamphile et son équipe en sont les sorciers verts. Toutes les racines, sous le sol où nous marchons, doivent leur bonheur de vivre à mon vieux compagnon et à son équipe... qu'il appelle sa famille. Six hommes qui sont ses enfants et qu'il tient dans un esclavage moral qui m'amuse, mais réussit parfaitement. Son grand dogme, le point fondamental de sa doctrine pour les garder toujours ici, est qu'il a, lui, Pamphile, par la grâce de son ange gardien, pu être le disciple d'Alphonse Karr, l'homme à qui notre région doit son essor floral et commercial. Ayant donc reçu du maître la formation la plus complète, il doit enseigner à son tour à ses adeptes, mais ne pas tolérer qu'ils aillent galvauder, ailleurs, les talents qu'ils lui doivent. Et, si l'un d'eux a des velléités d'aller voir chez l'un de mes concurrents si l'air y est plus léger, le vieux Pamphile lui dit alors : « Vas-y, fils, si ça te démange tant, mais ne viens pas pleurer après sur mon épaule que tu as raté ton année d'œillets ou de giroflées. Parce que je te l'ai dit, de Là-Haut, où il travaille encore dans la clarté et la beauté des fleurs, mon maître te voit et te maudit d'avoir été chez l'adversaire. »

– Et ils le croient ?

– La nature est bien mystérieuse, qui sait tout ce qu'elle peut faire croire ?

Martial riait et ajoutait :

– Imagine que Théotime, celui qui nous a quittés, une saison, pour aller faire ses belles roses chez un concurrent, a eu tous les malheurs. Ses plantes ont attrapé le blanc, et un mistral comme on n'en avait pas eu depuis longtemps a emporté les châssis vitrés. Bref, ce champion de la rose d'élite, qui réussissait tout ici, n'a eu que des déboires ailleurs. Il fallait entendre alors Pamphile lui dire : « Tu le savais qu'Il te voyait de Là-Haut, qu'il ne serait pas content et te le ferait comprendre. » Il y a eu quelques ricanements, mais, crois-moi, plus personne ne nous quitte, et Pamphile rit dans ses moustaches… ou ne rit pas. Qui sait s'il n'y croit pas aussi, à la longue, à ses sornettes.

Nous avions dépassé les hangars et c'était maintenant, à perte de vue, les champs de fleurs.

Tout ce que j'avais tenté, allongée sur mon lit, de « voir » par le toucher de la beauté des fleurs que l'on m'apportait chaque jour, était là, comme un rêve réalisé.

De loin – des allées de desserte coupant ces champs –, on avait l'impression que des rubans de couleur striaient la terre. De plus près, les rubans devenaient ruisseaux rouges, blancs, jaunes, ou roses. Et, de plus près encore, on était dans leurs eaux parfumées éblouis, transportés.

Il avait raison Pamphile, on vivait ici – ou, comme Alphonse Karr, Là-Haut – dans la clarté et la beauté des fleurs.

Je voyais que j'étais regardée du coin de l'œil. Et j'entendis :

– Alors ?

– Alors, je crois que je n'ai jamais été aussi heureuse. On ne sait pas ce qu'est le bonheur quand on n'a pas vu ça.

– On pourrait le croire, en effet.

Le ton n'était pas triste, plutôt amer. Je réagis :

– Mais on doit le croire ! Rien ne peut dépasser tout ça en splendeur… sauf la musique, peut-être.

– Oui, elle console mieux.

Il pensait à Marie-Estelle, j'en étais sûre. Et voilà ! Une fois de plus elle était là, présente, envahissante même. Elle courait pieds nus, le long de nos ruisseaux odorants, semait sur nos fleurs ses épingles à cheveux d'écaille blonde en riant et en appelant son chardonneret boiteux. Et l'homme qui l'avait aimée la regardait…

Avions-nous des pensées identiques, lui et moi ? Pour le vérifier, montrant des œillets saumonés, je demandai :

– Ce sont ceux qu'elle préférait, n'est-ce pas ?

– Pas exactement. Ceux qu'elle adorait étaient de couleur plus franche.

C'était la première fois qu'il consentait à me parler d'elle.

Après, il y eut les roses, et encore des roses, sous châssis celles-là. Et pour que l'on ne parle plus que prosaïque rendement des cultures florales, mon oncle me rappela la production du domaine et ce qu'elle rapportait dans l'année. Puis il me redemanda si tout cela m'intéressait. Je lui répondis que mon goût du grec et du latin me paraissait s'être volatilisé au soleil de Provence. Il eut un petit rire – peut-être content – et me dirigea vers les emballages.

– Allons dire bonjour à Célestine. Sais-tu pourquoi son père, qui fut jardinier ici du temps du mien, l'a baptisée ainsi ? Parce que l'agérate bleu au nom vulgaire de célestine, un sous-arbrisseau buissonnant, toujours vert, a des fleurs de l'azur le plus céleste, comme les yeux de notre vieille amie.

– Vous l'aimez beaucoup ?

– C'est une fidèle. Et son amour des roses est touchant. Elle est malade, mais je voudrais la garder encore longtemps. Elle me dit, si je m'enquiers de sa santé, que la plante dont elle porte le nom s'arrange de tout, du voisinage de la mer, de la sécheresse, de la caillasse. Et que, même si elle gèle, elle repousse du pied. Alors, ajoute-t-elle, pourquoi je ne serais pas aussi solide, moi ?

Je lui ai dit, avant que nous nous séparions, que mon amandier était en fleur depuis la nuit dernière. Il s'en étonna, ce n'était pas l'habitude de cet arbre d'être ainsi en avance de trois bonnes semaines.

J'aurais voulu raconter que c'était là un signe qui m'avait été envoyé. J'aurais, sûrement, entendu alors que je débitais des sornettes à la Pamphile. Mais j'aurais rappelé l'histoire de saint Honorat et de sa sœur Marguerite qui ne devait venir le visiter dans son île qu'une fois l'an, à la floraison des amandiers. Et ceux-ci, pour qu'elle voie plus souvent son frère bien-aimé, se couvraient de fleurs tous les trois mois.

Je ne dis rien de tout cela. Je ne révélai à personne ce qui s'était passé entre un amandier et moi… bien que mon père m'ait parfois dit qu'il était aussi stupide de croire à des choses de ce genre, que de ne pas y croire du tout.

J'attendais Délaïde, assise sous Aldébaran. Et Mirabelle II vint me rejoindre. J'essayai de la percher sur la branche du figuier d'où Mirabelle, première du nom, aimait contempler l'énorme bougainvillée qui tapissait la façade de la maison de sa maîtresse. Mais j'y renonçai quand Délaïde arriva. Elle ne fut pas étonnée de me trouver là. Elle parut même penser que le déménagement de M. Esclapon m'intéressait au point que j'en attendais des nouvelles. Elle me les donna aussitôt :

– Enfin, c'est fini ! Il est installé comme un prince et son jardin est presque aussi beau que celui d'ici.

Comme elle voyait alors sa Mirabelle s'éloigner, elle me dit en soupirant que, hélas, Arsène était allergique aux poils de chat.

– Eh bien, si votre cousin vient vous voir, vous n'aurez qu'à enfermer Mirabelle dans la cabane de Théo.

Elle me regarda, l'œil incertain. Quelque chose la tracassait. Elle ajouta :

– Et s'il redevenait comme avant ? Quand il était méchant avec moi, du temps des marrons ?

Tout cela s'éclaira quand Délaïde m'expliqua que, pour la remercier, Arsène l'avait invitée à dîner au restaurant de la Réserve, avenue de l'Impératrice-de-Russie. Et là, au dessert – des profiteroles au chocolat –, il avait annoncé son intention de se remarier. Et pourquoi pas avec la cousine de sa défunte ? En quelque sorte, on resterait ainsi en famille !

– Mais c'est merveilleux, Délaïde !

– Tu crois ? Je me le demande… et un tel changement, à mon âge.

– Vous êtes si jeune, si allante, si courageuse.

– C'est ce que m'a dit Arsène.

– Alors ?

– Hé, je le revois, le soir de ses noces, où il était comme fou, et ça me contrarie.

– Mais c'est vous, Délaïde, qui serez dans son lit et aucune petite fille ne viendra frapper à votre porte.

– Oh ! tu parles de ces choses…

Elle rougissait, ma Délaïde, puis se décontrariait tout à coup, en me disant :

– C'est vrai que moi, je n'ai pas de petite cousine à inviter au mariage. Mais je crois que je vais quand même aller prier un peu à l'église du Vœu. Tu vois où c'est, entre la rue Palarmo et la rue de l'Escarène ? C'est toujours là que nous allions, Marie-Estelle et moi, dans les moments difficiles.

Si je n'avais pas dit alors – et Dieu seul doit savoir pourquoi j'ai pris cette décision – que j'allais l'y accompagner et y faire, moi aussi, une petite prière, peut-être bien que… Mais je l'ai dit et, dès lors, tout s'est déclenché.

– Délaïde, nous y partons tout de suite.

– Comment ?

Elle avait raison. Je ne pouvais pas faire de la bicyclette avec ma jambe encore fragile, mais nous allions demander à Bryan de nous conduire à Nice.

– Dans sa petite voiture décapotable ?

Elle riait en ajoutant :

– Si Arsène me voit là-dedans, c'est sûr qu'il me redira que je suis intrépide.

L'intrépidité de Délaïde n'était pas pour moi une évidence absolue. Mais c'était sans importance. En revanche, l'évolution de son destin était fascinante. Qui nous aurait dit, hier encore, que cette brave femme trouverait un mari prêt à la faire vivre dans une villa de princesse ?

J'étais désormais prête à croire à tous les miracles.

Et nous étions à l'église du Vœu.

Bryan y découvrait une peinture représentant l'ange de la Mort passant au-dessus de Nice sans frapper, lui évitant ainsi le choléra, en 1835.

En reconnaissance, les consuls de la ville avaient fait édifier ce petit monument.

Lorsque nous nous sommes retrouvés tous les trois dans le soleil, après nos prières, Délaïde émue a dit :

– J'ai pensé à Marie-Estelle. Je l'ai revue, si gaie, si belle, le soir de l'Opéra. On jouait *Tannhaüser*… que l'on va d'ailleurs rejouer encore la semaine prochaine et…

J'ai hurlé :

– Qu'est-ce que vous dites ?

Ahurie, Délaïde m'a répété :

– Je dis que j'ai pensé à Marie-Estelle…

– Non, après, qu'avez-vous dit après ?

La pauvre femme me regardait comme si j'étais subitement devenue folle, elle me bégaya :

– J'ai dit que le Grand Théâtre de l'Opéra va rejouer, comme il y a quinze ans, *Tannhaüser.*

Comme je me taisais – ça bouillait dans ma tête, mais je gardais pour moi tout ce qui m'excitait à en trembler presque –, elle se reprenait et continuait en parlant d'elle.

– Notez que je n'irai pas. Arsène m'a offert sa loge, mais je ne veux pas aller pleurer encore sur les malheurs de ce pauvre chevalier allemand. J'ai tellement pleuré, autrefois.

Devant Bryan assez stupéfait, je demandai où était M. Arsène Esclapon à cette heure-ci. Je voulais le voir sans tarder.

– Mais pourquoi ?

– Parce que, Délaïde, il nous faut absolument le fauteuil 34 ou 38, celui qui est à côté du 36.

– Mais le 36 est toujours au…

Elle allait dire au Conseiller, se reprit et dit : « … à M. Desroches ».

– Exactement, Délaïde ! Vous avez tout compris !

Elle n'avait rien compris du tout. Bryan pas grand-chose non plus, mais la situation l'amusait et il attendait la suite avec ce sourire, toujours un peu réticent, qui ne manquait pas de charme. Il demandait, l'œil brillant :

– Où va-t-on, maintenant ?

À voir l'air désorienté de la pauvre Délaïde, je me disais qu'il allait falloir lui expliquer ce qui, en un éclair, m'avait traversé l'esprit à la sortie de l'église du Vœu la bien-nommée, où j'avais fait celui d'être inspirée pour tenter de rapprocher Marie-Estelle de son mari. Vœu exaucé aussitôt, par l'annonce de la nouvelle représentation de *Tannhaüser*. Alors je proposai :

– Si nous allions à votre pâtisserie Auer nous réconforter un peu, Délaïde ?

Son visage s'éclaira. Je ne lui avais pas laissé le temps, ce matin, de prendre son petit déjeuner, elle s'était retrouvée dans la voiture de Bryan sans avoir seulement pu avaler une goutte de café.

L'atmosphère s'éclaircissait. Elle s'ensoleilla tout à fait lorsque Bryan commanda, pour lui seul, trois babas au rhum.

– Trois ! vous aussi ! Comme Arsène qui dit qu'on ne peut en avoir le vrai goût qu'à ce prix-là.

– Je ne connais pas M. Esclapon, mais il est dans le vrai, approuva doctement Bryan. Le baba au rhum est une délicatesse qui demande la répétition. On ne peut rester sur une faim de baba. Il faut la satisfaire largement, et alors, mais alors seulement, tout l'arôme de cette pâtisserie vous enivre le palais.

Je ne cherchais pas à savoir si mon jeune Anglais était sérieux ou pas. Pour Délaïde, il l'était. Et elle en rosissait de plaisir en lui disant qu'il fallait qu'il fasse la connaissance de M. Esclapon.

– Allons-y de ce pas, répondit Bryan qui, sans tout comprendre, sentait que c'était là ce que je voulais.

– Mais il travaille, à cette heure, il est au théâtre.

On y alla.

Autre chance, le cousin des marrons était devant son Grand Théâtre à humer ciel bleu et soleil, les mains dans les poches de son gilet et chapeau melon alangui à l'arrière de son front.

– Qu'est-ce que je dois dire ? me chuchota Délaïde.

– Rien.

Cela la rassura et elle se laissa aller, dans la béatitude, à la digestion de ses éclairs au chocolat.

Le cousin-des-marrons connaissait sir Edwin, le respectait et lui accordait un grand coup de chapeau quand il le croisait en ville. Il lui vendait, aussi, chaque année, une loge pour la saison musicale. Et cette haute relation nous aida. Parce que je ne me rendais jamais assez compte de l'effet – plutôt négatif – que je devais faire sur ceux qui prenaient la peine de regarder ma joue entaillée de la tempe au menton et cette étrange mèche de cheveux blancs qui, au lieu de cacher ma balafre, la signalait encore plus.

J'avais décidé de raconter toute l'histoire de Martial et de Marie-Estelle en ne négligeant aucune miette du rôle que Délaïde, future Mme Esclapon, y avait joué. Arrivée à la fin de mon récit dont Délaïde apparaissait quasiment la vraie héroïne, ayant sacrifié sa vie pour élever les enfants de son amie de toujours, c'était presque gagné, Arsène avait les larmes aux yeux. Et il eut un mot admirable, il dit : « C'est un opéra ! », en regardant dans la direction de sa future femme plein d'une admiration qui fit dire à Bryan, un peu plus tard : « Mais, Anicia, ils s'aiment, ces deux-là ! »

Nous n'en étions pas là. Il me fallait encore le fauteuil immédiatement voisin du 36. Et là, Arsène redescendit sur terre. Cela n'était pas possible, le 34 et le 38 appartenaient aussi à des abonnés. Et on ne changeait jamais un abonné de place, sauf s'il le demandait.

C'est à ce moment-là que Délaïde, qui commençait à comprendre ma manœuvre, intervint en nous annonçant que jamais Marie-Estelle ne viendrait voir à nouveau le *Tannhaüser* si elle, Délaïde, ne l'y entraînait pas. Et ce fut elle qui dit, avec assurance et encore revêtue de toute la gloire où je l'avais hissée.

– Arsène, il nous faut ces deux fauteuils. Il nous les faut.

J'augurai du bel avenir conjugal de Délaïde quand Arsène, ouvrant la porte de son bureau, appela une Mlle Lucie qui arriva avec le plan du théâtre et la liste des abonnés.

Au bout d'un quart d'heure, la situation était la suivante. Les propriétaires des fauteuils que je souhaitais étaient nouveaux de cette année. On pouvait espérer, en leur disant que l'on s'était trompé dans l'attribution de leurs places, tenter de les déplacer.

On tenta. Et on réussit.

Nous avions les n°s 38 et 40. Le cousin-des-marrons était le lutteur vainqueur, épuisé mais content. Et Délaïde prit sur elle d'envoyer la Mlle Lucie demander, au café voisin, que l'on apporte ici de la limonade bien fraîche pour tout le monde.

– Pourquoi pas un petit apéritif ? avait dit Arsène.

– Parce que l'eau gazeuse et le sucre, il n'y a rien de meilleur pour les fleurs, donc...

– Ah bon ! acquiesçait M. Esclapon.

Ce qui mettait Bryan en joie. Il avait, nous disait-il, passé, entre l'église du Vœu, la pâtisserie Auer, et le bureau d'Arsène, la plus instructive matinée de sa vie.

Et ce soir-là, accoudée à ma fenêtre, j'ai bavardé avec mon amandier en splendeur dans le crépuscule. Un voile, passant du rose au bleu, descendait sur lui. Sa gloire de pétales avait vécu sa journée de blancheur exacerbée dans le soleil et elle en gardait encore une vibration des corolles, qui allait s'atténuant dans les harmonies de couleurs du ciel et dans l'exubérance des parfums du soir venant des jardins et des champs de fleurs.

Ce pays était magique et il me semblait que mes yeux auraient du mal à tout voir, malgré leur jeunesse retrouvée, de cette heure de beauté intense.

Nous étions dans un silence où les dieux se taisaient, dépassés par les splendeurs qu'ils avaient envoyées sur terre.

Le grand rapport de Délaïde pouvait se découper en trois actes. Comme l'opéra de Wagner.

Au premier, elle nous annonçait en fanfare :

– Comment j'ai fait pour convaincre Marie-Estelle de m'accompagner au théâtre ? Mais je n'ai *rien* fait ! J'ai seulement dit que j'avais deux places de faveur pour aller nous rajeunir de quinze ans elle et moi en écoutant le *Tannhaüser.* Pendant quelques minutes, ç'a été le silence. Sauf que le chardonneret-boiteux chantait. Et puis, elle m'a demandé : « Quand ? » J'ai répondu : « Dans quatre jours. » Et comme l'oiseau était perché sur le dossier de son fauteuil, elle lui a dit en riant : « Qu'est-ce que tu en penses, toi ? » Elle s'occupait presque plus de celui-là que de moi. Mais je comprenais qu'elle n'osait pas trop me raconter tout ce qui devait cogner dans son cœur. Elle a toujours été comme ça, Marie-Estelle, ou elle se cachait le cœur dans un trou noir, ou elle se le mettait en plein soleil... En tout cas, ni elle ni moi nous n'avons prononcé le nom de son mari, ni parlé de sa place d'abonné qu'il occupait toujours aux soirées de beaux opéras. Et je suis partie avant qu'elle me demande à quel rang d'orchestre nous serions. Vous pensez bien que je ne voulais pas faire tout rater. Ce n'est pas que je sois tellement d'accord avec vous. Je ne suis pas sûre que ce sera bon pour elle de le revoir, *lui.* Mais, d'un autre côté, je me dis que, peut-être, il a changé, comme Arsène, et qu'alors c'est vous qui avez raison. Qui sait !

Au deuxième acte, nous étions dans les frivolités. Délaïde nous disait :

– Il me fallait des gants. On ne peut pas sortir sans, n'est-ce pas ? Alors, je suis entrée dans le plus beau magasin, pour être à la hauteur des relations d'Arsène. Et qui je vois, qui essayait une robe de mousseline juste de la couleur de ses yeux ? Elle ! Que c'était joli, cette toilette de gala ! Ça s'entortillait autour d'elle sans qu'on comprenne comment. On ne savait pas où c'était cousu, c'était comme si le mistral avait pris le voile de soie et l'avait enveloppée dedans. Anaïs aurait été éberluée de voir ça. Bref, comme Marie-Estelle s'achetait des longs gants blancs aussi, j'ai pris les mêmes. C'était pas ceux que j'aurais choisis, si elle n'avait pas été là. Mais elle a toujours su, mieux que moi, ce qui était le plus distingué. Et on s'est donné rendez-vous devant le théâtre. Pour tout vous dire, je suis vite partie, de peur qu'elle me demande les numéros de nos places.

Quant au troisième acte, nous l'attendions avec fébrilité au lendemain de la soirée à l'Opéra.

Nous nous étions installés sous Aldébaran, Aurèle, Auréline, Bryan et moi. C'était la fin de la matinée et Feli nous avait dit que son maître n'était pas là. Où était-il ? Elle n'en savait rien, et nous non plus. Mais son absence permettait à ses enfants d'interrompre leur travail et d'accourir aux nouvelles.

Délaïde ne se pressait pas. Elle avait décidé de nous faire son rapport final au cours d'un petit pique-nique à l'ombre de son figuier. Et elle en fignolait la mise en place sans paraître voir que nous étions plus affamés de son récit que de ses pains bagnan.

Ce fut Aurèle qui pressa le mouvement. Il était – je m'en apercevais de plus en plus – un garçon bien tranquille mais qui fonçait dès qu'il le fallait. Et enfin, la future Mme Esclapon nous raconta :

– Lui, le 36, M. Martial Desroches, était déjà là quand nous sommes arrivées.

« Il aurait fallu me tuer pour que j'aie le courage de regarder Marie-Estelle quand elle a vu où nous étions placées et *qui* devait se lever pour qu'elle puisse s'asseoir juste à côté de *lui*.

« Mais il me fallait aussi le courage de le regarder, *lui*, qui ne m'aime pas et qui devait se demander ce que je venais faire là, au lieu de veiller sur ses enfants. Tous, autant que vous êtes, vous n'avez pas beaucoup pensé à moi dans cette affaire.

« Bon ! On était au plein de la chose, on ne pouvait plus reculer et il fallait faire face. Alors, je me suis avancée la première, pour aller me placer, comme autrefois, en les laissant elle et lui côte à côte. J'avais peur qu'elle m'en empêche et veuille mon fauteuil. Mais elle n'a rien fait pour ça. Ce qu'elle devait s'imaginer, ne me le demandez pas, je ne pouvais toujours pas la regarder. Pourtant, le courage m'est revenu – d'où ? je ne sais pas – quand j'ai été assise, et alors j'ai osé lever les yeux sur elle... et sur lui.

« Elle ne m'avait pas suivie tout de suite. Elle était restée une minute ou deux dans l'allée, comme si elle hésitait, après avoir vu où elle était obligée de s'asseoir. C'est là que je me suis aperçue que dans sa robe drapée elle avait l'air d'une fleur. Son corps enroulé dans la mousseline verte, c'était la tige, et au-dessus, elle avait sa belle tête en corolle. C'est drôle qu'en si peu de temps on puisse penser à tant de choses, parce que je me suis dit que toutes les femmes qui étaient là avaient besoin de se garnir de roses ou d'orchidées pour être belles et qu'elle, elle était une fleur elle-même... Elle avait ses cheveux couleur de feuille d'automne bien en ordre, avec les épingles d'écaille blonde à leur place et, en même temps, ils étaient comme libres. Il n'y a qu'elle pour avoir des cheveux pareils où on dirait que le vent s'amuse tout le temps sans trop les déranger, les caresse en quelque sorte... Et elle est passée devant *lui*, à le frôler. Vous savez qu'elle sent toujours si bon le jasmin, mais en légèreté là aussi, à peine une caresse de parfum. Alors, je l'ai regardé, lui, en m'avançant un peu. Jésus ! Il était aussi blanc que nos gants. C'était pas croyable ce qu'il était pâle. On aurait dit que tout le brun de sa figure qu'il attrape à être dans ses champs de fleurs avait tout à coup disparu. Puis Marie-Estelle a levé les yeux sur cet homme, qui était son mari, qu'elle le veuille ou pas. Elle lui a fait un petit sourire, au passage. Ce sourire-là, je ne saurais pas vous dire tout ce qu'il y avait dedans. C'était en même temps "Excusez-moi de vous obliger à vous lever" et "Tiens, Martial, vous êtes là !", ou encore quantité d'autres choses, peut-être un bouquet de souvenirs qui passaient... Allez savoir. Mais, là encore, essayez de me comprendre, ce sourire était aussi léger que ses cheveux et son parfum. Cette femme, je ne m'étais jamais rendu assez compte de sa délicatesse... ou peut-être de sa subtilité, si ce mot convient. En tout cas, je vous assure qu'elle nous faisait l'effet d'une apparition presque surnaturelle, et lui, forcément, il était foudroyé.

« Je ne sais pas si vous pouvez saisir cette chose assez stupéfiante : j'avais vu Marie-Estelle quand elle était arrivée au théâtre. Je l'avais trouvée splendide, mais là, quand je l'ai regardée à côté de lui, en même temps que lui, alors je vous assure, elle était comme irréelle...

« Ah ! Dieu garde, heureusement j'étais assise, parce que je ne me sentais plus tant l'émotion me traversait. Jamais je ne m'étais rendu compte à quel point c'est utile un fauteuil. Si je n'avais pas eu mon n° 40, je serais tombée raide à terre... enfin, sur le tapis rouge. Heureusement, aussi, j'avais l'éventail. Pas un époustouflant comme celui de Marie-Estelle en plumes d'autruche blanches, mais un petit, tout délicat, en dentelle.

« C'est à ce moment-là, juste avant le lever du rideau,

qu'une ouvreuse s'approche de moi et me remet une enveloppe à mon nom.

« Seigneur ! Qu'est-ce que c'était encore ? J'ouvre. Arsène avait écrit : "Une petite surprise, ma chère Délaïde. Regarde bien *tout*, sur la scène, tu en seras contente, et ton amie aussi."

« Qu'est-ce qui m'a fait mettre le billet dans mon sac et ne rien dire à Marie-Estelle ? Je ne sais pas. Peut-être, simplement, parce qu'elle ne m'a pas demandé de quoi il s'agissait, ou n'avait même pas vu l'ouvreuse me donner l'enveloppe. Ça devait tant l'émotionner, elle aussi, d'être là, assise à côté de lui, quinze ans après la première fois… Pour ce qu'il en était de cette surprise, vous auriez compris, vous ? Moi, c'est au moment où on voit le premier décor que j'ai découvert Vénus – la malédiction de ce pauvre chevalier Tannhaüser – couchée sur un lit tout recouvert de vraies roses superbes ! On ne pouvait pas le rater tant c'était joli ce matelas de fleurs – dans des coloris qui allaient du blanc au rouge en passant par tous les cramoisis de la nature et en plus, je ne vous mens pas, on sentait leur parfum qui arrivait jusqu'à nous. Je suis sûre que, sans la musique, les gens auraient applaudi, mais Vénus chantait déjà, et ça aurait compliqué.

« Et Marie-Estelle ? Où devait-elle en être de ses souvenirs ? C'est à ce moment là que j'ai failli m'évanouir encore : que se passerait-il si elle remerciait son mari, croyant que c'était lui qui avait offert ces roses pour lui plaire ? Et qu'il lui réponde : "Ce n'est pas moi, cette fois-ci", avec cet air qu'il sait si bien avoir, de sortir ses mots d'une glacière.

« Mon pauvre Arsène avait cru nous faire plaisir, mais n'avait pas assez réfléchi. Je me suis dit : c'est la catastrophe ! Et je n'ai plus rien compris à ce que je voyais et j'entendais, tant je me souciais. Alors, j'ai fait comme le pauvre chevalier Tannhauser, j'ai prié la Sainte Vierge. Dieu que j'ai prié !

« Aux deux entractes, il est sorti, *lui*. Sans doute avait-il besoin d'air frais, parce qu'il devait être en plein souci aussi.

« Seigneur ! Quelle soirée !

« Mais Marie-Estelle n'avait toujours rien dit au fauteuil 36 et le temps passait et on en était à la fin de l'opéra. Le bâton de pèlerin arriva sur la scène porté par les compagnons du chevalier. Vous vous souvenez de l'histoire ? Pour le pardon du Tannhäuser, il doit avoir fleuri ce bâton. Et vous l'avez deviné, il était devenu un *vrai* rosier. M. Martial devait même pouvoir dire de quelle variété il était, tellement on le voyait bien. Moi pas, mais ça n'avait pas d'importance, ce qui comptait, c'était le moment où nous allions partir, et où, peut-être, comme il y avait quinze ans, ils allaient se parler elle et lui. Et là, j'ai encore failli mourir en entendant Marie-Estelle qui s'était levée et tournée vers son mari, dire doucement :

« – Merci, Martial.

« Lui me faisait face, mais Marie-Estelle me tournait le dos et ne me voyait pas. Alors, je me suis penchée et j'ai mis mon petit éventail, tout plié, devant ma bouche, comme ça, en l'appuyant bien. Si M. Martial comprenait que ça voulait dire "Ne parlez pas, ne dites pas que ce n'est pas vous", nous serions peut-être sauvés.

« Dieu garde, il a compris ! Il n'a rien dit.

« Il a pris la main de Marie-Estelle et il l'a baisée. Ah ! que c'était beau à voir !

« Vous en dites quoi de tout ça ? Si vous ne trouvez pas que j'ai droit à une décoration, vous êtes des pénibles, parce que j'ai failli mourir au moins trois fois. Notez que ma récompense, je l'ai eue. Vous ne devinez pas ? C'est pourtant simple.

« Hier au soir, à la fin du drame du *Tannhaüser* de M. Wagner, représentation de gala donnée par l'Opéra de Paris à Nice, avec décors en fleurs véritables, moi, Délaïde, j'ai conseillé le Conseiller !

– Délaïde, et après ? Que s'est-il passé ?

– Après. Ils se sont souhaité le bonsoir et ils sont partis, chacun de son côté. Moi, j'étais restée bien en arrière, pour qu'ils puissent se parler. Et je n'ai rien entendu. Je n'ai rien vu non plus de ce qu'ils pouvaient se dire avec les yeux. Alors nous ne saurons jamais...

Mais nous avons su, peu à peu, avec le temps.

Et d'abord ce qu'elle avait fait, elle.

En quittant son mari, Marie-Estelle, qui avait eu l'intention de dormir à Nice, avait changé d'avis, pris une voiture et s'était fait conduire au Mas des Violettes. À peine arrivée chez elle, elle avait remplacé sa tenue de grande soirée par une robe de paysanne, noué un foulard sur ses cheveux et dit à son chardonneret :

– Peut-être aurons-nous, un de ces jours, une visite. Ne perdons pas de temps et préparons-nous. Et la meilleure façon pour toi de m'aider, c'est de ne pas laisser de traces de ton passage un peu partout. Alors, tu vas aller te percher dans le caroubier ou le néflier, choisis.

Comme elle avait de l'oreille et chantait juste, elle avait fait sa maison aussi propre qu'un sou neuf en fredonnant les motifs de *Tannhaüser* qu'elle préférait.

L'aube rosissait l'ocre des murs du mas et rougissait ses tuiles rondes, quand elle en finit avec ses grands nettoyages et rangements.

Tout était en ordre. Son ordre à elle.

Une gargoulette flanquait la porte d'entrée abreuvant des freesias dans sa panse. Et des freesias, elle en avait mis partout. Ils étaient jaunes et blancs et ils éclataient en suavité jusque sur la tête de la haute horloge. La petite culture d'hiver qu'elle en faisait, non pour la vente, mais pour son plaisir, y avait passé en entier.

Puis elle fit du café et en but trois bols, « pour dire zut au sommeil », confia-t-elle à son chardonneret qui la rejoignit sur la troisième marche du seuil où elle aimait s'asseoir et voir le soleil se lever.

Elle avait une commande de bouquets et de guirlandes à faire pour la grande bataille de fleurs qui se préparait là en bas, à Nice. Elle alla chercher l'un de ces paniers plats pleins de violettes cueillies la veille, un autre plein de feuilles et une tresse de raphia. Elle étendit, sous le néflier, le drap blanc où elle mettrait, à l'ombre, son travail fini.

Elle eût été plus à l'aise sous la ramade, mais elle ne voulait pas quitter le pas de sa porte.

Chardonneret boiteux vint lui tenir compagnie. Le soleil était déjà haut dans le ciel, quand elle murmura à son oiseau :

– Peut-être me suis-je trompée ?...

Mais le chardonneret n'entendit pas ce qu'elle lui disait parce que les pas d'un homme qui approchait, et qui lui était inconnu, l'avaient fait fuir.

Martial ne s'était pas couché non plus. Il avait échangé son habit contre le costume de tweed avec lequel il avait coutume de voyager et mis des chaussures de marche.

Se mettre en quête de son bâton, celui qui l'accompagnait toujours en plaine ou en montagne, lui prit du temps. Depuis quand ne s'en était-il pas servi et où le lui avait-on rangé ?

Et il le cherchait, en fredonnant, doucement pour ne

réveiller personne, un motif de *Tannhaüser* et faillit crier Alleluia ! en le trouvant, comme au finale de l'opéra.

Il passa dans la cuisine, tout content d'avoir récupéré son compagnon de promenade, et mit dans sa musette quelques figues sèches et une tranche de pain.

Il laissa, sur la grande table, où déjà les bols étaient prêts pour le petit déjeuner, un mot pour Feli disant qu'il serait absent quelques jours et la priant d'en informer les enfants et Pamphile. Puis il le reprit et le déchira. Il en fit un autre destiné à Aurèle, et lui confiant le domaine. C'est alors qu'il pensa à mettre du linge et quelques objets de toilette dans sa musette.

Et il partit. À pied.

Quand il atteignit Nice et la Promenade des Anglais, les étoiles brillaient encore et se confondaient avec le scintillement des feux de la Baie des Anges, tout là-bas. Dans le calme de cette fin de nuit, le ressac de la mer se percevait, comme le chant du solo de violon quand se tait l'orchestre.

Il prit la direction de Cagnes, sa première étape. Un peu avant la ville, il savait où trouver une source où il boirait en mangeant ses figues sèches et son pain. Il n'avait ni soif ni faim, mais ce programme lui plaisait.

Il vit se lever le soleil parmi les collines de Cagnes. Il retrouva sa source et s'assit dans l'herbe auprès d'elle. Il lui semblait, alors qu'il passait sa vie dans des champs de fleurs, découvrir la nature. Des genêts blancs et odorants poussaient là, il en cueillit quelques petites fleurs dont le parfum lui fit penser à celui des freesias. Alors il s'allongea complètement dans l'herbe et s'y étira avec bonheur.

Il s'aperçut qu'il avait faim et mangea ses figues. Elles lui parurent avoir un goût de bonheur aussi. Et il reprit sa route.

Il y avait deux kilomètres de montée pour atteindre Tourettes, ce village perché et fortifié sur son rocher. Quand il l'aperçut, il se dit que c'était bien d'*elle* d'avoir choisi un tel endroit. Mais il savait déjà que c'était là qu'il désirait vivre désormais.

Il n'avait aucune idée de l'emplacement du Mas des Violettes. Il ne demanda sa route à personne. Il voulait chercher seul, et il trouva.

Il s'avançait vers elle, assise sur son perron.

Elle était couverte de violettes.

Il vit un oiseau s'envoler de son tablier.

Elle lui souriait.

Comme il posait son bâton sur une marche du seuil, elle le prit. Et elle enroula autour de lui la guirlande qu'elle venait d'achever, faite de quelques bouquets de violettes retenus entre eux par un brin de raphia.

Et le bâton en fut tout fleuri.

Elle sourit plus encore et le lui tendit.

C'est au parfum envahissant du mimosa que j'associerai à jamais le retour du Maître au domaine.

Nous achevions, Auréline, Célestine, ses femmes et moi, d'emballer des envois de narcisses, de jonquilles et d'anémones, dans leurs caisses de roseau.

Il était d'usage de protéger ces fleurs par des branches de mimosa moins fragile qu'elles. Et, depuis le matin, nous vivions parmi les petites boules dorées et odorantes. On aurait pu croire que chacune de nous s'était déversé un flacon entier de parfum sur elle tant nous embaumions. Ce qui justifia, quand il nous embrassa, sa fille et moi, l'exclamation du Maître :

– Mais vous êtes deux vraies cassolettes en ébullition, mes belles !

Il riait comme on ne l'avait pas vu rire depuis des années dans cette maison.

Quant à ce qui suivit, cette même maison ne pensait sans doute jamais entendre d'aussi renversantes nouvelles que celles qui furent annoncées peu après.

Nous avions attendu l'arrivée d'Aurèle qui déversait de la bouillie bordelaise sur des rosiers. Il arriva en courant, un peu échevelé, et s'essuyant encore les mains à un vieux torchon.

Jamais, avant ce que nous appellerions plus tard « les

derniers événements », son père n'aurait toléré qu'Aurèle se présentât dans son bureau en tenue aussi négligée et sans s'être recoiffé. Mais on entendit :

– Je te félicite, mon garçon, d'avoir si bien mené la maison pendant mon absence. Comment as-tu réussi à faire partir pour Londres ces mille douzaines de Maréchal Niel dont l'envoi n'était pas prévu ?

– Tous ont bien voulu travailler presque la nuit entière aux doubles emballages de coton et de papier de soie.

– Même Célestine ?

– Non. J'ai pensé que tu n'aimerais pas qu'elle veille après une journée déjà épuisante. Mais j'ai eu du mal à la convaincre. C'est seulement quand elle a vu qu'Anicia la remplacerait qu'elle est partie tranquille.

– Tu continues à aimer ce travail, Anicia ?

Le ton était chaleureux, affectueux. J'ai répondu, ce qui était vrai, que j'adorais m'occuper, à quelque niveau que ce soit, de tout ce qui concernait le domaine.

Aurèle, qui passait ses mains presque propres dans ses cheveux pour y mettre un peu d'ordre, ajouta que j'étais même « épatante » en comptabilité :

– C'est pas croyable, elle aime les chiffres !

– Eh bien, tout cela est parfait et m'a l'air d'aller dans le sens que je souhaite.

Et c'est là-dessus que nous fûmes mis au courant de ce qui allait se passer dans les jours à venir.

Le programme, pour surprenant qu'il soit, était simple. Martial et Marie-Estelle avaient décidé de vivre à nouveau ensemble, mais pas au Domaine des Demoiselles, au Mas des Violettes. Marie-Estelle y était heureuse et Martial le serait aussi. Il allait y faire transporter son clavecin et peut-être même acheter un piano.

Sans s'étendre sur la question, mais en nous laissant comprendre qu'ils avaient trop souffert de leur séparation pour se montrer intransigeants envers qui que ce soit, ils admettaient tous deux qu'Aurèle n'était pas heureux ici et l'autorisaient à partir en Angleterre, comme il le désirait, y travailler à sa peinture.

Restait l'avenir du Domaine des Demoiselles.

Marie-Estelle pensait qu'il serait désormais le bien-nommé s'il appartenait à Auréline et à Anicia. Le montant de la vente de l'un de ses immeubles donnerait sa part de l'affaire à Aurèle, et ainsi les deux cousines seraient maîtresses chez elles.

Une seule condition à tout cela : Aurèle devrait accepter de rester un an encore à son poste pour former Anicia.

Bien entendu, lui, Martial, ne serait jamais loin et prêt à aider de ses conseils les Demoiselles, s'il en était besoin. Mais avec Pamphile et ses « enfants », Célestine et ses « filles », sans compter les ouvriers saisonniers, toujours compétents, l'exploitation était en bon état de marche.

Il nous regardait, amusé.

– Eh bien ! dit-il.

Qui de nous trois allait parler le premier ?

L'attitude d'Aurèle me surprenait. J'aurais pensé qu'il allait sauter de joie. Son calme, ses yeux baissés étaient incompréhensibles. Trouvait-il sa part compensatoire insuffisante ? La pensée qu'il pourrait enfin peindre ne semblait pas le réjouir comme je l'avais cru, à moins que la surprise ne le rendît muet.

Quant à Auréline, elle souriait aux roses Safrano qui, comme à l'habitude, éclairaient le bureau de son père. Mais elle ne paraissait pas décidée à parler. J'allais foncer en remerciements et formules de gratitude appropriées, quand les deux autres s'élancèrent en même temps que moi. Nous étions tous d'accord, reconnaissants, prêts à tout…

Alors, on demanda à Feli de nous apporter de ce champagne qu'un client avait offert, voici quelques années déjà. On verrait bien si le vin était passé ou pas, l'essentiel était de trinquer ensemble, peut-être à la naissance d'un grand peintre et à l'avenir du Domaine des Demoiselles.

Et Martial Desroches repartit. Non pas à pied comme il était venu, mais dans sa voiture, après y avoir mis des vêtements et ses livres de musique.

Nous étions assises toutes deux sur le banc des vieux Romains. Auréline réfléchissait et dit :

– Tout ça veut-il dire que si, toi et moi, nous voulions vendre le Domaine, pour nous acheter des perles et des automobiles, nous le pourrions ?

– Non. Ton père, quand il parle de régulariser « tout ça », comme tu dis, précise bien que nous ne pourrions pas disposer des terres sans son autorisation.

– En somme, ce qu'il nous a donné, pour le moment, ce sont les responsabilités en plus de notre travail.

– À peu près. Ça ne t'emballe pas ?

– Pas trop. Et je suis contente que nous soyons responsables ensemble. Seule, je n'aurais pas accepté. D'ailleurs, il ne me l'aurait pas proposé.

Un instant plus tard, elle conclut en riant :

– En fait, tu es arrivée au bon moment pour qu'il puisse s'en aller vers sa musique.

– Vers sa femme aussi, non ?

– Je me demande quelle vie il va lui faire. S'il joue du piano toute la journée, elle n'entendra plus chanter ses oiseaux.

– Tu penses qu'Aurèle est content ?

– J'en suis sûre. Mais, au début, il n'y croyait pas. Après, il est allé tout raconter à Bryan et ils sont partis fêter ça avec le vieux sherry de sir Edwin dans le temple des muses, où je les ai vus danser une gigue.

Sa Majesté Carnaval, quarante-septième du nom, allait bientôt être réduit en cendres sans que nous soyons allés assister à un corso fleuri ou une bataille de fleurs. J'apprenais que ceux qui les cultivaient, ces fleurs, reines de ces jours de liesse, participaient rarement à ces festivités. Je n'avais d'ailleurs aucune envie de me mêler à ces foules joyeuses. Les jours étaient si doux au domaine, même en période de presse carnavalesque.

Délaïde, en tant que future Mme Arsène Esclapon, était conviée à ces réjouissances et nous les relatait. À l'entendre, c'était superbe, follement gai et « artistique ». Le char – tout de violettes – du Théâtre de l'Opéra avait été très, très applaudi. Et s'il n'avait pas remporté le premier prix, c'était parce que le char du soleil – tout de jonquilles – faisait plus de publicité pour la Côte d'Azur et les vacances d'été avec des jeunes gens en maillots de bain nageant devant cette boule d'or dans une mer de jacinthes bleues ourlée de jacinthes blanches.

Elle vint, un matin, la chère Délaïde, jusque dans un champ de fleurs cueillir un bouquet pour le bureau de M. Esclapon. Elle accusait ce « recoin sordide » de sentir les vieux papiers et le renfermé. Elle allait aérer et fleurir tout ça. Il fallait qu'Arsène apprenne à vivre dans un espace chaleureux et plus sain que ses poussiéreux décors de théâtre.

Il était tôt encore et je lui proposai de faire un petit arrêt sur le banc des vieux Romains. Elle ne demandait que ça, elle voulait me parler de ses cheveux. Devait-elle faire comme moi ou pas ?

J'avais, peu de jours auparavant, fait couper les miens, J'étais allée à Nice chez le plus célèbre artiste capillaire. Il m'avait créé une coiffure dont je n'étais pas mécontente. J'avais désormais une frange sur le front et deux mèches se terminant par deux guiches encadrant mes joues. L'une était blond foncé, l'autre blanche. « Vous êtes é-ton-nan-te ! », m'avait dit mon coiffeur. J'aurais préféré être un peu moins originale. Mais je dois dire que lorsque, cet après-midi-là, j'étais entrée dans le hall de l'hôtel Excelsior pour y prendre une tasse de thé, j'avais fait retourner beaucoup de têtes. J'allais peut-être lancer une nouvelle mode de cheveux bicolores. En tout cas, celle des cheveux courts était fort pratique. Et Auréline avait raison d'être coiffée comme son frère. C'est ce que j'expliquais à Délaïde quand nous aperçûmes Bryan et, précisément, Auréline, assis au bord de l'eau tête contre tête.

Ce fut un moment de triomphe pour Délaïde :

– Tu vois ! tu vois ce que je te disais ! Ce garçon s'intéresse beaucoup à elle. Je suis même sûre qu'il l'aime. Je savais que ça serait comme ça, je l'avais dit à Marie-Estelle et, sans me vanter...

Elle s'interrompit, stupéfaite, les deux jeunes gens s'étaient levés et venaient vers nous, souriants, jeunes et beaux dans le soleil. Mais c'était Bryan et Aurèle.

Délaïde se reprit vite. Et, dès qu'ils furent passés, elle me dit :

– Tu vois, ce Bryan, c'est un cœur d'or. Il a compris combien Aurèle est triste que son père ne lui permette pas de devenir le maître ici, un jour.

– Mais, Délaïde, tu sais comme moi qu'il veut peindre... et s'en aller.

– Bien sûr, bien sûr, seulement il y a manière et manière de dire les choses, et le Conseiller, une fois de plus, a choisi la mauvaise. Crois-moi, je sais qu'il est vexé ce petit et Bryan l'a compris et le console. Voilà un brave cœur !

Nous avions quitté notre banc et nous marchions vers la cuisine et son rideau de perles de bois. Délaïde me disait avoir besoin d'un verre d'eau fraîche. D'ailleurs, ajoutait-elle, il fallait de l'eau à ses fleurs aussi.

Elle avait déjà oublié nos jeunes gens. Elle en était revenue à son Arsène dont elle disait, je crois, qu'il ne cessait de la remercier d'être si dévouée, si allante, si gaie. C'était un ronron que je n'écoutais pas. Mon cœur battait trop vite, je regardais les fleurs que Délaïde mettait dans une petite jarre. Quelques jonquilles tombèrent que je ramassai, les mains un peu tremblantes, et je murmurai, tout juste pour moi : « Les beaux jeunes gens que les dieux avaient aimés, ils les métamorphosaient en fleurs, après leur mort… »

Délaïde me regarda :

– Qu'est-ce que tu dis ?

– Rien.

– Mais tu parlais.

– Je me souvenais de ma mythologie.

– Oh ! oublie tout ça. Tu as trop travaillé de la tête enfermée dans des maisons sans soleil, dans le Nord glacial. Je suis contente que, maintenant, tu vives au grand air pur, près de la mer et des fleurs.

Feli était partagée. Tous ces changements lui plaisaient et lui déplaisaient à la fois. Théo disait : « Elle se tâte », mais il ajoutait aussitôt qu'elle était bien glorieuse d'avoir enfin une maison à elle, celle que Délaïde abandonnait.

Lui, Théo, se sentait aussi entre le zist et le zest. Il ne savait pas trop si avoir deux chambres, un cabinet de toilette et une cuisine à elle allait rendre sa femme plus compréhensive à son égard. Il se mourait d'envie d'apprendre à jouer au billard et se demandait comment y parvenir.

Un dimanche matin où j'étais assise sur la plage, il vint m'y retrouver.

Comme je regardais la mer, je lui demandai s'il était d'accord avec un peintre – qui s'appelait Vincent Van Gogh – et qui lui trouvait une couleur aussi changeante que celle du maquereau dont il était difficile de dire si elle était verte, ou violette, ou bleue, alors que, sans qu'on ait eu le temps de se décider, elle était déjà rose ou grise.

Il me répondit que mon peintre n'était pas un pêcheur et qu'il n'y connaissait rien, mais que, des fois, s'il passait par là, il lui montrerait qu'elle pouvait encore être noire comme l'encre de la seiche ou « d'un bleu aussi clair que vos yeux, mademoiselle Anicia ».

– Et ce que je peux vous dire aussi, c'est qu'on est bien content, Feli et moi que vous deveniez maîtresse ici. Parce que c'est ça que vous allez être, et pour le bien de nous tous. Ce n'est pas que nous n'apprécions pas Mlle Auréline, mais elle est encore jeunette. Oh ! elle se fera, c'est sûr, avec le temps.

La voilà qui arrivait en courant, Auréline, et elle s'affalait sur le sable avec bonheur.

– Ouf ! j'ai rangé ma chambre ! C'est pire que de trier des oignons de jacinthes toute une journée.

Comme Théo s'éloignait, elle ajouta qu'elle avait rencontré le docteur Garlande. Il offrait de nous emmener toutes les deux au bal donné par l'escadre anglaise qui venait d'arriver en rade de Villefranche.

– J'ai accepté, pour toi et moi. Parce que j'ai beaucoup réfléchi.

– Encore !

– Oui, il faut qu'on voie partout les deux propriétaires du Domaine des Demoiselles. C'est une question de publicité. J'aimerais qu'on dise de nous : « Regardez ces jeunes filles qui dansent, avec de si jolies robes, ce sont les deux plus belles roses de leurs champs de roses du Domaine des Demoiselles. »

– Parle pour toi. Tu me vois, moi, comparée à une rose, avec mes cheveux bicolores et ma joue balafrée ?

– Mais tu vas avoir un succès fou ! Je te le prédis. Tu vas faire intellectuelle élégante et distinguée, égarée dans l'horticulture. On s'interrogera pour savoir quel est ton plus intéressant profil, côté blanc ou côté blond foncé, et tu seras la coqueluche de Nice. Bon, tu viendras au bal de l'escadre anglaise ?

– Je viendrai.

– Tu verras, ils sont superbes les officiers de la marine de Leurs Majestés. Et tu sais ce qui va nous arriver ? Nous allons nous disputer les plus beaux, nous jalouser et nous amuser comme des folles. Ah ! pour parler de nous, on va en parler !

– Et le docteur Garlande qui nous emmène à ce bal, tu l'oublies ? Je me demande s'il va aimer la marine anglaise autant que tu l'aimes... Mais toi, tu es sûre que tu n'aimes plus Sylvère ?

– Parfois je m'interroge. Je l'aime peut-être encore un peu. Il va falloir que j'y réfléchisse. Mais, avant de savoir qui j'aime, je veux connaître l'existence que mènent ici tous ces gens venus de partout en apportant de la nouveauté, de l'originalité, de la séduction avec eux. Toi, tu es heureuse entre tes livres et les fleurs. Moi, je veux plus que ça, je veux la vraie vie.

– Elle est comment, pour toi, cette vraie vie ?

– Elle est celle que je ne connais pas encore.

C'est là que j'aurais dû me méfier, me rappeler Martial et Marie-Estelle plus occupés d'eux-mêmes, en ce moment, que de leurs enfants. Mon rôle eût été de prévoir les complications possibles avec ma petite écervelée. Mais, dans le bien-être de la grande cuisine, ou, au bord de l'eau, dans l'harmonie des bleus ciel-mer – dans le mystère insondable de ces bleus – ou dans ces autres harmonies de soleil couchant sur des roses roses que l'on regarde devenir bleues elles aussi, je rêvais tout autant qu'Auréline. Et je me demandais plus souvent « si c'est Aurore qui vola aux roses leur couleur, ou les roses qui s'embrasèrent sous les doigts d'Aurore [1] », que ce que pouvait bien faire ma jeune cousine, lorsque je ne l'avais pas sous les yeux.

Nous prenions nos habitudes, Pamphile et moi.

J'avais déjà achevé mon petit déjeuner quand il arrivait sur le coup de six heures du matin, dans notre cuisine avec ses « estropiées du jour ». Il me faisait un clin d'œil, je lui en renvoyais un autre. Cela voulait dire que j'allais me servir un second bol de café pour qu'il ait le temps de voir « s'il reste une petite goutte » pour lui et de déjeuner, copieusement, à son tour. Feli assurait que nous étions les deux seuls

1. Ausone, *De rosis nascentibus.*

à avoir compris l'importance de la première collation de la journée.

Je n'étais pas sûre que ce soit mon appétit qui me fasse arriver la première ici. Ni en repartir la dernière. Ou alors, c'était surtout l'appétit que j'avais de l'atmosphère affectueuse de cette cuisine. J'avais le sentiment, quand je pénétrais dans le royaume de Feli, qu'il m'ouvrait les bras et me serrait sur son cœur. Auréline avait raison lorsqu'elle disait que cette pièce était, à elle seule, toute la maison. Toute son âme, en vérité.

Je veillais jalousement sur le morceau de ce petit univers gai et serein qui était à moi, entre la fenêtre de droite et le rideau de perles de bois. J'avais apporté là mon Homère, mon Virgile, mon Pline le Jeune... et mes bas à repriser. J'y avais ajouté le *Manuel de floriculture* de Philippe de Vilmorin, que j'étais allée, discrètement, m'acheter à Nice. Non pas que j'aie l'innocence de croire que l'on puisse apprendre ce métier qui me passionnait dans les livres. C'était plus par amour des livres et des fleurs conjugués que je m'étais procuré celui-là.

Nous n'avions rien changé aux emplois du temps établis par l'ancien maître du domaine. Personne n'aurait apprécié que nous inaugurions, Auréline et moi, une nouvelle manière de travailler. Le rythme était donné par les fleurs elles-mêmes ; et ceux qui, jusqu'à maintenant, en avaient eu la charge, connaissaient leur métier. Il faudrait des années avant que j'aie percé les mystères d'une rose ou d'un œillet. Auréline en savait mille fois plus que moi. Ma seule compétence – encore qu'elle fût relative – était dans le goût que j'avais toujours eu des chiffres. J'appréciais de travailler avec Aurèle qui m'initiait aux finances de l'entreprise. Les chiffres ont aussi leur poésie lorsqu'ils parlent de fleurs.

Deux cents douzaines de roses,
Ce matin, sont parties,
Pour Paris,

Valant cinq francs les douze.
Voilà mille francs de beauté
Dans ma comptabilité...

Je sentais que mon enthousiasme plaisait aux gens du domaine. Que j'aime tout ce qui se faisait dans nos champs et le dise était le meilleur stimulant que je pouvais apporter à mes nouveaux amis. Ma sincérité les atteignait au cœur. Ils savaient, maintenant, que j'aimais ce pays qui est aussi enchanteur que son soleil. Et de ce soleil, qui a pétri ces hommes, ces femmes de la terre et de la nature, c'était un bonheur pour moi d'être éclaboussée.

Nous étions, ce matin-là, Pamphile et moi, dans un champ d'œillets dits de « fantaisie », aux couleurs innombrables et aux senteurs puissamment épicées. Les mots me manquaient pour exprimer mon admiration. J'ai cueilli un œillet rose pâle bordé d'un infime liséré carminé, vrai miracle d'élégance raffinée, et j'avais envie de jeter là, en offrande à ce foisonnement de beauté, tout ce qui avait fait, jusqu'à maintenant, ma vie studieuse que j'avais toujours crue – avec quelle innocence ! – supérieure à beaucoup d'autres. Quel poème, quelle œuvre d'art de qualité, valaient pour moi, aujourd'hui, cette fleur que je venais de cueillir ?

Pamphile, avec calme et simplicité, m'a dit :

– Ils sont bien venus cette année, nos « fantaisie ».

J'avais envie d'embrasser sa bonne joue barbue, mais le moment n'était pas aux effusions sentimentales. Il était à l'initiation d'une novice par son maître. Et j'entendais :

– La culture en pleine terre se fait sur un terrain bien aéré, exempt d'humidité, divisé en planches régulières résultant du tracé des rigoles d'irrigation. Les planches, généralement d'un mètre de largeur, sont à deux ou trois lignes d'œillets. Un sentier de soixante-dix centimètres est ménagé entre chaque planche pour la facilité des cultures, de la cueillette et de la manipulation des toiles et paillassons. Les planches sont garnies, sur leurs flancs, d'un rang de piquets plantés à un mètre cinquante les uns des autres sur la longueur des lignes. Sur ces piquets sont tendus des fils de fer qui supportent les toiles ou les paillassons, lesquels doivent garantir les œillets de la pluie, de la rosée et de la basse température des nuits.

J'écoutais, avec respect et conscience. J'aurais pu ponctuer tout cela d'une petite remarque. Le nom savant de l'œillet, *Dianthus* – donné par Théophraste – vient de *dios*, divin et *anthos*, fleur. Mais je continuais à me taire. Il avait raison, Alphonse Karr, on s'en fichait pas mal des noms grecs ou latins offerts par les hommes à tout ce qu'a créé la nature.

D'ailleurs, Pamphile ne me laissait pas le temps de respirer – en grec ou en latin –, il m'entraînait vers un vieux mur d'enceinte du domaine et me montrait une cascade d'œillets jaunes qui se déversait d'une fissure entre les pierres. Il riait – sans doute comme son maître Alphonse Karr – et me disait, me tutoyant, parce que j'étais l'élève :

– Regarde-les, ceux-là. Ils ont plus de soixante ans ! Ils poussent et fleurissent toujours sans aucun soin, heureux. Ce sont des vieux fous de vivre qui se fichent de nous, de nos greffes, de nos bouillies bordelaises, de tout. C'est ça, les plantes, des contrariantes. Mais tu vas peut-être les comprendre, toi...

Pourquoi moi ? Étais-je, pour les ouvriers-paysans d'ici, douée de pouvoirs particuliers ? Pamphile me montrait, m'expliquait, comme si j'avais la possibilité de tout assimiler du premier coup et, parfois même, sans enseignement. Était-ce d'avoir, pendant quatre saisons, vécu dans le noir, dans un autre univers, qui me conférait à leurs yeux et à leurs cœurs simples un supplément de compréhension venu d'ailleurs ?

Pendant une bonne heure encore j'ai avancé, avec bonheur, un peu plus avant dans le mystère des fleurs. Puis Pamphile m'a dit que, demain, nous irions voir les roses. Et, tout à coup, levant les yeux vers le soleil pour y lire l'heure, il a ajouté :

– Mais où est donc Auréline ? Elle devrait être ici depuis longtemps.

Nous l'avons cherchée, appelée. Feli nous a montré son bol et ses tartines l'attendant depuis bientôt deux heures. Aurèle, interrogé, ne savait rien non plus. Ni personne, aux cultures ou aux emballages. Et, lorsque Délaïde eut vérifié que son lit n'avait pas été défait, ce fut l'affolement... qui ne dura guère. Sylvère Garlande arrivait, et avec lui descendait de voiture une Auréline en robe de bal rose et domino assorti !

À voir son air, assez surprenant – à la fois contrit et ravi – mais peu soucieux de croiser nos regards, il me sembla qu'elle aurait aimé nous cacher son visage derrière le masque de velours – rose aussi – qu'elle tenait à la main.

Dans les cercles, dans les casinos, dans les grands cafés il y a des veglione *c'est-à-dire des bals masqués qui ont à Nice un attrait particulier.*

Pour un veglione, *les théâtres se transforment. À l'extérieur, un orchestre installé sur une estrade éveille, surexcite par ses airs endiablés l'envie déjà démesurée qu'ont les spectateurs de commencer la danse. À l'intérieur, foule, cohue masquée, parée, dansante et sautante ; dans chaque loge un vrai salon où tout à l'heure, on soupera en sablant le champagne. Toute l'aristocratie étrangère se rend à ces assises du plaisir, parée et masquée, donnant à la fête un relief tout particulier.*

... Et il y a aussi d'autres distractions.

Rues, places, tout est illuminé. Dans les jardins et sur les estrades on se livre au jeu des moccoletti, *jeu charmant, jeu pittoresque, jeu plus amusant que tous les autres. Chacun porte à la main une petite bougie allumée dont il cherche à conserver la flamme, tout en soufflant sur celle de ses voisins et voisines. La puissance des poumons unie à l'adresse joue ici un rôle prépondérant. On se poursuit, on s'évite, on se rejoint, on abaisse sa bougie, on l'élève tant qu'on peut ; mais on a beau la placer au bout d'une perche, les éteignoirs, non moins haut perchés, viennent l'éteindre. C'est une mêlée, c'est un brouhaha inexprimables !*

Guide touriste de Nice

Les explications que le docteur nous donna avec calme, comme lorsqu'il développait un diagnostic, se découpaient en deux parties.

Il s'étendit peu sur la première et la résuma ainsi : Auréline avait voulu aller, seule, à un *veglione*. Ce qui était imprudent. Mais, de surcroît, elle avait participé à un *moccoletti*, ce qui était plus imprudent encore.

Le second volet de l'affaire le concernait, ainsi qu'un couple d'Américains venus passer un contrat avec les parfumeries Garlande pour des livraisons d'essences de rose et de jasmin. À la demande de ses cousins, il avait dû accepter de piloter ces Stevenson, gens fort sympathiques au demeurant, que le jeu de *moccoletti* intriguait. Par chance, les Stevenson avaient éteint force bougies et s'étaient attardés tant ils s'amusaient. Ce qui avait permis, à un moment, de découvrir Auréline soufflant, elle aussi, sur des bougies, et de lui proposer de la ramener chez elle. Auparavant, il avait dû passer chez lui vérifier qu'aucune urgence ne s'était présentée en son absence. Hélas, il y en avait deux et Auréline avait dû patienter avant qu'il puisse la reconduire ici.

Et il était parti. Non sans avoir embrassé Auréline, devant nous tous, très tendrement.

Nous étions silencieux et comme en attente de nous ne savions pas trop quoi. Feli prit la situation en main :

– Petite, tu dois mourir de faim. Viens déjeuner.

Et Auréline la suivit dans ses falbalas roses et en mettant son masque, pour tenter de nous faire rire un peu, et aussi se donner une contenance.

– Et maintenant, je vais tout te raconter. Parce que Sylvère a voulu m'épargner en ne révélant pas toute mon aventure qui est autrement passionnante que ce qu'il a dit.

Nous étions dans ma chambre, fenêtre ouverte sur notre amandier. Il en avait déjà entendu, celui-là, du temps des demoiselles anglaises, puis du temps de ma mère et de celui de Marie-Estelle, et du mien dans mon noir, et dans ma lumière revenue, mais il entendit encore ce matin-là une belle histoire.

Et tout d'abord, pourquoi Auréline avait-elle voulu aller, seule, à ce *veglione* ? Elle me jeta la réponse, assez rageusement :

– Je te l'ai dit et redit ! Pour y rencontrer des gens qui ne viendront jamais jusqu'à nos champs de fleurs. Pour toi, c'est ici que tout se passe, pour moi non. Je voulais voir les célébrités, par exemple Scott Fitzgerald et sa femme Zelda. Dans le journal qu'Aurèle reçoit, on disait qu'ils sont superbes tous les deux, et pleins de talents. Et aussi Claude Farrère, l'auteur des romans que nous avons lus ensemble. Et des milliardaires, et des acteurs… Enfin, tous ces gens qui respirent ici le même air que nous, sans que nous les apercevions jamais.

Elle avait pensé que le meilleur endroit pour frôler ces « Illustres », comme aurait dit Théo, ne pouvait être qu'un *veglione*, un bal masqué, où ils devaient s'amuser à dissimuler leur visage, mais où elle se faisait fort de les reconnaître !

Elle avait échangé ses économies contre une robe du soir, un domino, des chaussures à danser et un masque. Le seul colifichet qui ne lui avait rien coûté était fait de boutons de roses fraîchement cueillis et cousus sur un ruban.

Elle ne l'avait pas encore enlevée, cette collerette de fleurs, à peine fanée, et qui enserrait son cou à la mode du

XVIIIe siècle, faisant un amusant contraste avec la modernité de sa coupe de cheveux.

Et je la regardais, assez déroutée. Dans ce domino, ce grand manteau de taffetas rose, elle avait une apparence très pure, très jeune fille « bien ». Et, en même temps, le sourire ambigu qu'elle m'adressait me laissait perplexe. On y décelait une certaine jubilation doublée à la fois de surprise et d'émerveillement.

Elle me disait :

– Avoue que je n'étais pas mal pour mon premier *veglione* ?

J'avouai de bon cœur. Elle était tout simplement adorable ainsi. Et qu'elle ait eu le succès dont elle me parlait maintenant ne m'étonnait pas. Elle n'avait pas cessé de danser avec quantité de messieurs en dominos noirs, toujours masqués, et s'efforçant, toujours aussi, de lui faire enlever le morceau de velours rose qui cachait son visage.

– Mais j'ai tenu bon ! Et aucun n'a pu me l'arracher... sauf, hélas, au *moccoletti.* Parce que là, tenir sa bougie, tenir son masque et souffler sur toutes les petites flammes que l'on rencontre, c'était trop... Je le saurai pour la prochaine fois... s'il y a une prochaine. Vrai, je ne crois pas que je recommencerai, j'ai eu trop peur. Figure-toi...

Ce que je devais me figurer, c'était que, tout à coup, deux hommes – en noir et masqués – lui avaient pris chacun un bras et l'entraînaient, sans même prendre la peine de lui parler, de lui faire croire à un jeu, vers une voiture dont un troisième homme ouvrait la portière en les apercevant.

Mourant de peur, elle s'était mise à hurler et à appeler au secours. Mais tous, autour d'elle, croyaient à un jeu. C'est alors qu'il s'était passé une chose incroyable : deux autres hommes, tout pareils d'apparence – dominos noirs et masqués –, étaient tombés sur ses deux ravisseurs, comme catapultés du ciel.

– Mais ce n'étaient pas des anges ! ou alors exterminateurs, parce qu'ils se sont jetés sur mes deux sales types à coups de poing et de pied. C'était terrible, j'ai cru qu'ils allaient les réduire en bouillie. Et j'allais me sauver, puisque j'étais libre quand... devine ? quand le masque de l'un de mes libérateurs est tombé. Et j'ai vu qui m'avait sauvée : Sylvère Garlande ! Tu imagines ?

J'imaginais avec bonheur. L'histoire me plaisait. Et Auréline continuait :

– C'est loin d'être fini ! En fait, ça commence à peine. La suite est encore plus belle. Donc, je vois que l'un de mes sauveurs était Sylvère, et je l'entends parler anglais à l'autre. Et là, je me dis : « Jésus ! c'est Scott Fitzgerald ! Et cette dame qui était non loin d'eux et les regardait se battre en les encourageant, c'était Zelda, sa femme ! » Tu comprends, d'avoir vu le docteur arriver là au moment précis où il le fallait pour me tirer de Dieu seul sait quelle terrible aventure, je croyais à tout... Bon, ce n'était pas les Fitzgerald, mais les Stevenson, épatants quand même. Et nous sommes allés souper tous les quatre dans l'un de ces grands hôtels que je décorais... quand je le pouvais. Mais je n'ai pas parlé de ça, j'ai pensé que ça ne ferait pas assez chic, ils étaient si élégants, si distingués ces Américains, et si aimables aussi avec moi... Donc, on soupe et, après, Sylvère m'annonce qu'il va me raccompagner chez moi. Parce que je dois te dire que j'étais venue à bicyclette. J'avais mis ma tenue du soir, bien pliée dans du papier de soie barboté aux emballages, à Célestine. Et je m'étais habillée au vestiaire du personnel de l'hôtel Excelsior où on me connaît, à cause de mes bouquets. Bref, je dis au revoir aux Américains, je remercie, ils me répondent qu'ils ont « adoré les jeux niçois, *moccoletti* et sauvetage de demoiselle en perdition compris ». On se sépare, et je monte dans la voiture de Sylvère.

« J'avais bu du champagne, j'étais gaie, je chantonnais en regardant les étoiles. Je trouvais la vie aussi superbe qu'elles, quand, tout à coup, catastrophe !

« Alors là, figure-toi que Sylvère s'est mis à parler, à parler. C'est tout juste si, quand il a terminé, il ne m'a pas donné une paire de claques tant il était furieux. Il faut que tu comprennes...

Je devais comprendre que le docteur s'était contenu pendant tout le temps du souper et que mon Auréline n'avait rien perdu pour attendre. Sylvère lui avait assené tout ce qu'elle méritait bien d'entendre. Que c'était folie de se mêler seule à cette foule déchaînée, que s'il ne s'était pas trouvé là, où serait-elle embarquée en ce moment, qu'il était temps qu'elle cesse ses enfantillages stupides et dangereux, etc.

– Et tu sais, Anicia, il était méchant, vraiment méchant, quand, d'un coup, comme ça, voyant que je pleurais, il m'a prise dans ses bras et embrassée. Oh ! mais là, embrassée, comme tu ne peux pas imaginer. Je ne pouvais plus respirer... et je n'y comprenais rien. Alors il a recommencé à parler, à parler... mais ce n'était plus pareil... maintenant, il me disait qu'il m'aimait... depuis que... tu ne devineras jamais depuis quand.

Eh bien, oui, je devinais. Ou plutôt je me doutais que c'était depuis qu'il avait lu les lettres qu'elle m'adressait et où on découvrait la vraie Auréline qui ne se connaissait pas encore elle-même et se dévoilait malgré elle.

– Et après, ma chérie ?

Après, ç'avait été simplement merveilleux.

Le docteur était passé chez lui. Il y avait appris qu'on l'attendait de toute urgence chez deux malades. Il s'était vite changé, il avait saisi sa trousse, et ils étaient partis, dans la nuit.

– Et tu sais ce que je me disais ? Si après m'avoir embrassée – et pas qu'une fois – il s'en va soigner, avec moi, de belles étrangères, je le plante là, et je m'en vais à pied, tant pis pour mes chaussures de satin rose.

– Et alors ?

– En fait de belles étrangères, il a soigné une pauvre vieille femme dans le quartier du Paillon. Et un petit garçon qui s'était cassé une jambe ! Ah ! j'étais bien contente...

– Tu l'aimes donc ?

– Qui n'aimerait un homme pareil ! Il me sauve, à coups de poing sur leur figure, de deux voyous. Il sauve des vieilles femmes et des petits garçons, vers les quatre heures du matin, à coups de piqûre et d'emplâtre. Et il m'aime, en plus, à coups de baiser qui m'ont fait voir des étoiles dans le ciel alors qu'elles avaient disparu depuis longtemps…

Martial et Marie-Estelle sont venus m'annoncer que Sylvère Garlande était monté à Tourettes leur demander la main d'Auréline.

Difficile, dans la sérénité pailletée d'éclairs de bonheur de leurs regards, de discerner quelles paillettes supplémentaires étaient dues à la joie de leur fille.

Je les regardais. Quel beau, rare, étincelant couple que le leur ! S'il est vrai, comme le dit notre Descartes, que « la passion de l'amour est bonne pour la santé », Jésus, qu'ils se portaient bien !

Il y avait l'allégresse, la grâce, l'aisance que donne le bonheur aussi bien dans leur façon de marcher que de rire.

Et le plus merveilleux, dans tout cela, c'était qu'ils n'avaient changé ni l'un ni l'autre. Ils se voulaient, désormais, tels qu'ils étaient. C'était cela l'amour vrai. Et on le voyait, cet amour, dans chacun de leurs gestes, de leurs regards, de leurs attitudes.

... À un moment, elle perdit l'une des épingles d'écaille blonde que ses cheveux s'amusaient – comme à l'habitude – à rejeter diaboliquement. Lui, se pencha, ramassa l'épingle et vint la nicher dans la masse d'or roux. Et il y avait dans ce geste, à la fois une grande tendresse et une sorte de dévotion qui me bouleversa, tout autant que le sourire qu'elle lui adressa pour le remercier.

Ils me dirent que, dans quelques mois, lorsque Aurèle partirait, et après le mariage d'Auréline, je serais seule maîtresse ici. Je ne devais pas m'en effrayer, eux seraient là, non loin de moi, toujours.

Lorsque vient le soir, je m'assieds, ma journée finie, près de mon rideau de perles de bois. Et je lis. Ou j'écris. À Aurèle en Angleterre, à Auréline ou à Délaïde à Nice. Ils me répondent toujours et très vite. Alors je guette Ulysse dont je sais qu'il déplore que je ne reçoive pas plus de cartes postales. Il aimerait beaucoup en savoir plus sur la demoiselle du Domaine. Mais toutes ces lettres prisonnières de leurs enveloppes ne peuvent rien lui apprendre.

Hier j'ai décroché le rideau pour laver mes perles.

– Eh ! pourquoi vous faites ça ? m'a dit Feli. On ne l'avait jamais « levé » depuis des temps et des temps... Et vous le trempez dans de la lessive ? Mais il va déteindre.

Elles ont seulement rajeuni, mes perles de bois. Elles ont récupéré le rose, le jaune, le vert pleins de fraîcheur qu'elles avaient jadis.

Feli se demande pourquoi je porte tant d'attention à ce rideau.

Je ne lui dirai pas qu'il est, dès que j'écarte les fils de perles, mon ouverture sur ce nouvel univers qui est le mien.

Je ne lui dirai jamais non plus que j'espère qu'un beau matin, un homme, celui que le destin me réserve peut-être, entrouvrira lui aussi ce rideau et que je l'accueillerai, là, dans mon royaume. Et pourquoi pas, encore que de petites mains tireront un jour sur ces perles, joueront avec elles... J'ai de tels immenses et merveilleux champs de fleurs à partager.

Ce volume a été composé
par Facompo (Lisieux)
et achevé d'imprimer en avril 2000
par ***Bussière Camedan Imprimeries***
à Saint-Amand-Montrond (Cher)
pour le compte des éditions Robert Laffont
24, avenue Marceau, 75008 Paris

Dépôt légal : mai 2000.
N° d'édition : 40790/01. N° d'impression : 001924/4.

Imprimé en France